재활의 역사

The Making of Rehabilitation : A Political Economy of Medical Specialization, 1890–1980
by Glenn Gritzer, Arnold Arluke

그린비 장애학 컬렉션 06

재활의 역사 : 의료 노동분업의 정치경제학, 1890~1980

발행일 초판1쇄 2019년 5월 20일 | **지은이** 글렌 그리처 · 아널드 알루크 | **옮긴이** 전인표
펴낸이 유재건 | **펴낸곳** (주)그린비출판사 | **신고번호** 제2017-000094호
주소 서울시 마포구 와우산로 180, 4층 | **전화** 02-702-2717 | **팩스** 02-703-0272 | **이메일** editor@greenbee.co.kr

ISBN 978-89-7682-498-1 93330

이 도서의 국립중앙도서관 출판예정도서목록(CIP)은 서지정보유통지원시스템 홈페이지(http://seoji.nl.go.kr)와
국가자료공동목록시스템(http://www.nl.go.kr/kolisnet)에서 이용하실 수 있습니다.(CIP제어번호: CIP2019016139)

철학이 있는 삶 **그린비출판사** www.greenbee.co.kr

그 린 비 장 애 학 컬 렉 션 · 0 6

재활의 역사

의료 노동분업의 정치경제학,
1890~1980

글렌 그리처, 아널드 알루크 지음 | 전인표 옮김

그린비

부모님께

| 차례 |

서문

엘리엇 프라이드슨

분업은 인간과 동물의 삶을 구분하는 가장 근본적인 특징 두 가지를 가지고 있다. 하나는 전문적인 작업 수행을 돕는 도구를 창조하는 능력이고, 다른 하나는 상호보완적 과업을 수행하여 결합생산물을 만들어 내는 과정에서 다른 이들과 협동하는 능력이다. 이는 모든 인간 사회에 어떤 형태로든 존재하고 있다. 하지만 상당한 규모의 복잡한 사회는 공식적으로 정의되는 안정적인 직업들로 대부분 구성되어 있고, 이러한 직업의 노동자들은 인간 생활에 필요한 물품과 서비스를 만들어 내는 다양한 과업들에 전문화되어 있다. 따라서 분업은 인간의 삶에 있어 분화分化의 **포괄적인** 근간이 된다고 할 수 있다. 불평등한 계급으로 나뉘지 않은 사회를 그려 볼 수는 있으나, 전문성으로 구분되지 않은 채 생존할 수 있는 사회를 생각해 보는 것은 힘든 일이다. 전문성에 따라 상당히 안정된 분화 구조 없이 물질적·문화적으로 풍요로운 생활수준을 달성한 사회를 상상하기는 불가능하다.

분업은 인간 세상에 필수적인 것임에도 지금까지 충분히 사유思惟와 연구의 초점이 되어 오지 못했다. 고전 이론가들 중 뒤르켐Émile

Durkheim은 분업에 속한 각기 다른 전문 분야의 수는 인구의 크기와 밀도의 함수로 분석될 수 있다는 아이디어를 우리에게 제시했다. 하지만 그의 생각은 왜 특정 전문 분야가 처음 나타나고 어떻게 그 형태를 갖게 되었는지 그 과정을 우리에게 이해시켜 주지는 못했다. 애덤 스미스Adam Smith는 분업의 발전을 생산성 향상과 '보편적 풍요'universal opulence를 위한 필수 전제조건으로 여겼지만, 분석의 주제로 직접 다루지는 않았다.

'조합'combinations과 중상주의에 대한 그의 식견은 평소처럼 날카로웠고, 그가 강조한 자유 시장 내 상품 생산과 소비에 있어 사익私益과 경쟁의 역할은 하나의 분업이 발전하고 유지해 나가는 과정을 추적하는 데 필요한 일련의 도구가 되어 주었다. 하지만 이상적인 자유 시장을 지나치게 강조하였기에 오히려 현실 시장이 실제 만들어지고 작동하는 방법을 설명하는 개념의 발전에는 방해가 되었다. 그 후 마르크스Karl Marx는 분업을 조직하는 다양한 방법들 중 기초적인 하나의 유형을 제시하였지만 그의 주요 관심사는 당시 산업체의 세부적인 분업에 맞추어져 있었고 분업의 개념 자체는 그의 작업에서 불분명하고 모순된 채로 남았다. 자본과 산업 사회의 기본 계급구조를 만들어 내는 분업의 역할에 사로잡혔기 때문에 마르크스는 공장에서 구체적인 분업이 발달하게 된 이유는 어느 정도 설명해 낼 수 있었지만 반면 특정한 사회 분업의 발달과 그 공장에서 그러한 구체적인 분업이 해당 시간과 장소에서 발달하고 스스로 유지 변화하는 원인과 방법에 대해서는 전혀 설명하지 못하였다. 따라서 고전 이론가들은 우리에게 별 도움이 되지는 못한다.

분업을 보다 잘 이해하기 위해서는 몇 가지 기본적인 사실들을 반드시 고려해야 한다. 무엇보다도 분업이 사회적으로 조직되는 것임을 인식해야만 한다. 전문적인 직업과 업무들을 단순히 모두 쌓아올린다고 이를 분업이라고 정의할 수는 없다. 무엇보다도 그들이 전문화된 이상 직업들은 상호의존적이고 따라서 서로 간에 사회적으로 조직된 관계구조를 가질 수밖에 없다. 전문적인 과업들은 몇 가지 공동성과를 내기 위해 이렇게 하든 저렇게 하든 여하간 조직화되어야 한다. 따라서 한 직장 내의 수많은 일들은 조화로운 사회조직의 일부가 되어야만 하는 것이다. 하지만 그 조화로운 사회조직이란 것은 분명 역사에 따른 변수이지 절대적인 상수는 아니다. 서울로 가는 여러 가지 방법이 있듯이 분업을 조직하는 데에도 하나 이상의 방법이 존재하기 마련이다.

마찬가지로 분업을 구성하는 요소들, 즉 하나의 직업 혹은 노동으로 모인 개별 과업들의 특정 조합은 상수처럼 이미 결정된 것이 아닐지도 모른다. 한 명의 개별 노동자가 최대한 수행할 수 있는 과업의 수와 종류에는 분명히 시공간적·물리적 한계가 존재하며, 기타 순수한 기계적·기술적 제약 역시 존재한다. 그럼에도 일, 직업, 전문분야 또는 전문 과목이라고 불리는 사회적 역할 다발들로 응집된 여러 과업들은 수많은 가능한 조합들로 이루어진 넓은 불확정 영역을 갖는다. 그렇다면 과연 어떤 과정을 거쳐 이러한 역할 다발들이 만들어지고, 하나의 기능적인 사회 시스템이 조직되는가? 그 과정에서 영향을 미치는 주체가 누구이고 그들이 가진 힘은 무엇이며 이는 어떻게 사용되는가? 우리가 분업을 보다 깊이 이해하고자 한다면 이 질문들에 대답할 수 있어야 한다.

현재로서는 이런 질문들에 대답하려는 노력들을 이끌 수 있는 이론을 만들기 위한 아주 조악한 도구들밖에 갖지 못한 상황이다. 분업이 각기 서로 다른 사회적 인자들에 의해 구성되고 조직될 수 있다는 것은 자명한 사실이지만, 분업의 조직 원리를 관료적인 것과 장인匠人적인 것 또는 행정적인 것과 직업적인 것으로 구분하는 기존 관점을 떠올려 볼 수 있다. 관료적 또는 행정적인 방법은 공공기관과 사기업에서 정치경제적 권력을 독점적으로 사용하여 직원들의 업무를 구성 및 조직하고 통제하는 합리적 법적 시스템을 만들고 지배하는 방식이다. 이 경우 분업은 회사 경영의 창조물이고 생산적 노동을 하는 사람들의 이익보다는 고용주의 이익에 더욱 직접적으로 기여하게 된다. 그런 분업에서 업무는 감독과 통제를 용이하게 하기 위해 이론상 최대한 정밀하고 간단하게 구성된다. 감독과 통제, 그리고 분업 자체가 위계적으로 구성된다.

막스 베버Max Weber의 관료적 개념 모델은 현실에 존재하는 다양한 경험적 변수들을 반영하지는 못하지만 자본주의적 산업국가와 국가사회주의적 산업국가 모두의 대다수 대기업에서 분업이 만들어지고 조직되는 방법을 그려 보는 데는 도움이 된다. 분업에 속한 특정 업무들이나 그들 간 상호관계를 조정하는 시스템 모두 이를 직접 수행하는 사람들에 의해 만들어지지 않는다. 그보다는 투자자나 집권 조직의 이익에 기여하고자 하는 외부인에 의해 업무가 결정된다. 그리고 상식적으로 이러한 계급 구조 하에서 분업에 속한 업무들을 담당하는 사람들은 보통 관리자가 좋아할 만한 열정을 가지지 못한다. 그들은 그들의 업무와 자신과의 관계에 있어 공식적으로 소외되고 그런 관계에 대한 그들의 반응 때문에 개인적으로 업무와 멀어지게 된다.

분업의 발달과 조직화 그리고 통제에 있어 이런 관료적 또는 행정적인 원리는 기업경영과 조직이론가들에 의해 광범위하게 연구되고 논의되어 왔다. 이러한 접근 방식은 관리자의 적극적이고 통제하는 역할과 노동자의 수동적인 역할이 특징적이다. 반면에 분업을 조직하는 장인적인 또는 직업적인 원리는 이보다 훨씬 연구되거나 논의되지 못해 왔다. 만약 그래 왔다면 이는 일부 노동자들이 직업단체를 형성하여 스스로를 통제하고 분업의 내용과 형태를 협상하려는 활발한 시도가 있다는 점을 지적했을 것이다. 이런 방식의 한 가지 역사적 예시는 초기 길드guild에서 볼 수 있고, 또 하나는 오늘날 장인조합에서 발견할 수 있다. 그리고 이론적으로나 실제적으로 더욱 중요한 또 하나의 예는 급속히 성장하고 있는 전문직 영역이다. 노동자의 특정 그룹이 공통의 직업 명칭 아래 모이고, 그 명칭과 이에 관련된 특정 과업 세트 수행에 특화될 수 있는 권리에 대한 다소 배타적인 권리를 확보하고자 한다. 오늘날 오로지 전문직과 일부 기술직 노동자들만이 장인들과 함께 노동시장에서 막스 베버가 '사회적 폐쇄'social closures 또는 은신처라 부르는 것을 만들 수 있는 능력을 가지고 있으며 이것은 그들의 명칭과 업무 수행 권리를 보호해 준다. 반면 그들 이외에 관리자나 행정가를 포함한 다른 모든 사람들은 거의 전적으로 그들을 고용한 특정 공공 혹은 사설 기관의 정책의 영향 아래에 놓여 있다.

전문화는 상호의존을 전제하기에 전문직의 경계를 구축하는 과정에는 반드시 인접한 직업단체와 서로의 노동을 구분하는 선을 놓고 협상하는 과정이 필요하다. 또한 상호의존적인 노력을 조정하는 것이 필수적이기에 협상의 한 부분에서 책임과 통제의 문제를 다룰 수밖에 없다. 상호의존적인 직업들 간의 분업이 작업이 진행되는 흐름에 따라 참여자들의 종합적인 판단에 의해 조정되는가? 아니면 다른 이들의 업무를 조정하고 통제할 권한을 가진 사람들이 모인 주요 직업군이 존재하는가? 특정 직업단체 회원들이 특정 과업을 맡는다는 관할구역 문제와 통제의 문제는 분업 발달의 직업적인 방법론을 만드는 데 있어서 특히 문제시되어 왔다. 왜냐하면 관료적 혹은 행정적인 방법과 달리 그 방법론 자체가 이를 결정하는 법적 권리를 소유한 계급권한을 가정하지 않기 때문이다. 따라서 행정주도 시스템에서보다 직업주도 분업의 형성 과정에서 경쟁과 분쟁이 보다 명확하게 드러나는 경향이 있다.

그리처와 알루크의 이 책은 직업주도 분업이 형성되는 과정의 사례 연구로 여겨질 수 있다. 이는 현재 재활서비스라고 불리는 것을 제공하는 사람들이 어떻게 공법 또는 사법에 의해 규정된 의료 분업시스템 내에서 일정한 지위와 제한된 관할구역을 가진 특정 직업들로 조직되었는지 자세하게 알려 준다. 따라서 이는 노동시장에서 사회적 폐쇄 또는 은신처를 만듦으로써 안정된 구조 즉 공식적인 분업이 만들어진 역사인 것이다. 다른 분야에서는 보편화되지 않았지만 의료 시장의 영역에 속한 직업들이 사용해 온 특징적인 방법은 주州 면허를 통해 법적 은신처를 구축하거나 직원 채용에 있어 특별한 자격증을 요구하는 기준을 세우는 것이었다.

이 책은 19세기 후반 전기요법이라는 기술을 전공으로 삼은 의사들에 관한 내용에서 시작하여, 처음에는 전기요법 의사, 그 후에는 물리요법 의사로서 의료 시장에서의 지위를 공고히 하려고 시도한 의사들의 우여곡절을 추적해 나간다. 이런 지위의 안정성은 다른 의사들의 인정과 수용, 즉 그들이 환자들을 직접 치료하지 않고 전문의에게 의뢰하느냐에 그 성패가 달려 있었다. 다른 의사들에게 인정받고 수용되는 것은 잠재적인 경쟁자들을 의료에서 배제시키는 문제와 관계가 있는데, 그 조직의 일원을 상대로 정치적인 활동을 해야만 한다. 그들을 경쟁에서 완전히 배제시키지 못할 경우에는 협상을 통해 잠재적인 경쟁자를 분업 내 하위 위치에 배치함으로써 의사들의 감독과 지배의 대상으로 종속시킬 수 있다. 의사들을 대표하는 미국의사협회와 고용주를 대표하는 미국병원협회는 일련의 직업들(그들 중 다수의 이름과 명칭은 시간에 따라 바뀌었지만)로 구성되며 의뢰-감독 관계로 구조화된 새로운 분업의 형태를 결정하는 정치적 협상 과정의 주요 당사자였다.

서문에서 특정 분업의 발생 과정에 관한 세부내용을 다루지는 않겠다. 그것은 앞으로 본문에서 다루어질 내용이다. 또한 이 자리는 전문 의사와 의료분업 내 의사 통제 영역에서 종속적인 위치에 있는 비-의사직, 의료분업 외부에 위치하지만 내부자에게 실제적 또는 잠재적 경쟁자로 활동하는 비-의사직 간의 복잡한 관계를 논하려는 자리도 아니다. 대신에 이 책에 있는 몇 가지 중요한 주제들에 대해 간단히 언급하고자 한다.

첫번째 주제는 전반적인 노동의 분업, 특히 전문직 분업의 형성과 유지에 있어 국가의 역할이다. 이 주제는 심각할 정도로 미국 학계에서 무시되어 왔는데, 왜냐하면 대부분이 아주 최근까지 국가의 역할이 뚜렷하지 않았던 미국의 특수한 상황적 배경 아래서 이 주제를 다뤄 왔기 때문이다. 하지만 미국에서조차 국가는 언제나 분업을 구성하고 유지하기 위한 기반을 제공해 왔다. 고용주가 그들의 회사에서 분업을 구성하는 업무를 창조하고 통제하기 위해 가지는 힘은 법적으로 주주의 권리로 정의되어 있다. 노동자에게 조직을 형성할 권리와 고용주와 협상할 권리를 부여하기 위해 만들어진 노동법조차 분업을 정의하고 감독하는 것은 경영의 영역으로 따로 남겨 두고 있다.

직업단체들에 의해 분업이 통제되는 경우에는 국가가 보다 분명한 역할을 수행한다. 회사들은 자신들만의 사내 노동시장 규칙에 따라 통제를 행사하는 반면, 직업단체들은 소비자들이 노동자를 구하는 일반 혹은 외부 노동시장 속에 사회적 폐쇄 또는 은신처를 구축하는 방법들을 마련해야만 한다. 이를 달성하는 확실한 방법은 직업 자격증에 의지하는 것이다. 이 방법은 법의 도움, 즉 국가의 지원을 필요로 한다. 자격증은 주어진 직업에 의해서만 배타적으로 수행될 수 있는 과업 세트의 경계를 구축한다. 또한 그 직업이 수요에 맞춘 공급을 유지하기 위해 노동력 유입을 제한할 수 있다면 그들의 경제적 안정성은 보장된다. 자격증은 특히 공공을 보호한다는 논리가 설득력을 갖는 분야인 의료 영역에서 뚜렷하게 나타나며, 그곳에서 의사나 치과의사 같은 직업들이 지위를 유지할 수 있도록 해 준다. 또한 이를 통해 간호사와 치위생사는 분업 내에서 그들보다 '우월한' 직업과 종속적인 관계를 맺게 된다.

하지만 자격증의 중요성은 그동안 부풀려져 왔다. 미국 내에서는 자격증보다는 눈에 잘 보이지 않는 시스템, 즉 주州정부가 직접 자격증을 통해 노동시장 내 은신처를 만드는 것보다는 자격요건을 만드는 교육기관과 전문직을 고용하는 기관 모두를 대표하는 협회와 사설 전문가 집단이 만든 평가 과정과 그 기준을 정부가 채택하고 비준하는 시스템이 더욱 중요하다. 따라서 많은 사설 의료 '전문학회'들이 연방정부와 주정부에게 모두 인정받게 되고 그에 따라 다양한 전문기관 인증과 전문직 자격이 존재하게 된다. 그런 인정 과정은 중대한 이익이 결부되어 있지 않는 한 큰 중요성을 갖진 않는다. 하지만 특히 의료영역에서 전문직 분업의 실체와 조직에 영향을 미친 주정부의 역할은 제2차 세계대전부터 빠르게 변모해 왔다.

연방정부가 환자들의 의료비용 일부를 지불하게 되면서 어떤 항목을 보장하는 게 적법한지 그리고 서비스제공자의 적합성을 어떤 자격증으로 증명하게 할 것인지를 결정해야만 한다. 이는 자영업 의사일지라도 주정부가 인정하는 자격증을 가져야 경제적인 수익을 얻을 수 있게 되었다는 것을 의미한다. 하지만 미국의 모든 전문직과 전문가들의 대부분은 일반 고용상태에 있다. 이런 이유로 분업에 대한 국가의 가장 큰 영향력은 국가기관들 내에서 특수직을 만들어 내고 유지하는 능력과 국가의 인증과 지원을 필요로 하는 사설기관 내 직업들에 요구되는 자격요건을 구체화하는 힘에서 나타난다.

그리처와 알루크의 연구는 재활서비스 영역 내 분업의 발달에 있어 국가의 중요성을 분명하게 보여 준다. 두 세계대전은 재활서비스 시장을 급속히 확장시켰고, 새로운 전문직이 탄생하고 기존 전문직이 확장하는 기회가 되었다. 나아가 전쟁이 끝난 후에도 상이군인을 위해 서비스를 제공하는 기관들은 계속 유지되었으며, 따라서 각 전쟁이 끝난 후에 재활 관련 직업들의 서비스는 정부에 의해 계속 제공되었다. 경쟁 직업과 전문직들 간의 싸움은 누구의 자격증이 그 업무에 선택될 것인가, 누가 군대의 장교 급으로 임관되고 어느 직업이 관련 분업에서 통제를 받는 위치에 속하느냐는 것이었다. 전시동원령 중에 내려진 결정들은 전후 기간에도 여전히 유효했고 이후 과정에 따라 조금씩 변동되었을 뿐이다.

하지만 1960년대 연방정부가 민간의료시장을 지원하기 시작하면서 국가의 역할은 전시나 전후 보훈기관이 주요 고용주였던 경우보다 훨씬 더 확대되었다. 개원의에 의해 제공되는 의료서비스의 보험금 지급에 있어서, 청구의 적합성을 결정할 수 있는 기준을 세워야 했다. 그 선택들은 서비스를 제공하는 직업들에게 경제적으로 매우 중요한 것이었고, 그들을 대변하는 전문직 협회들의 정치 활동의 초점이 되었다. 하지만 재활 관련 서비스를 제공하는 직업들에게는 개원의보다는 병원과 같은 의료기관의 청구 내역에 대한 지급의 정당성을 판단하는 기준을 결정하는 국가의 역할이 단연코 가장 중요하였다. 그런 상황에서 주요 이슈는 의료기관의 직원 채용이 된다. 이는 곧 국가에 청구하는 관련 서비스 제공을 위해 기관에 어떤 명칭과 자격을 가진 직업이 고용되어야 하는지에 관한 문제이다. 또한 일부 전문가협회들이 자기 자신이 동맹 관계에 있는 단체들을 제치고 배타적인 인정을 받음과 동시에 다른 직업이 인정받으려는 노력을 무력화시키기 위해 로비활동을 하는 걸 볼 수 있다. 그렇게 얻게 된 성과는 병원과 같은 조직이 고용하는 데 있어서 국가가 부과하는 사실상의 요구조건으로 특정 업무에 반드시 특정 자격을 가진 사람으로 채워야 한다는 것이며, 이를 지키지 않으면 청구권을 박탈한다는 것이다. 분업의 내용과 구조를 구축하는 데 있어 직업 간의 그리고 직업들과 기관 경영자 간의 다툼에서 국가는 그들이 분업을 지시할 직접적인 힘을 갖고 있지 않음에도 중요한 결정권자가 될 수 있다. 그리처와 알루크는 이 관계에 대해 더욱 깊이 탐구하고자 하는 사람들에게 많은 소재를 제공하고 있다.

그리처와 알루크가 제기한 또 하나의 이슈는 그들의 전반적인 논의의 핵심이 되는 것으로 분업 내에서 새로운 기술과 특수 직업의 발달 방향을 결정하는 데 있어 기술과 과학적 지식, 술기skill[1]의 역할이다. 그들은 재활 영역의 분업에서 나타난 전문화를 설명하는 데 있어서 기술결정론의 유령을 걷어 내는 세부적인 역사를 보여 준다. 그들은 그 발전이

---

1 [옮긴이] 정확한 사전적 정의를 찾기 어려우나 의료계에서 흔히 사용하는 단어로, '기술'이 도구처럼 무생물을 다루는 느낌이라면, '술기'는 사람의 몸에 직접 행하는 진단 및 치료 목적의 행위를 뜻한다고 할 수 있다. 저자가 technology와 skill을 구분하여 사용하였기에 skill을 '술기'로 옮기기도 하였다.

쉽게 다른 방향으로 갈 수 있었음을 보여 준다. 하지만 혹자는 대충 만들어진 기술결정론의 유령을 그대로 두고 가능한 지식과 술기, 기술이 특정 시점에 발달하는 전문과들의 다양성과 종류 및 분업의 구체적인 내용에 제한을 두는 것이 분명하다는 생각이 옳다고 고집한다.

작업의 목적이나 목표에 따라 어떤 일을 할 것이며 어떻게 조직할 것인지가 제한을 받을 것이라는 관점은 이해하기 어렵지 않다. 서울로 가는 여러 가지 방법이 있을 수 있지만, 그 목적이 서울에 도착하는 것이라면 그렇게 하기 위한 단계들을 선택하고, 나누고, 수행하는 방법들은 제한적이라는 것이다. 물론 이처럼 목표가 매우 구체적이고 제한적이라면 과정상의 다양한 가능성은 분명 제한적일 것이다. 다만, 그 목표가 제대로 기술되어 있지 않고 희미하고 오락가락한다면, 수행될 과업들과 과업 수행이 분업으로 조직화되는 과정이 다양해질 가능성은 무척 커지게 된다.

'재활'은 희미하고 제대로 기술되지 않은 개념이며, 그것의 구체적인 목표들은 상당한 변이성을 갖는다. 이는 물리치료뿐만 아니라 직업교육, 구체적인 재건수술과 교정, 정신치료까지 포괄해 왔다. 여러 영역을 포괄하는 이런 다양한 술기들을 보면, 분명 많은 종류의 직업들이 이에 기여했다는 것을 예측할 수 있다. 따라서 분업이 구성되는 데에도 매우 다양한 가능성이 존재할 것이라고 예상할 수 있다. 만약 우리가 그리처와 알루크의 연구를 다른 의료 영역, 그 목표가 보다 확실하고 구체적인 분야에 적용해 본다면 분업이 구성되고 유지되는 과정에 대한 이해를 향상시킬 수 있을 것이다. 예를 들어, 외과 내 분업의 역사가 좋은 비교 대상이 될 것이다. 나는 외과 내 전문과목들과 그들 영역의 형성이 그리처와 알루크가 밝힌 특별한 과업들의 분포에 있어서와 동일한 자의성의 경향을 보일 거라고 생각한다. 그럼에도 불구하고, 재활의 경우보다는 분업과 이를 통제하고 조율할 권한이 있는 기관들의 다양성이더 명확한 한계 내에서 다뤄질 것이라는 점, 그리고 재활에서 훨씬 더찾기 힘들었던 확실한 기술적 논리들을 보일 거라고 생각한다. 하지만내 추측일 뿐이고 틀렸을 수 있다. 그리처와 알루크의 연구는 그들과 경향이 같은 다른 이들이 체계적인 비교를 받아들이기 시작하길 매우 갈구하고 있다. 비교 분석은 더 세련되고 보다 현실에 기반을 둔 지식과기술이 강요하는 분업과 전문화의 제한들에 대한 이해를 발달시키는데 필수적이다.

마지막으로 나는 그리처와 알루크의 연구와 '시장적 접근'을 차용하는 대부분의 다른 연구들이 직업 분석에 있어 제기하는 직업단체 회원들의 동기를 해석하는 문제에 대해 언급을 하고자 한다. 시장적 접근의 강조점은 어떻게 한 직업의 구성원들이 어느 정도 안정된 생활을 그직장으로부터 꾸려 나가는지에 맞춰져 있다. 이런 강조점은 전적으로생활이 유지가 되지 않으면 그 구성원들이 해당 직업에서 일을 지속하지 않을 것이고 따라서 그 직업이 생존하지 못할 거라는 사실에 의해 전적으로 정당화된다. 직업들의 생존은 노동시장에서 생존공간을 확보하는 것에 의존한다.

시장접근은 의심할 여지 없이 분석의 필수불가결한 요소이다. 하지만 이러한 접근은 선택적인 강조라는 위험성을 내포하고 있다. 그 내용을 보면 직업의 구성원들이 주로 물질적인 사익에 의해 동기부여가 된다는 인상을 준다는 점과 그들의 술기를 새로운 영역으로 적용 확장하려는 노력이 대부분 그들 자신의 노동시장에서의 위치를 향상시키고오직 확장과 직업의 계급 향상을 위해 가능한 작업의 수를 팽창시키려는 욕망에 따라 주로 추진된다는 인상을 준다는 것이다. 물질적 이익이라는 개념은 우리 20세기 앵글로 족 미국인 사상에서는 그럴듯하지만 인간 활동의 복잡성 가운데 일부분일 뿐이고 꽤나 선택적인 한 가지 특징일 뿐이다. 이는 현실에서는 존재할 수 없는 순수한 자유시장의 완벽히 유동적인 상황에서 가장 잘 들어맞는 것이다. 오늘날 현실에서는 아마도 계약직의 상황에 가장 잘 맞을 것이다. 신체적으로, 정신적으로, 그리고 사회적으로 수입 이외에 다른 모든 제약에서 자유롭고 따라서 오직 수입을 극대화하기 위해 한 종류의 노동에서 또 다른 곳으로 쉽게 이동할 수 있는 사람들 말이다. 대조적으로, 직업이 수입원이기 때문만이 아니라 그 직업 자체에 헌신한 직업 구성원에게는 이러한 물질적인 사익의 영향이 최소화된다. 전문직과 장인들 같은 잘 조직된 직업들은 이러한 '외적인' 것뿐만 아니라 '내적인' 보상에 헌신하는 것을 특징으로 한다. 이는 마치 예술 분야의 특별하고 허술하게 조직된 직업의 행태와 비슷한데, 애덤 스미스는 이를 사익보다는 우쭐대는 자만심이라 생각했고, 마르크스는 그들의 보헤미안적 지위에 대해 룸펜프롤레타리아라고 기술했다.

만약 그들이 자기 일에 대한 염려와 헌신을 갖지 않는다면 그 직업의 과거 종사자들이 남긴 문서들을 읽을 리가 없다. 또한 일 자체에 대한 그들의 잦은 관심 표명과 그 일의 가치와 중요성에 대한 순수한 믿음이 없다면 그 누구도 동시대의 종사자들과 인터뷰를 할 리 없다. 노동에 대한 주장이 분명 직업과 그 구성원의 경제적 윤택함을 발전시켜 주는 기능을 하고 그들이 의식적으로 경제적 발전의 목적을 위해 봉사하는 것일 수도 있다. 하지만 이는 그것을 발전시키려고 하는 사람들만 믿고 있는 내용일 수 있다. 하지만 이를 발전시키려는 동기를 사익추구와 지위 갈망의 탓으로만 돌리기엔 다소 부족한 점이 있다. 사익추구는 직업에 대한 헌신과 과업들 또는 기술들의 특정 세트, 그 특징적인 노동과의 관계와 노동환경과의 상호작용에 들어 있다. 전문직에 대한 연구에서 시장접근법은 과거 연구에서 전문직 주위를 감싸던 경건한 척하는 이데올로기적 안개의 일부를 걷어 내고 그들의 경제적 기반을 밝혀내는 데 매우 유용했다. 하지만 이러한 시장접근법은 직업에서의 노동과 분업 내에서 노동의 위상을 구축하고 발전시키며 변화시키는 비경제적 동기들(인지할 수 있는 것과 인지할 수 없는 것을 포함하는)의 매우 실제적인 효과에 대한 관심을 포함하는 보다 미묘하고 복잡한 구조 내로 편입될 필요가 있다. 그리처와 알루크의 이 책은 관련된 시장들을 분석하는 첫 발걸음을 떼었다. 그들 또는 다른 이들이 다음 한 걸음을 또 걸어 나가길 희망해 본다.

감사의 말

이 책은 많은 부분 미국공중보건서비스 No. HS00013과 예일 법대의 법학, 자연과학, 의학에 관한 영연방재단 프로그램으로부터 박사연구비를 받아 작성되었다. DHHS 보조금 No. RR07143과 노스이스턴 대학의 단과학장 연구개발 펀드의 지원 덕에 초안의 상당한 개정이 가능하였다.

우리의 지적 부채는 일차적으로 엘리엇 프라이드슨Eliot Freidson에 있으며 그의 전문직에 대한 사고가 이 프로젝트의 시발점과 초점을 제공하였다. 우리는 또한 원고를 작성해 나가는 여러 단계에서 도움이 되는 논평을 해 준 울프 하이드브랜드Wolf Heydebrand와 허버트 멘젤Herbert Menzel, 피터 뉴Peter New, 줄리어스 로스Julius Roth, 필리스 스튜어트Phyllis Stewart에게 감사를 전한다. 총서 편집인 찰스 레슬리 Charles Leslie는 원고를 개정해 나가는 데 있어 귀중한 안내를 해 주었으며, 저자의 늦은 진행에도 인내심을 보여 주었다. 이외에도 아드리아 배리Adrea Barry, 캐런 제이콥슨Karen Jacobsen, 엘리엇 크라우스Elliott Krause, 잭 레빈Jack Levin의 지원이 이 프로젝트를 진행하는 과정에서 정말 큰 도움이 되었다. 마지막으로, 원고를 타이핑해 준 플로라 홀린스 Flora Hollins와 메릴린 처칠Marilyn Churchill, 마크 피셔Marc Fisher에게 감사를 전하고 싶다.

| 일러두기 |

1 이 책은 Glenn Gritzer & Arnold Arluke, *The Making of Rehabilitation : A Political Economy of Medical Specialization, 1890-1980* (University of California Press, 1985)을 옮긴 것이다.

2 본문의 주석은 모두 각주이며, 옮긴이 주는 따로 구분해 주었다. 본문 내용 중 옮긴이가 추가한 내용은 대괄호([ ])로 묶어 표시했다.

3 외국 인명·지명은 2002년에 국립국어원에서 펴낸 '외래어 표기법'에 따라 표기했다.

재활의 역사

1장 / 서론

금세기 의료 분야에서는 전문과의 폭발적인 증가가 일어났다. 미국이
제1차 세계대전에 참전할 당시만 해도 미국의사협회가 인정한 전문과
는 단 하나뿐이었다. 소수의 전문과들이 1930년대에 들어오면서 체계
가 잡혔지만, 전체 의사 중 단 17%만이 풀타임으로 전문과 진료를 하였
다. 오늘날에는 52개의 전문과가 미국의사협회에 등록되어 80%에 달
하는 의사들이 전문의 자격을 보유하고 있다. 나아가 거의 모든 전문과
가 세부전공을 하나 이상 갖고 있다. 예를 들어 정신건강의학과에는 사
회정신의학, 법정신의학, 정신약리학, 가족치료라는 세부전공이 있다.
심지어 몇몇 세부전공은 한 번 더 나뉜다. 내과의 세부전공인 혈액종양
내과 밑에는 적어도 네 종류의 혈액종양전문의가 있다.[1]

  의사와 기타 현존하는 의료 인력의 다양성을 고려하면 전문화 양
상은 더욱 복잡해진다. 1910년대에는 진료'팀'이라 하면 의사와 간호

---

1 Richard M. Magraw, *Ferment in Medicine*, Philadelphia: W. B. Saunders Company, 1969, p.
   149.

사, 조무사, 이렇게 세 종류의 구성원밖에 없었다. 하지만 1970년대까지 500개가 족히 넘는 의료관련 직업들이 생겨났다.[2] 그리고 의사와 마찬가지로 이 직업들 중 상당수가 세부전공을 만들어 냈다. 실례로 단 몇 개만 언급하자면 간호과에는 노인간호, 소아청소년간호, 정신간호 등의 세부전공이 존재한다. 또한 몇몇 의료기사직들도 조무사 혹은 기사 급에 해당하는 새로운 종류의 노동자들을 만들었다.

개별 전문과의 단순한 가짓수와 더불어, 그들 사이에 존재하는 상호관계를 고려해야만 의료영역의 전문화 현상을 적절한 시각에서 바라볼 수 있다. 후자는 분업이란 개념으로 다루어지는데, 전문과 간의 연관성을 체계화하는 몇몇 메커니즘 세트가 있음을 전제로 한다.[3] 의료영역에서는 여러 전문과들이 환자를 조직적이고 통합적으로 보살피는 데 있어 이 메커니즘이 필수적이라고 생각한다.

하지만 최근 몇 년 동안 의료의 질에 영향을 미치는 '과過전문화'의 부작용과 여러 전문과 간 업무 조정에 있어 무능력한 의료 분업화에 대한 우려가 커지고 있다. 비평가들은 전문의 사이에 의사소통이 거의 이루어지지 않고 있으며, 심지어 환자와의 의사소통은 더욱 일관성이 떨어진다고 비난한다. 한 전문의가 다른 전문의의 의견을 전적으로 따를지라도, 오직 전문 영역이 잘 구분된 전제 하에서만 그렇게 할 수 있다고 주장한다. 사실상, "서로 분리된 적대적인 정체성들은 그 둘레에 어느 때보다 높은 경계 벽을 쌓아 두고 있다"고 말하는 사람도 있다.[4] 하지

2 Harold M. Goldstein and Morris A. Horowitz, *Entry-Level Health Occupations: Development and Future*, Baltimore: The Johns Hopkins University Press, 1971, pp. 5~6.
3 Eliot Freidson, "Professions and the Occupational Principle", ed. Eliot Freidson, *The Professions and Their Prospects*, Beverly Hills: Sage Publications, 1973, p. 24.

만 이런 우려들은 왜 전문화가 일어나고 어떻게 분업이 구성되는지에 대한 설명이 가능한 근본적인 힘에 대해 체계적으로 분석하지 않고, 그저 단순히 의료계 내의 '팀워크' 혹은 '동료 간 협력'을 요구해 왔다.

자연성장모델

왜 이렇게 의료가 전문화되고 분업구조가 복잡해졌는가? 가장 보편적이나 너무도 안이한 설명은 전문화가 과학 발전의 자연스럽고 불가피한 결과라는 것이다. 이에 따르면, 의료 분업은 기술 혁신과 지식 증가에 의해 직접적으로 결정된다. 의료사학자 스탠리 라이저Stanley Reiser는 "의학 지식의 절대적 증가"와 "과학적 기기들의 증식"에 의해 전문화가 "촉진되었다"고 말한다.[5] 의사인 리처드 맥그로Richard Magraw는 전문화 과정이 "자연스럽고 저항할 수 없는 과정이며, 느려질 기미가 보이지 않는다. 이 영역에서 비공식적이지만 실제로 일어나고 있는 세부 전문화는 새로운 지식과 기술의 자연스러운 확장에 따라 지속적으로 발전하고 있다"고 주장한다.[6] 이런 시각으로 보면 기술과 지식이 독자적인 생명력을 갖고 노동의 구조를 결정하고 있는 것이다.

　이 전문화의 자연성장모델은 흔히 있는 그대로 받아들여지는데, 과학 시대의 노동 구조화에 필요한 내용에 대한 우리의 현대적 관점 일부를 형성한다. 예를 들어 끊임없이 생성되는 참고문헌들은 "지식의 폭

---

4 June S. Rothberg, "Territorial Imperatives and the Boundaries of Professional Practice in Rehabilitation", *Archives of Physical Medicine and Rehabilitation*, vol. 52, 1971, p. 397.
5 Stanley Joel Reiser, *Medicine and the Reign of Technology*, Cambridge: Cambridge University Press, 1978, p. 146.
6 Magraw, *Ferment in Medicine*, p. 149.

발"로 이어져 의사 한 개인이 모든 내용을 완벽히 습득할 수 없어졌다.[7] 이런 논의들 속에서 전문화는 20세기 노동의 필수 요소로 여겨진다. 단순한 필요성을 뛰어넘어 전문가는 이 시대 자체와 그 발전의 상징으로 미화되기까지 한다. 복잡한 사회에서 전문가와 분업의 필요성은 당연하게 받아들여지는 반면, 특정 분야를 발전시키는 실제적인 분업화는 문제시되지 않는다.

자연성장모델은 노동 구조에 대한 현대적 사유에서 필수적인 요소인데, 이는 서양사상에 깊이 뿌리내리고 있기 때문이다. 18세기와 19세기에 걸쳐 사회변화를 설명하기 위해 진보와 진화라는 개념이 나타났다. 이러한 개념들은 인간의 능력과 도덕성에 관하여 주기적이고 전반적으로 좀 더 비관적이었던 기존 관념과 반대로, 무한한 진보의 가능성을 강조했다.[8] 역사가인 케네스 보크와 프레데릭 테가트에 따르면, 진보와 진화의 개념은 비록 산업화 시대에는 다소 새로운 것이었지만 서양문화의 지적 전통에 내재된 생물학적 비유에 바탕을 둔 것이었다.[9] 사회의 변화와 개별 유기체의 발달을 같은 방식, 즉 필연성, 내재성, 목적성, 지향성, 누진성, 비가역성, 단계성을 갖는 것으로 바라보았다. 사회학자 로버트 니스벳Robert Nisbet 또한 유사하게 진보와 진화라는 개념이 자연성장 비유라고 불리는 서구적 사고방식에 기원하고 있다고 보았다. 정해진 법칙에 따라 내재된 방식으로 펼쳐지는 자연성이란 개념은 우

---

7 E. L. Stebbins, "Why This Conference?", *Journal of the American Medical Association*, vol. 170, 1959, pp. 284~285.

8 Charles A. Beard, "Introduction", J. B. Bury, *The Idea of Progress: All Inquiry Into Its Origin and Growth*, New York: Dover Publications, 1960, pp. ix~xi.

9 Kenneth Bock, *Human Nature and History: A Response to Sociobiology*, New York: Columbia University Press, 1980; Frederick J. Teggart, *Theory of History*, New Haven: Yale University Press, 1925.

연적이거나 특이한 존재들을 배제하였다. 즉 이 개념은 일반 사회에 대한 새로운 과학적 연구, 특히 진보와 진화의 관념에서 역사를 배제하게 되었다.[10]

산업혁명이 노동의 본질을 어떻게 변화시켰는지 연구하기 위해 당시 사회이론가들은 자연성장과 진보, 진화에 바탕을 둔 분업 개념을 만들었다.[11] 그들은 기술과 과학, 인구 압력, 발전을 위한 인간의 몸부림이 노동을 가차 없이 분화시켰다고 말한다. 또한 그로 인해 전문화와 기능적 상호의존은 새로운 사회의 자동적이며 계획되지 않은 토대가 되었다고 말한다. 이 공리주의자들의 주요 질문은 누구에 의한, 어떤 방식의, 무슨 이유에 의한 분업인가가 아니었다. 그들은 이 개념을 노동 구조 내 권력기반 관계를 모호하게 하고 자연적 과정이 작동함에 있어서 다른 개입을 반대하기 위해 사용했다.[12]

에밀 뒤르켐은 이런 전통을 그의 책 『사회분업론』에서 더욱 발전시켰고, 사회적 연대의 진화적 바탕에 대해 연구하였다.[13] 그는 분화가 생태적 힘에 의해 일어나는 자연스런 과정이라는 공리주의적 관점을 견지했다. 하지만 그는 "개인의 이해관계의 자연적인 정체성"을 바탕으로 한 기능적 상호의존성이 새로운 사회의 근간이 될 거라는 점에는 이의

10 Robert Nisbet, *Social Change and History: Aspects of the Western Theory of Development*, London: Oxford University Press, 1969.

11 Adam Smith, *An Inquiry Into the Nature and Causes of the Wealth of Nations*, New York: Random House, 1937, ch. 1, 3; Herbert Spencer, *Principles of Sociology*, vol. III, New York: D. Appleton and Company, 1914, pts. VII~VIII.

12 Eliot Freidson, "The Division of Labor as Social Interaction", *Social Problems*, vol. 23, 1976, pp. 304~313.

13 Émile Durkheim, *The Division of Labor in Society*, New York: The Macmillan Company, 1933.

를 제기했다. 그는 새로운 분업 사회에서 만들어져 공유되는 신념과 도덕 규칙이 그 목적을 달성할 것이라는 개념을 새로이 제시하였다. 이처럼 뒤르켐의 관심사는 노동 구조에 대한 분석보다는 이런 새로운 도덕적 기반에 대한 연구였다.[14]

뒤르켐은 경제적 이해관계가 사회적 상호관계의 중심이 되는 경우 개인과 사회의 운명이 어떻게 될 것인지 고민했지만, 그는 자본가와 노동자 간의 대립을 근본적으로 '건강한' 새로운 분업화의 '비정상적인' 형태로 정의하고 이 의문을 해결해 나갔다. 그는 새로운 산업사회의 전반적인 형태와 분업을 결정함에 있어 계층 간 갈등의 중요성을 무시했다. 뒤르켐은 분화와 상호의존 과정이 자동적이라고 가정한 뒤 그저 분업의 깨끗하고 비정치적인 개념화 작업을 이어 나갔다. 그리하여 그 개념은 노동을 구조화하는 과정, 특히 기술과 노동과정을 지배하려는 투쟁에 대해 파악하기 어렵게 만들었다.

현대 사회학자들은 분업이라는 개념을 지속적으로 자연성장에 비유하고 있다. 1970년대 이전, 직업에 대한 사회학적 연구가 이런 비유에 뿌리내리고 있었다. 전문직에 대한 특성 접근법 연구들은 불가항력적인 힘에 의해 자동적으로 전문화와 작업 재구성이 이루어졌으며, 이러한 내재적 성질들이 전문직의 발달을 결정하고, 이 특성들이 전문직을 다른 직업들과 구분짓는다는 가정을 공유했다. 이 가정들은 사회학자들이 노동의 사회적 구조화를 무시하게 했고, 대신 전문직의 특이 속성들을 열거하는 데 집중하게 만들었다. 또한 이런 관점은 속성들의 원인

---

14 Theodore Kemper, "The Division of Labor: A Post-Durkheimian Analytical View", *American Sociological Review*, vol. 37, 1972, pp. 739~741.

이라기보다 결과로서 권력을 다루게 하였다.

　사회학자 윌리엄 구드의 연구는 전문직에 대한 이러한 접근을 가장 잘 그려 내고 있다. 1960년대에 구드는 전문직의 위상을 결정하는 두 가지 핵심 속성, 즉 "추상적 지식체계 내 오랜 특별수련 과정과 집단 및 서비스 지향성"에 집중하였다.[15] 구드는 이런 속성들에 초점을 맞춘 채 직업적 전문화와 협업화에 대한 의문들을 제쳐 두었다. 특별한 지식이라는 속성은 업무 역할의 분화와 계층화를 설명하였고, 지식이란 매개변수와 함께 앞서 주장된 서비스 지향성은 자동적 상호의존에 대한 믿음을 뒷받침했다. 구드는 권력과 자율성, 위상과 같은 다른 모든 변수들이 이 두 가지 속성에 의해 결정되는 것이라고 하였다.

　지식과 직업 전문화가 연관되어 있다는 가정은 보통 그의 분석에 내재되어 있었고, 문제가 없다고 정의되었다. 하지만 한 번은 구드가 "직업은 그 지식체계가 자라면서 수많은 하위그룹으로 나뉠 것이다"라고 그 연관성을 직접적으로 밝힌 적이 있었다. 또한 "지식의 빠른 증가와 전문과로의 조직화는 각 하위그룹이 자신의 관심사에만 집중할 수 있게 한다"고 말했다.[16]

　자연성장 비유의 지속성은 자발적인 성장과 발달을 특정한 역사적 사건 때문으로 돌리는 이데올로기적 기능에서 비롯된다. 어떤 사건이 자연적이고 내재적으로 발현된 것인지 우연인지 결정하는 것은 발달의 단일선상에 존재해야 하는 것과 존재하고 있는 것을 어우러지게 하려

15　William Goode, "Encroachment, Charlatanism, and the Emerging Profession: Psychology, Sociology, and Medicine", *American Sociological Review*, vol. 25, 1960, pp. 902~914.

16　William Goode, "Theoretical Limits of Professionalization", ed. A. Etzioni, *The Semi-Professions and Their Organization*, New York: The Free Press, 1969, pp. 266~313.

는 평가적 선택이 된다. 그리하여 토머스 쿤의 '과학혁명'에 관한 서술은 대변혁이 어떻게 기존의 일들을 현재 주도적인 '패러다임'과 일치시키기 위해 재구성하는지 보여 준다. 과학사가들은 직선적 발달이라는 틀에 맞는 발견들을 골라서 이런 '혁명들'을 재해석했다. 쿤이 말했듯이, "역사적 사실을 경시하는 태도는 십중팔구 기능적으로 과학전문가의 이데올로기에 깊이 배어들어 있다".[17]

비슷한 상대주의적 태도가 처음에는 독일 실증주의자에 의해 발전되었고 마르크스에 의해 이어져 나갔다. 마르크스주의 전통에서 영감을 받은 이들은 진보에 대한 자본주의적 관점 속에 은폐되어 있던 기득권의 이해관계, 권력, 충돌을 폭로했다. 이런 비평의 예로 조르주 소렐의 작업을 들 수 있다. 그는 과거를 계몽된 현재의 필연적인 원인으로 묘사하고, 지식과 도덕적 완성의 내재적 발현을 미래로 보냄으로써, 기득권층이 자신들의 권력을 정당화하는 데 진보 개념을 사용했다는 것을 입증했다.[18]

니스벳은 자연성장 비유가 지속되는 것은 그것이 "집단에 미치는 사회적·정신적 영향이 통합적"이기 때문이라고 하였다.[19] 그는 국수주의 단체들이 과거 사건들을 그들 운동의 발전에 있어 예언적인 징후로 해석한다는 점을 지적했다. 이와 유사하게 직군들이 이 비유를 사용하는 경우에는 그들의 역사적 기술들을 자신들을 위한 이데올로기적 발언 정도로 취급했다. 전문직에 의해 기술된 역사들은 보통 자기 직업의

---

17 Thomas Kuhn, *The Structure of Scientific Revolutions*, Chicago: The University of Chicago Press, 1970.

18 Georges Sorel, *The Illusions of Progress*, Berkeley: University of California Press, 1969.

19 Nisbet, *Social Change and History*, pp. 249~250.

발전을 누적되는 지식 성장에 의해 촉진된 지속적인 진보로 묘사한다. 자신들의 직업이 현 상태까지 '부상해 오고,' '진화해 온' 것으로 묘사한다. 분명히 이런 "진화라는 미사여구"는 포괄적인 전문화 현상과 분업화를 결정하는 동력에 대해 관심을 쏟지 않는 한 계속 소수에 의해 선언되고, 다수에 의해 믿어질 것이다.[20] 그 동력을 연구하기 위해서는 노동의 조직에 대한 완전히 다른 접근 방식을 필요로 한다.

시장모델

우리는 전문화의 불가피성을 받아들일 필요가 없다. 단지 그것의 존재만으로는 왜 전문과가 발전하게 되었고 어떻게 분업이 구조화되었는지 설명이 되지 않는다. 만약 분업이 지식과 기술의 발전에 따라 마땅히 생겨나야 하는 것이 아니라 분석해야 할 주제로 다루어진다면, 자연성장 모델과는 논리적으로나 실질적으로 대조적인 모델이 필요하다. 이 책에서는 그런 대안적인 접근 방법을 전개할 것이다.

　사회학자 및 19·20세기 미국 의료 전문직의 부상에 관심을 가진 사람들의 최신 연구에서 전문화의 시장모델이 제안되었다.[21] 이 연구자

20　Iago Galdston, "The Birth and Death of Specialties", *Journal of the American Medical Association*, vol. 167, 1958, p. 2056; Elizabeth Garnsey, "The Rediscovery of the Division of Labor", *Theory and Society*, vol. 10, 1981, p. 337; Elliott Krause, *Division of Labor: A Political Perspective*, Westport, Conn.: Greenwood Press, 1982.

21　예를 들어 Jeffrey Berlant, *Profession and Monopoly*, Berkeley, Los Angeles, London: University of California Press, 1975; Carol Brown, "The Division of Laborers: Allied Health Professions", *International Journal of Health Services*, vol. 3, 1973, pp. 435~445; E. Richard Brown, *Rockefeller Medicine Men*, Berkeley, Los Angeles, London: University of California Press, 1979; Carol L. Kronus, "The Evolution of Occupational Power", *Sociology of Work and Occupations*, vol. 3, 1976, pp. 3~38; William D. White, *Public Health and Private Gain*,

들은 하나의 직업이 노동자 조직체로서 자신들이 제공하는 서비스의 공급과 수요를 통제하여 안정적이고 성공적인 정치경제학적 위치를 구축해 가는 과정에 초점을 맞추고 접근하기 시작했다. 이런 관점에서 전문화와 협업은 특정 기술과 업무의 수련 및 수행에 관한 배타적인 권리를 얻어 시장을 구축하려는 직군 간의 투쟁과 밀접하게 얽혀 있으며 곧 그 결과라고 볼 수밖에 없다. 지식과 기술이 전문화의 원인이 되기보다는 이익 공동체가 분업 구조 내에서 특별한 지위와 지배력을 정당화하기 위한 자원으로 쓰일 수 있다.

마갈리 사파티 라슨에 따르면, 노동자 조직이 자신들이 제공하는 서비스를 위한 시장을 형성하려 할 때 직업군들이 더 큰 단위로 합쳐지게 된다.[22] 그들의 시장을 조직하고 통제하기 위해 맨 처음 할 일은 그들의 '생산물' 즉 서비스를 소비자가 인지하고 알아볼 수 있게 하는 것이다. 라슨은 해당 영역 종사자를 교육할 수 있을 정도의 충분히 획일적이고 표준적인 전문지식 체계를 갖춘 후에야 그들이 그러한 상품 정의를 얻을 수 있다고 했다. 일단 그런 인식기반cognitive base이 형성되면, 그 직군은 발전하게 된다.

하지만 중요한 상품 정의는 인식기반을 얻기 전에 이루어져야 한다.[23] 초기의 노동자 조직은 유사한 서비스를 제공하는 사람들끼리 서로 겹치는 전문성과 이해관계를 인식할 것을 요구한다. 마찬가지로 서비

Chicago: Maaroufa Press, 1979를 보라.

22 Magali Sarfatti Larson, *The Rise of Professionalism: A Sociological Analysis*, Berkeley, Los Angeles, London: University of California Press, 1977.

23 Glenn Gritzer, "Occupational Specialization in Medicine: Knowledge and Market Explanations", ed. Julius A. Roth, *Research in the Sociology of Health Care*, vol. 2, Greenwich, Conn.: JAI Press, 1982, pp. 251~283.

스가 경제적 생명력을 얻기 위해선 소비자가 반드시 상품을 인지해야 한다. 조직과 경제적 자원들 모두 단계적으로 '전문가 프로젝트'를 추구하는 데 필요하다. 공들여 만들어 독자적으로 소유하게 된 인식기반이 그 직군에 의해 통제되는 교육 환경 내에서 위에서 아래로, 즉 수련생에게 전수된다.

의료 전문직에게 그런 인식 차원은 나중에 이 게임에서 형성된 것으로 직군이 이끌어 낸 결과일 뿐, 직군을 발생하게 한 매개체 혹은 그 원인이 아니다. 전문과의 형성에 있어서 결정적인 것은 간단하고 구체적인 것이지 복잡하고 소수만 이해할 수 있는 것이 아니다. 즉, 기술과 같은 물질적 요소가 내부인과 외부인의 작업 영역을 규정한다. 이를 전문적으로 사용하는 의사들은 기술의 실제적 적용과 그 임상 효과의 경험적 관찰에 관한 독자적인 기술을 발달시켰다. 의사들은 기술 혹은 술기들을 더욱 중요한 것으로 특징지으며, 초기의 많은 관심을 미성숙한 도구들을 적용하는 데 필요한 기술을 개선하는 데 쏟는다.

이와 같은 전문직 형성의 초기 기반은 전문화에 대한 전통적인 가정과는 분명히 다르다. 기계적 도구를 다루는 기술은 보통 기술직의 기반으로 받아들여지지 전문직의 것으로 받아들여지지는 않는다. 의학적 전문지식과 의사결정의 발달은 '전문가'가 행하는 일이라는 익숙한 관념에 가깝다. 하지만 이론적인 지식의 인식 가능한 실체를 집대성하는 것은 전문화를 필요로 하지 않는다. 그보다도 전문가 그룹은 쉽게 인식 가능한 기계에 의해 정의되는 서비스 '상품들' 주위로 형성됐을 수 있다. 앞서 주장한 이론적인 지식체계는 나중에 그들이 자신들의 서비스 시장을 지키기 위한 투쟁에서 전문가 프로젝트의 중요한 구성요소가 된다.

또한 의료 전문화의 발달은 특별한 역사적 사건을 이용하는 직군의 능력에 달려 있다. 이런 관념은 사회적·정치적 진공상태에서 전문화의 과정을 다루는 자연성장모델과는 반대되는 것이다. 예를 들어, 전쟁과 같은 사건은 일반적인 의료의 영역 밖에서 활동했기 때문에 낮은 지위를 가질 수밖에 없었던 집단에게 특별한 기회를 제공한다. 주변부의 혹은 신생 의료 단체는 사회경제적 신분 상승과 의료 전문직에게 인정받는 것을 목표로 한 전략을 사용할 것이다. 특히 그들은 전쟁 중 의료 수요의 급격한 증가에 맞춰 자신들이 가진 기술의 효과를 입증함으로써 지위를 상승시키고자 한다. 일반 의사들에게 이 기술들을 사용해 달라고 설득하고, 이게 이루어지면 그 기술들에는 이전에 없었던 합법성이 부여된다. 전문과의 발전 과정 내에서 이 단계의 시장 전략은 의료 전문직의 비위를 맞추는 것과 배타적인 권한을 요구하지 않는 것이다. 전문가의 동의를 얻게 되면 상품 정의가 향상되고 비-의료인 경쟁자들과 싸우는 개방 시장 내에서 전문가로서의 권력을 얻게 된다.

또한 역사는 의료기사직의 발달에 결정적인 역할을 한다. 종속적인 분업의 확장은 전쟁 중 의료 서비스 수요의 갑작스런 상승으로 시작되기도 한다. 수요를 완전히 충족시키지 못한 의사들은 의료기사직이 형성되고 승격되는 데 적극적인 도움을 주기도 한다. 치료를 직접 수행하는 과정과 같은 불쾌하고 존중받지 못하는 일들이 의사에서 의료기사 직군으로 위임될 수 있다. 사실, 의료 내에서 한 전문과의 지배력은 진단과 같은 책임들을 지배하면서 작업의 일부를 위임하는 데 성공하느냐에 달려 있기도 하다. 이에 성공해야만 전문과의 지위를 열망하는 그들이 일반적인 임상의로 보일 수 있다.

새로운 의료기사직의 형성은 다른 비-의료인 집단이 전쟁과 같은 상황에 반응하는 능력에도 달려 있다. 만약 기존의 의료기사직이 그들의 회원 조건을 경직적으로 정의하고 있다면 그들은 많은 치료사를 필요로 하는 전쟁 수요에 반응할 수 없을 것이다. 나아가 이 조직들이 전통적인 개념들에 매몰되어 있다면 가능한 기회들을 인지하지 못할 수 있고, 새로운 직업이 만들어질 수 있는 길을 열어 주게 된다.

일단 전문직 단체가 주어진 노동영역에서 합쳐지면, 그들 간의 관계는 반드시 정의되어야 한다. 자연성장모델에 따르면, 의사와 의료기사 간 지식과 기술의 불균등 분포가 자연스럽게 분업 내 처방과 서비스의 협동 방식을 결정한다. 이런 의미에서, 의사는 법적인 권한이 아니더라도 전문성이 부족한 종속 노동자들의 작업을 조직하고 통제할 의무를 가지고 있다. 이 경우 의료기사들이 진단이라는 핵심적인 일에서 배제가 되고 반복적으로 감독을 받는 것이 당연하고 자연스러운 일이 된다.

하지만 지식과 기술은 직업적 지배와 종속 구조를 정당화하기 위해 노동집단이 사용하는 자원일 수 있다. 의료기사를 통제하기 위해서는 의사가 자신의 능력이 더 뛰어나다는 것을 성공적으로 주장해야만 한다. 그런 다음에야 종속 노동자들의 올바른 관리감독이 그들의 의무라는 주장을 할 수 있게 되는 것이다. 결과적으로 의료기사가 되려는 사람들은 자기 지식기반과 실제 노동의 매개변수에 대해 효과적인 통제를 하지 못하고 종속적인 지위를 기꺼이 받아들이게 되는 것이다.

양쪽 모두[의사와 의료기사]에게 분업은 그들의 서비스 시장을 지킴으로써 직업적 이익을 높이는 방식일 수 있다. 의사는 분업 구조화를 의료기사 단체를 감독 하에 둘 뿐만 아니라 자신의 지위를 향상시켜 의료기사와의 경쟁을 제어할 수 있는 기회로 보았을 수 있다. 의료기사 단체 또한 분업을 경쟁자와 싸우는 수단으로 사용할 수 있다. 의사와의 친밀한 연대는 보호막 및 상품 정의를 향상할 수 있는 수단을 얻는 방법일 수 있다. 하지만 현실적으로 의료기사에게 즉각적인 이익으로 여겨진 것들은 제도화와 의료계에 대한 종속이라는 장기적인 프로세스의 일부일 뿐이었다.

　의사가 분업을 효과적으로 통제하려면 종속 노동자들에 대한 지배 이상의 것을 필요로 한다. 의사들은 다른 전문의와 의료기사 사이에 자기 위치를 전략적으로 정해야 하는 것이다. 이를 위해서는 의료직 내 공식 전문과 지위 부여를 정당화할 수 있는 특정 지식체계와 일련의 기술 폐쇄가 반드시 이루어져야 한다. 그런 연후에야 한 의사 집단은 오직 그들만이 지배하고 있는 분업에 종속된 자들의 일을 지시할 수 있는 특별하고 고유한 권리를 주장할 수 있게 된다. 다시 언급하자면, 역사적 사건들이 이런 요구를 할 기회들을 제공하였을 수 있다.

　하지만 통제 전략이 항상 성공하는 것은 아니며 의료기사 집단의 반대에 의해 좌절될 수도 있다. 의료기사들이 의사에 대한, 특히 단 하나의 전문과에 대한 지속적인 의존을 자신들의 서비스 수요 확대를 막는 장애물로 바라볼 수 있다. 그 종속에서 벗어나기 위한 가장 효과적인 전략은 분업 그 자체의 적법성에 의문을 제기하는 것이다. 의료기사 단체는 그들의 작업을 통제하는 의료 전문과의 권위에 저항하고, 의사만이 지식체계 또는 기술들에 대한 배타적이고 근본적인 능력을 가진 것은 아니라고 하면서 자신들의 능력을 정의한다. 그에 따라 병원 시스템 내에서 의료기사들이 특정 의료 전문과에 의한 행정적이고 전문적인 통제를 거부한다. 민간 개업 시장의 의료기사들은 전반적으로 의사에 대한 자신들의 종속에 대해 의문을 제기하고 독립 개업을 가능케 하는 자격 법안을 추진한다. 만약 이런저런 팽창주의 전략이 성공한다면, 의료기사의 시장 진입은 의사의 역할이 관리자보다는 컨설턴트로 재정의 되도록 할 수 있고, 전문과의 분업 지배력을 끝낼 수 있다.

또한 분업은 서로 다른 의사 집단 간의 경쟁의 장이 될 수도 있다. 만약에 전문의 폐쇄 전략이 실패하여 자신의 영역을 인접한 전문과에게 열리는 경우 그런 일이 벌어질 수 있다. 의료기사를 관리하고 별개의 환자 시장에 서비스를 제공할 수 있는 권리를 놓고 다툼이 발생할 수 있다. 이런 권리 다툼의 영향은 특정 의사가 가진 전문의 지위와 분업에 대한 주도권 주장에 정당성이 있는지에 대해 의문을 제기하게 한다. 그리고 분명히 이런 인접한 전문과 간의 지엽적 분쟁들은 의료기사들의 저항만큼이나 의료분업의 진화에 있어 중요하다. 두 가지 모두는 전문과가 가진 직업적 권력의 종말을 낳을 수 있다.

재활의학

만약 전문화와 작업의 조직의 문제에 있어 시장모델의 의미가 확립된다면, 정책결정자들은 분열을 해소하고 추가 진행을 멈추기 위한 제안들을 평가하는 데에 분명히 현재보다 나은 위치를 점할 수 있을 것이다. 아직 시장모델은 그저 논리 구조일 뿐이고 따라서 현실이 이 모델을 얼마나 따르는지 판단할 수 있도록 경험적 정보를 모을 필요가 있다. 이 책은 일종의 테스트로서 재활의학 분야라는 한 분업사회의 기원과 발전을 참여 노동자들의 시장 이익 관점에서 조사한 것이다.

재활의학의 치료자들은 장애인이나 만성질환자들의 기능적 능력을 향상시키기 위해 일한다. 이들은 세 가지 이유로 이 사례 연구에 선정되었다. 첫번째로 재활의학의 전문화 과정이 물리의학 전문의라는 의사를 포함할 뿐만 아니라 물리치료사와 작업치료사라는 의료기사까지 포함하고 있기 때문이다. 이는 의사 및 의료기사 전문과의 직업적 등장을 함께 비교하고 연구할 수 있는 기회를 제공한다. 더욱이 이들 전문과들은 처음부터 의료기사가 의사에 종속된 분업구조로 재활 작업을 만들어 왔다. 따라서 이 분야는 의료 분업에서 전문과의 지배권을 확립하는 과정의 연구가 가능하다.

두번째로, 재활영역은 의료시장의 지배와 직업 영역 모두에 있어 전문과 간 열린 분쟁의 장場이 되어 왔다. 분업에 속한 직군 간 긴장을 특징적으로 보여 주는 것은 "재활 내 전문과 진료영역과 권한"을 논의하기 위해 열린 특별한 분야 간 포럼이었다.[24] 물리요법 의사, 물리치료사와 작업치료사 및 간호사와 사회사업가로 구성된 이 패널은 오직 하나, 그들 모두 전문가적 자율권과 직업적 경계의 보존과 확장을 위한 투쟁에 있어 서로 "위협과 공격, 적의敵意감"을 느꼈다는 것에만 합의를 이루었다.[25] 이런 분쟁의 결과로 이 영역에는 분업의 협상과 직업 간 경쟁관계에 대해 출판된 혹은 출판되지 않은 자료들이 다량 존재한다.

세번째로, 재활의학의 발달은 사회학자와 역사학자들에게 모두 무시되어 왔다. 몇몇 가볍게 인용되는 역사들은 재활의학과 의사에 의해 쓰여 왔고, 그들은 전문화의 자연성장모델 관점에서 자신들 영역의 '진화'를 기술해 왔다. 이런 역사들의 대표적인 것으로 유명한 물리요법 의사인 프랭크 크루젠Frank Krusen이 쓴 것이 있다. 크루젠은 1930년대 또는 물리의학의 "초기 십여 년" 동안 장애인의 재활에 깊게 고민한 의사

24 Rothberg, "Territorial Imperatives and the Boundaries of Professional Practice in Rehabilitation", pp. 397~412.
25 Ibid., p. 397.

들이 재활분야를 창립했다고 주장한다.[26] 그에 따르면, 재활에 대한 이런 관심들이 계속 성장하여 1947년 미국의사협회가 자연스럽게 물리의학에 공식적인 전문의 지위를 부여할 정도였다. 이 전문과는 필수적이었는데, "수많은 새롭고 놀라운 전기학적 장치와 도구들"을 장애의 재활에 적용하기 위한 것뿐만 아니라 이 영역의 "급속한" 지식 확장을 적절하게 관리하기 위해서였다.[27] 요약하자면 그는 물리치료의 성장을 기술적 필연성과 지식 요건의 결과로 본다. 덧붙여, 크루젠이 쓴 역사는 물리요법 의사가 가진 의료기사에 대한 권한을 전문화에 의해 불가피하게 수반된 것으로 간주하여 직업적 종속을 당연한 것으로 받아들이고 있다. 분명한 것은 이 영역에서 자연성장 가정을 제쳐 놓고 분업을 문제시하는 역사 연구가 필요하다는 것이다.

이번 사례연구는 물리의학, 물리치료 그리고 작업치료라는 직업의 등장을 관찰하는 것으로 접근하기 시작한다. 2장에서는 전기치료의 시행에 있어 19세기 물리의학의 뿌리에 대해 이야기한다. 기존 의료전문직의 주변에 있던 의사 집단이 처음에는 전기 장치를 그리고 물리적 기술들을 그들의 직업을 조직화하는 바탕으로 사용한 방법에 관심의 초점을 맞추었다. 3장에서는 제1차 세계대전 부상병들에 의해 높아진 재활 수요가 이들 전문과의 발전에 미친 영향을 다룬다. 이 그룹의 의사들이 전쟁 시장에 진입함으로써 일반 의료계에 그들을 인식시킨 과정과, 작업의 일부를 위임함으로써 물리치료와 작업치료 영역을 창조한 방법

26 Frank H. Krusen, "Historical Development in Physical Medicine and Rehabilitation During the Last Forty Years", *Archives of Physical Medicine and Rehabilitation*, vol. 50, 1969, pp. 1~5.

27 Frank H. Krusen, "History and Development of Physical Medicine", ed. Arthur L. Watkins, *Physical Medicine in General Practice*, Philadelphia: J. B. Lippincott, 1946, pp. 5, 8.

에 대해 기술한다.

다음 두 장에서는 재활의학 분업체계가 만들어지는 과정에 대해 이야기한다. 4장에서는 양대 세계대전 사이의 기간 동안 의료분업 내에서 자신들의 위치를 지키려는 물리치료사와 작업치료사 간의 분쟁을 분석한다. 왜 의사와의 관계가 의료기사직의 노동 자율권 포기를 필요로 했는지 서술한다. 5장에서는 어떻게 물리요법 의사들이 제2차 세계대전 동안 높아진 그들의 위상을 공식적인 전문의 지위를 얻기 위해 사용했는지, 그리고 특히 어떻게 물리치료사들이 의사의 감독 아래 공고히 자리 잡게 되었는지를 들여다본다. 재활분야에서 의사가 통제하는 분업이 발달하는 데에 있어서 20세기 중반에 일어난 이런 사건들이 가지는 의미를 공식적 합의와 자격증 법안에 정의되어 있는 관계와 과업을 통해 분석하였다. 마지막으로 6장에서는 물리요법 의사들이 재활분야 분업에 대한 지배력을 유지한 능력을 탐구한다. 의료기사 단체가 종속으로부터 자유로워지려 했던 시도뿐만 아니라 물리의학 영역을 잠식하기 위해 전문의들과 경쟁했던 움직임들을 평가한다.

2장 / 전문화의 기반, 1890~1917

19세기 전반에 걸쳐 의사들은 유사의료업자들과의 경쟁과 의사 '과잉 공급'에 의한 내부 경쟁에 끼여 심한 압박을 받고 있었다. 유사의료업자들은 특히 고농도 약물에 의존하거나 방혈과 같은 시술을 주로 사용하던 세기 전반부의 '영웅주의적인'heroic 의료에 대해 비판적이었다. 반면 의사들의 경쟁자인 이들은 비교적 부드러운 치료법들, 예를 들어 신선한 공기, 물, 운동, 그리고 식이요법 등을 사용했는데 이는 수세기 동안 병자들을 치료하는 데 활용돼 왔던 것들이었다. 극적인 치료 효과를 지향하고 있는 의사들에게 이런 외견상 간단한 치료법들은 거의 사용되지 않았다. 의사들은 의료계 안팎에서 이런 자연적 요소들을 옹호하는 사람들을 돌팔이로 매도하며 비난하였다.

이런 경쟁은 19세기 후반부에 누그러졌으며, 의사들은 통합이란 목표 달성에 더욱 다가갈 수 있었다. 전문과들이 일차진료의와 동등한 위상을 가지고 있음을 그리고 이 전문과들이 과학의 진보를 이룩하는 데 필수적이라고 인식함으로써, 그들은 의사 내의 경제적 경쟁이 통합에 위협이 되지 않도록 하는 방법을 찾는 일에 몰두하였다. 기술 및 과학적 복잡성이라는 이유가 정당하게 받아들여지면서 경제적인 경쟁이 분열을 초래할 위험은 줄어들었다. 이와 동시에 의사 단체의 뼈대가 과학이 되어야 한다는 요구는 모든 전문과에게 공통적인 사명감을 부여했다. 통합이 점차적으로 진행된 결과, 의사는 일종의 독점 권한을 부여하는 면허에 관한 법률을 얻어 냈고 이는 향후 통합을 이루는 데 강력한 힘이 되었다.

의사단체의 힘이 강해지면서, 전문의들은 일차진료의들과 공개적으로 경쟁하거나 그들의 진료에 대해 비판하는 것을 피하게 되었다. 대신 공개적으로 미국의사협회로 대표되는 일차진료의들의 환심을 샀는데, 이는 역설적이게도 의사집단 내의 경쟁자들로부터 인정을 받을 필요가 있음을 의미한다. 이를 위해 이런 전문의들은 질병과 치료에 대한 지배적인 이론들을 비판하지 않았다. 그들은 자신들의 과학적 기술들과 당시대의 인정받는 이론들을 연관시켰고, 비과학적이라고 여기는 방법을 사용하는 외부 경쟁자, 즉 유사의료업자들을 비판하였다. 덧붙여, 전문의들은 자신들의 전문가로서의 지위를 주장하기를 조심스러워했는데 이는 일차진료의들에게 잠재적 경쟁자로서 견제를 받을 수 있기 때문이었다. 이런 애매모호한 위치가 신생 전문의들에게 전략적인 문제를 안겨 주었다. 19세기 전반에 걸쳐 이런 경향은 유사의료업자들의 다양한 질병과 치료에 대한 이론들이 사라지게 만들었다.

앞으로 보게 될 내용처럼, 기존의 영웅주의적인 의료의 대안으로 전기치료를 추구했던 의사들이 현대 재활의학과의 조직과 이데올로기적 기반을 구축하였다. 이런 전기치료요법 의사들은 오로지 전기치료 장치만을 갖고 전문협회를 조직했다. 전기치료라는 현대적이고 과학적인 접근법을 사용함으로써 자신들을 반체제적인 유사의료업자들과는 다르다고 주장할 수 있었고 이는 대상이 되는 시장을 정하기 위한 그들의 상품 정의에 도움이 되었다. 하지만 전기치료요법협회는 자신들의 치료법과 단체를 일차진료의들이 인정하도록 만들진 못했다. 이러한 거부반응에 대해 그들은 일반적인 의료의 경계선상에 있는 다양한 물리적 요소들까지 그들의 전문성의 바탕으로 포함시키며 영역을 넓혀 갔고, 내부 경쟁자들에게는 더욱 공격적인 자세를 취했다.

전기(電氣): 조직의 기반

1) 전기의 초창기 옹호자들

엘리자베스 여왕의 주치의인 윌리엄 길버트William Gilbert가 1600년에 자기장에 대한 논문을 출판하면서 전기는 의료용으로 현대의 관심을 받기 시작하였다. 하지만 18세기 중반이 되어서야 과학자, 의사, 성직자 그리고 비전문 치료사들이 전기의 의학적 이용을 본격적으로 연구하기 시작했다. 그 선두주자 중 한 명은 젊은 독일 의사인 크리스티안 크라첸슈타인Christian Kratzenstein으로 1744년 전기가 그의 심박수를 증가시키고 잠들기 쉽게 해 준다는 것을 발견했다. 곧 그는 신체 마비와 여성의 히스테리 같은 정신 질환을 가진 환자들에게 전기치료를 하는 데 성공하였다는 보고를 발표했다.[1] 식민지 미국에서 전기의 의학적 사용에 대한 관심은 1753년 출판된 벤저민 프랭클린Benjamin Franklin의 『전기에 관한 실험』에 의해 촉발되었다. 프랭클린은 전기 쇼크를 마비 치료에

---

1 Sidney Licht, "History of Electrotherapy", ed. Sidney Licht, *Therapeutic Electricity and Ultraviolet Radiation*, Baltimore: Waverly Press, 1959, pp. 5~6.

사용할 수 있다고 생각했지만, 실제 마비 환자에 대한 그의 실험 결과는 실망스러웠다. 비록 결과는 좋지 않았지만 프랭클린은 전기가 일종의 "정신적 고양高揚"을 가져온다고 생각하였다.[2]

전기치료의 유행은 1770년대 특히 프랑스와 영국에서 최고조에 달했다. 장비 제작자와 기술자들은 새로운 전기 기계들을 개선 및 발전시켰고 전기치료를 주제로 광범위하게 기술하였다.[3] 비록 의사들이 전기의 의료적 효용에 대한 확신을 갖지 못하는 것 같았지만, 기계들은 이미 1768년에 런던 미들섹스 병원에 설치되었고, 1777년에는 성 바톨로뮤 병원에 설치되었다.[4] 하지만 의료진은 이 치료기구를 거의 사용하지 않았다. 1790년대에 들어와 유럽 내에서 전기의 의학적 사용에 대한 관심은 확연히 줄어들었다.

전기치료에 대한 관심은 미국에서 좀 더 오래 지속되었다. 게일T. Gale이라는 의사가 전기치료를 뉴욕 사라토가 카운티에 있는 자신의 개인 의원에서 사용하기 시작했고, 1798년 벨뷰 병원의 황열 환자들에게 정전기의 치료효과를 시험할 수 있는 허가를 받았다.[5] 1802년 그는 전기의 사용법에 대해 쉽게 풀어 설명함으로써 "보통사람들 모두에게 전기 쇼크의 효과와 [……] 이로움을 완벽하게 이해"시키고자 『전기 혹은 천상의 불꽃』Electricity or Ethereal Fire을 출간하였다. 이어서 게일은 전기 장치를 "누구든 스스로 2~3달러 비용으로 쉽게 만들 수 있다"고 썼고,

---

2 Benjamin Franklin, "An Account of the Effects of Electricity in Paralytic Cases", *Philosophical Transactions*, vol. 50, 1759, p. 481.

3 Licht, "History of Electrotherapy", p. 15.

4 Fielding Garrison, *An Introduction to the History of Medicine*, Philadelphia: W. B. Saunders Co., 1914, p. 328.

5 Licht, "History of Electrotherapy", p. 17.

여타 질병들 중에서 두통, 흉막염, 인후염, 천연두, 홍역, 폐결핵, 암, 익사사고에 의한 호흡기 손상 그리고 설사의 치료 및 예방에 사용할 수 있다고 하였다. 단순한 전기치료에 대한 논쟁이나 기계 조립 및 작동에 대한 기술적 설명을 넘어 게일의 책은 다양한 질병의 적절한 전기치료법에 대해서도 하나씩 자세하게 설명하였다. 예를 들어 '발열'의 경우, 첫 번째로 오른손에서 왼손으로 8번에서 10번 쇼크를 통과시키는데 환자에게 손상을 주지 않았는지 확인한다. 이때 떨림이나 현기증이 일어날 수 있다. 그 후 12번에서 15번 쇼크를 목 옆 부분에서 발바닥으로 가한다. 쇼크의 강도는 환자의 감각에 따라 조절하고 급격히 땀이 나면 멈춘다. 두세 시간 후에 전 치료과정을 반복한다고 기술하였다.[6]

게일의 책과 같은 작업들이 유사의료업자와 환자 스스로 전기를 더욱 이용하게 만든 반면, 19세기 초의 의사들은 이것에 거의 관심을 두지 않았다. 사실 전기의 의료적 사용은 의료계 주류와 주요 의학 저널들에게는 돌팔이 짓으로 낙인찍혀 있었다. 일례로 『보스턴 내외과 저널』 Boston Medical and Surgical Journal의 1844년 발간물에는 자칭 "신경과 전문의 겸 전기 기술자" 존 크로스John B. Cross를 지목하여 비난하는 글이 실렸는데, 그가 "수많은 통증과 고통, 질병들"에 의해 고통받는 환자들에게 적용할 수 있는 "전류의 새로운 치유력"을 발견했다는 편지를 돌린 것 때문이었다. 해당 글은 "어찌나 겸손한지! [······] 이 세상이 혐오스러운 것들로 가득 차고 보스턴은 여전히 돌팔이들의 천국이구나"라고 서술하고 있다.[7]

---

6 T. Gale, *Electricity or Ethereal Fire. Theory and Practice of Medical Electricity*, Troy, N.Y.: Moffitt and Lyons, 1802, pp. 6, 99, 242.

7 *Boston Medical and Surgical Journal*, vol. 31, December 25, 1844, pp. 424~425.

비록 세기 중반의 일반 의사들은 여전히 전기에 회의적이고 적대적이었지만, 일부 의사들은 치료가 어려운 '신경증적 통증' 사례에 대해 마지막 수단으로 전기치료를 개인적으로 사용하기 시작했다.[8] 그리고 더 소수의 의사들은 전기치료를 그들의 동료들 사이에서 유행시키려고 하였다. 그 중 한 사람이 개럿A. C. Garratt이라는 보스턴 의사로 유럽에서 의료용 전기 사용을 참관하고 미국에서 20년간 일반 진료를 본 후, 전기치료에 있어 첫 풀타임 전문의가 되었다.[9] 그는 이어 의대생들을 위한 전기치료 교과서를 집필했는데, 기존 작업들이 오로지 논란만 있었을 뿐 "언제 어디서 어떻게 전기를 치료에 사용할 것인지 명백하고 정확하게 방향"을 제시하지 못했기 때문이었다.[10] 그의 책 1장은 전기생리학과 전기 장치들에 관해 쓰고 있다. 이 책의 중요성은 전기를 부인과적, 외과적, 신경적, 그리고 "경직성" 질환들에 적용시키는 것에 대해 자세히 논했다는 점이다.

또 다른 의사인 조지 비어드George Beard는 예일대 의과대학에 다니는 동안 전기가 그의 소화불량과 신경쇠약을 완화시킨다는 것을 알게 되었다. 비어드는 1865년 뉴욕시로 옮겨가 그의 가까운 친구 알폰스 록웰Alphonse Rockwell과 함께 의원을 공동 개원했는데 그들은 전기치료를 연구하는 데 상당한 시간을 할애하였다.[11] 비어드는 그 주제에 관해 두 개의 논문을 발표한 후, 동료인 록웰과 함께 전기치료에 관한 책

---

8 "Electricity as a Remedy in Nervous Diseases", *Boston Medical and Surgical Journal*, vol. 61, August 4, 1859, p. 14.
9 Licht, "History of Electrotherapy", p. 19.
10 A. C. Garratt, *Electro-Physiology and Electro-Therapeutics: Showing the Best Methods for the Medical Uses of Electricity*, Boston, 1860.
11 Licht, "History of Electrotherapy", p. 19.

한 권을 집필했다. 책의 서문에서 그들은 "전문직 중에서 이 주제에 대해 충분히 관심을 기울이는 사람이 거의 없고", "여태까지 돌팔이들이 이 영역을 대부분 지배하고 있다"고 한탄했다. 그들은 "그 이기적이고 탐욕스런 인간들의 손에서 전기의 의료적 사용을 가져와야 할" 때가 왔다고 주장하였다.[12]

이런 간헐적인 대중화 시도는 의사들에게 거의 영향을 미치지 못했다. 비어드와 록웰의 책에 대한 서평에는 그 저자들이 과하게 열정적이며 그들의 접근 방식이 한쪽으로 치우쳐져 있다는 비난이 담겨 있었다. "신학과 비슷하게 전기치료요법은 믿음과 의심이라는 두 가지 확실한 방법을 사용하는데, '불신 지옥'이라는 옛 신학자들의 가르침이 유명한 전기요법 의사들의 교리임이 분명하다는 생각이 든다." 그 예로서 글쓴 이는 "강한 유도 전류를 흘린 부위를 핀으로 찌를 때 그렇지 않았을 때보다 이를 덜 민감하게 느낀다"는 록웰과 비어드의 주장을 익살스럽게 반박했다. "아마 시뻘겋게 달궈진 쇠 또한 마취효과가 있을 것이다, 그 것으로 살을 지지는 동안 핀으로 찌르는 것 정도는 환자가 별로 불편하게 느끼지 않을 것이기 때문이다."[13] 책을 출판하고 얼마 후 록웰은 뉴욕 의사협회에 논문을 기고했지만, 돌팔이들만이 전기치료를 옹호한다는 이유로 거절되었다.

12 George Beard and A. D. Rockwell, *A Practical Treatise on the Medical and Surgical Uses of Electricity*, New York: William Wood and Co., 1867, p. 11.
13 Review of *Medical and Surgical Uses of Electricity*, 3rd ed., by George Beard and A. D. Rockwell, *Philadelphia Medical Times*, vol. 5, February 27, 1875, pp. 348~349.

2) 의사들의 조직화

19세기 말로 가면서 전기치료는 일반 의사들 사이에서 좀 더 대중화되었다. 1879년 첫 미국 전기치료 저널의 사설은 이런 의료전문직의 태도 변화를 묘사하였다. 고작 몇 년 전만 해도 "전기학에 조금이라도 관심을 보인 이들은 대다수 의사들에게 의심의 눈총을 받았고, 돌팔이라고 실제 낙인찍히지는 않더라도 최소한 조롱받고 무시당했다".[14] 전기치료 저널은 이런 대중화가 기술 발전에 따른 전기치료장치의 신뢰성 향상 때문이라고 주장하였다.

전기치료는 산부인과 의사들이 갑작스럽게 이 기술에 열광하면서 크게 부상하였다. 일부 의사들이 전기치료를 여성 질환의 치료에 있어 "만병통치약"으로 여기게 되었고, 이는 의사와 조산사가 과잉 공급된 어려운 현장에서 그 의사들을 다른 치료사들과 차별화할 수 있게 해주었다.[15] 이러한 전기치료의 주요 주창자였던 파리의 조지 아포스톨리 Georges Apostoli는 자궁질환과 종양을 전기로 치료할 수 있다고 홍보하고 다녔다. 아포스톨리는 1887년 미국부인과학회American Gynecological Society에 제12차 연례학회의 특별 손님으로 초대될 만큼 충분한 국제적 관심을 받았다.[16]

비록 많은 산부인과 의사들이 전기치료를 인정하지 않고 몇몇은 이를 "말도 안 되는 소리"로 치부하였지만,[17] 윌리엄 하비 킹William Harvey

---

14 *American Journal of Electrology and Neurology*, vol. 1, July 1, 1879, p. 69.

15 John S. Haller, *American Medicine in Transition 1840-1910*, Urbana: University of Illinois Press, 1981, pp. 174~191.

16 Harold Speert, *Obstetrics and Gynecology in America: A History*, Chicago: American College of Obstetricians and Gynecologists, 1980, p. 60.

17 *Ibid.*, p. 63.

King을 포함한 몇몇 미국 의료인들은 아포스톨리에게 사사받기 위해 파리로 떠났다. 킹은 1882년에 뉴욕 동종요법 대학New York Homeopathic College을 졸업한 후, 뉴욕 시에 개업을 하고 그의 모교에서 부인과를 가르치고 있었다. 그는 전기치료에 관심을 갖게 되었고 그 사용법에 대한 교육을 받고자 했지만, 어느 의대에서도 그 주제에 대해 가르치지 않았고 뉴욕 시에서 열 명도 채 되지 않는 전기요법 의사가 활동하고 있었기 때문에 답답해하던 참이었다.[18] 1년 동안 아포스톨리에게 배운 후, 킹은 뉴욕으로 돌아와 전기치료 교과서를 만드는 작업을 시작하여 1889년 출간했고,[19] 1890년『전기요법저널』*Journal of Electro-Therapeutics*의 편집인이 되었다.

미국 최초의 전기치료 협회는 조지 베턴 매시George Betton Massey라는 필라델피아 산과의사에 의해 설립되었다. 1890년에 그는 전기치료에 관심이 있다고 알려진 의사들에게 편지를 돌려 전문학회의 창립을 제안했다. 그리고 1891년 1월 미국전기요법협회American Electro-Therapeutic Association의 초기 조직회의가 뉴욕의학아카데미에서 개최되었다. 14명의 뉴욕 시와 필라델피아 출신 의사 참석자들은 매시를 이 협회의 초대 회장으로 선출하였다.[20] 그리고 미국의사협회의 협조 하에 『미국의사협회지』*JAMA*에 해당 회의록이 실리도록 하였다.

1892년 10월 6일 킹의 뉴욕 시 사무실에 초대받은 소수의 동종요

---

18 William Harvey King, *History of Homoeopathy*, New York: The Lewis Publishing Co., 1905, pp. 347~348.

19 William Harvey King, *Electro-Therapeutics or Electricity in its Relation to Medicine and Surgery*, New York: A. L. Chatterton and Co., 1889.

20 "Historical Memoranda", *Transactions of the American Electro-Therapeutic Association*, vol. 2, 1892, p. 13.

법 의사들은 전국전기요법연합회National Society of Electro-Therapeutics 라는 두번째 협회를 조직했다. 미국전기요법협회와 달리, 27명의 창립 위원 중 몇 명은 시카고, 클리블랜드, 컬럼비아 특별구와 같은 뉴욕 및 펜실베이니아 밖의 지역 출신이었다.[21] 킹은 협회의 초대회장이 되었고 그가 편집하던 『전기요법저널』이 협회 공식 발간물로 지정되었다.

동종요법 의사와 다른 의사들 간의 경쟁구도 때문에, 두 전기요법 단체는 거의 독립적으로 활동했다. 이때 당시 미국전기요법협회에 회 원으로 가입하기 위해서는 미국의사협회의 회원자격을 갖춰야 하는 반 면에 동종요법의 전국전기요법연합회는 모든 의료인에게 가입을 허가 하였다. 하지만 그 회원명단에 일반 의사는 없었다. 전기치료에 대한 공 통된 이해관계에도 불구하고, 두 단체 사이의 협력은 없었다. 그 예로 1896년에 두 단체는 두 개의 다른 도시에서 같은 날 연례학회를 개최한 것을 들 수 있다.[22]

두 단체는 비슷한 목표를 갖고 유사한 전략을 추구했다. 미국의사 협회 산하 미국전기요법협회는 전기치료에 대한 반대를 극복하고자 조 직되었다. 그 두번째 모임에서 협회장은 "이렇게 고결한 치료 단체가 이 처럼 더욱 무시되고 또 무시된 적은 없었다. [……] 전기치료는 너무 오 랫동안 뭔가 꿍꿍이가 있고, 무지하고, 무능한 것으로 치부되어 왔다"[23] 고 말하였다. 협회원들은 다른 의사단체들에 논문을 발표할 때 그들이 겪었던 문제들에 특히 관심이 많았다.[24] 많은 전기요법 의사들은 "다른

21 *Journal of Electro-Therapeutics*, vol. 10, 1892, pp. 230~231.
22 *Journal of Electro-Therapeutics*, vol. 14, 1896, pp. 230~239.
23 W. J. Morton, "Opening Comments", *Transactions of the American Electro-Therapeutic Association*, vol. 2, pp. 3~4.
24 *Transactions of the American Electro-Therapeutic Association*, vol. 2, p. 1.

협회들이 전기학적 논문들을 받아들이지 않으려고 지엽적인 논란을 제기하여 본질을 흐리는 일 따위에 방해받지 않고" 전기치료에 대해 논의할 수 있는 가능성이 열린 것에 열광하였다.

전국전기요법연합회의 일차 목표는 그들의 방법과 조직이 의사단체에게 받아들여지는 것이었다. 의사들에게 인정을 받는 것은 그들 서비스의 상품지위를 높여 줄 수 있기 때문에 전기요법 의사들에게 아주 중요한 일이었다. 인정을 받아야 그들 연합회는 협진 의뢰를 통해 시장에 대한 일종의 보장성을 확보할 수 있고 다른 비-의료인들의 치료행위를 제한하는 데 필요한 지원을 얻을 수 있기 때문이었다. 이러한 인정을 받기 위해 연합회와 그들의 저널은 타협적이고 비종파적인 성격을 띠었다. 의사들을 거의 비판하지 않았고, 오직 매우 무모한 수술들에 대해서만 비판했다. 예를 들어, 그들의 저널에 실린 한 논문에 따르면 "마침내 전기 [······] 가 여성의 만성질환 치료에 있어서 메스와 마취제를 대체하고 있다. 뉴욕 전역이 개복술과 자궁절제술에 미쳐 버린 것을 당신이 곰곰이 생각해 본다면 [······] 우린 적어도 자궁섬유종을 메스에 의존하기 전에 직류전기치료Galvinism[전류에 의해 자극된 근육이 수축하는 것]를 사용해 치료를 하려 한다고 말하면서 부끄러워할 필요는 없다"[25]고 하였다. 『전기요법저널』은 라이벌인 미국전기요법협회의 연례 학회에서 나온 발표들과 요약본들, 그리고 협회 회원인 일반 의사의 논문까지도 게재하였다. 하지만 협회와 『미국의사협회지』는 전기요법 의사의 동종요법 단체 회원이 쓴 어떤 논문도 게재하지 않았고, 가끔 "동종요법

---

25 M. C. F. Love, "Some Opinions on the Use of Electricity in Gynecology", *Journal of Electro-Therapeutics*, vol. 8, June, 1890, p. 83.

곰팡이"들을 인용할 때 외에는 이 연합회에 대해서는 언급조차 하지 않았다.[26]

이 단계에서 연합회의 목표는 특정 전문성에 기반을 둔 배타적인 조직을 구축하는 것이 아니라 의료인들을 연합회에 가입시키고 그들이 의료용 전기를 사용하도록 유도하는 것이었다.[27] 연합회가 주장하길, 의사들은 적어도 한 번은 전기에 대해 주의 깊게 고민해 봐야 하고, "만약 다른 방법보다 전기가 질병을 더욱 안전하고 확실하게 그리고 빠르게 치유할 수 있는 경우, 직접 전기를 사용해 치료하지 않거나 전기치료에 숙련된 다른 이에게 전기치료를 받도록 권하지 않는다면 그는 의사로서의 의무를 심각하게 무시하는 것이다!"[28] 나아가 "이익이 되는가?"라는 제목으로 『전기요법저널』에 실린 한 논문은 전기로 질병을 치료하면 수익을 얻는다는 사실을 의사들이 깨닫게 될 것이라고 주장하였다.[29]

연합회는 "전기를 보조적 치료로서 발전시키는 데에 관심이 있는" 모든 의사들에게 문을 열어 두었다. [그리고] "이는 전문가로서 배타적으로 전기에만 헌신하는 사람들을 의미하는 것은 아니었다."[30] 이들은 전기치료가 전반적인 병리학 지식을 갖춘 의사에 의해서만 행해져야 한다고 주장했지만, 의사인 이상 특별한 전문성이 필요하다고 하지는 않았다. "전기치료를 시행하기 위해 필요한 특별한 지식은 [……] 많지 않고, 평범한 의사라도 누구든 몇 달 안에 숙련된 기술을 가질 수 있을

---

26 *JAMA*, vol. 26, 1896, pp. 446, 1361, 1896.

27 *Journal of Electro-Therapeutics*, vol. 11, 1893, p. 45.

28 William L. Jackson, "The Development of Electro-Therapeutics and Its Relation to the Practice of Medicine", *Journal of Electro-Therapeutics*, vol. 13, 1895, p. 223.

29 "Will it Pay?", *Journal of Electro-Therapeutics*, vol. 18, 1900, pp. 34~35.

30 *Journal of Electro-Therapeutics*, vol. 10, p. 231.

것이다"라고 주장했다. 킹은 다음과 같이 말했다. 필요한 기술적 지식은 각기 다른 배터리들이 작동하는 방법과 그것들이 기계적으로 어떻게 구성되었는지에 대한 것이다. "자기 배터리를 필요할 때마다 매번 전문 전기공에게 수리를 맡겨야 하는" 의사는 "전기치료 수행에 실패할 것이다"[31]라고 주장했다.

조직적인 면에서, 양대 전기치료 단체의 전략은 가능한 한 많은 회원을 확보하기 위한 운동을 전개하는 것이었다. 전국전기요법연합회는 창립 1주년 만에 100명 회원을 달성했다.[32] 1893년 미국전기요법협회에는 67명의 회원이 가입되어 있었고, 1896년 수많은 후보자들이 가입에 관심을 보였기 때문에 회원을 늘리기 위한 회칙개정안이 통과되었다.[33] 3년 후에는 거의 90명의 의사들이 그 협회의 회원이 되었다.[34]

이런 목표에도 불구하고 전기치료가 하나의 전문과가 되어야만 하는가에 대한 문제는 계속 논란으로 남았다. 전국전기요법연합회장이 한 두 번의 연설은 분명히 전문화를 지지하였다. 1896년 '전문의로서의 전기요법 의사'라고 제목을 단 연설은 독립적인 전문과로서 전기치료에 관한 첫 언급이었다. 모든 의사는 전기치료에 대해 많이 알아야 한다고 주장하였으나, 보다 어려운 사례의 경우 이 영역의 전문가에게 의뢰해야 한다고 하였다.[35] 1898년 회의에서 회장의 연설은 전기치료 전문의와 다른 전문의, 특히 외과 전문의와의 관계에 대해 논하였으며, 서로

---

31 William Harvey King, "The Necessary Requirements to Practice Electro-Therapeutics", *Journal of Electro-Therapeutics*, vol. 8, p. 184.

32 *Journal of Electro-Therapeutics*, vol. 11, p. 45.

33 *JAMA*, vol. 26, pp. 446, 1361.

34 *Transactions of the American Electro-Therapeutic Association*, vol. 9, 1899.

35 "The Electro-Therapist as a Specialist", *Journal of Electro-Therapeutics*, vol. 14, pp. 239~248.

간의 분쟁 가능성을 최소화하려 했다. "외과의는 메스보다 전기를 이용해 더 성공적으로 치료할 수 있는 사례들을 전기요법 의사에게 의뢰하고, 외과의의 서비스를 필요로 하는 사례들은 반대로 전기치료사가 외과의에게 의뢰해야 한다."[36]

연합회의 또 다른 주요 관심사는 '돌팔이들'을 없애는 데에 일차진료의들의 도움을 받는 것이었다. 의사들이 비전문가와의 경쟁에서 이길 것이라는 확신 하에 『전기요법저널』은 다음과 같이 언급했다. "의사들의 통일된 노력에 대항할 수 있는 힘을 돌팔이 혹은 돌팔이의사들이 가진 시대는 지나갔다."[37] 만약 의사들이 전기치료를 손쉽게 이용할 수 있게 되면, 의료소비자는 돌팔이들이 하는 것보다는 그들의 치료를 선택할 것이었다.[38]

특히 전기요법 의사들을 화나게 한 것은 정식 수련을 받지 않은 가짜 전기요법 의사들이 환자들에게 직접 전기치료 도구들을 판매하는 것이었다. 킹은 "너무 많은 전기벨트가 광고되고 있다. 이에 더해 전기솔, 목둘레의 끈에 달린 전기 디스크, 정력을 좋게 하는 전기 가터벨트와 전기 지지붕대들이 있다"고 하였다.[39] 그런 도구 중 하나인 전기 마사지 롤러는 "엉덩이와 허리가 과도하게 발달된 여성들, 배가 많이 나온 남성들"의 살을 빼 주고, 불면증, 피로, 족냉증足冷症, 탈모에 치료효

36 Frank Gardner, "Presidential Address", *Journal of Electro-Therapeutics*, vol. 16, 1898, p. 13.

37 "Some of the Causes Which Retard the More Rapid Progress of Electro-Therapeutics", *Journal of Electro-Therapeutics*, vol. 10, p. 65.

38 *Journal of Electro-Therapeutics*, vol. 8, pp. 117, 184, 1890; *Journal of Electro-Therapeutics.*, vol. 9, 1891, pp. 41~42.

39 William Harvey King, "Quackery and Electro-Therapeutics", *Journal of Electro-Therapeutics*, vol. 10, p. 42.

과가 있으며, 전기 진공 컵과 함께 쓸 경우 여성의 가슴을 크고 단단하게 하는 효과가 있다고 광고한다.[40] 누구나 자신을 전기기술자라고 칭할 수 있었고 이런 도구들의 사용법을 가르치는 전국의 많은 전기 관련 대학들 중 어디서든 자격증을 얻을 수 있었다. 이 중에서 가장 큰 오하이오 리마의 국립전기치료대학은 그 과목을 20달러에 통신교육과정으로 제공하였고 그 비용에는 '전기치료 가이드'의 사본과 전기치료석사학위(M.E.)의 비용이 포함되어 있었다. 이 과정에는 내과학 또는 외과학에 관한 교육 내용은 전혀 없었다.

연합회는 그들의 전기치료를 비-의료인 경쟁자들의 것과 차별화하고 자신들의 진료를 현대과학과 연관 짓는 일에 세심한 주의를 기울였다. 대표적인 한 사설에서 킹은 전기치료가 돌팔이들이 말하는 것처럼 만병통치약이 아니며 전기적 치유에 관한 그들의 '허황된 보고'들에 대해 "사람들이 그들에게 전기치료를 받으러 가기만 하면 그 누구도 죽을 걱정 따위는 하지 않아도 될 것"이라고 현실을 풍자하며 개탄하였다.[41] 전기요법 의사들은 자신들의 방법이 항상 효과가 있는 것은 아니라고 인정하였다. 의사들이 자신들의 진료에 있어 실패를 경험하는 것처럼, "질병이 항상 의학에 바로 굴복하는 경우만 있는 것은 아니다. 그렇다고 한다면 전기치료라고 크게 달리 취급할 이유가 있겠는가?"라고 말하였다.[42] 나아가 "거의 모든 의사들이 간헐적으로 사용하는 배터리들을 가지고 있지만, 무수히 많은 경우 그 배터리는 고장 나거나 구식 장

---

40 H. C. Bennett, "Electric Massage and Vibration", *The Electro-Therapeutist*, vol. 4, 1900, pp. 51~56.
41 King, "Quackery and Electro-Therapeutics", pp. 41~45.
42 Jackson, "The Development of Electro-Therapeutics and Its Relation to the Practice of Medicine", p. 223.

비인 군집형 배터리 타입"이기 때문에 전기치료가 실패할 수 있다고 주장하였다.[43] 혹은 의사들이 단순히 전기치료에 대한 기본 지식이 없기 때문에 치료가 실패하는 경우도 있다고 하면서, 다음과 같은 일화를 예로 들었다.

일반적인 의사가 학위를 받을 때 전기치료에 대해 얼마나 알게 되는가? 이 분야에 대해서는 그들 대부분이 하나도 모른다. 내 친구 중 한 명은 [……] 얼굴과 두피의 신경통으로 고통받는 한 환자로부터 전기로 치료를 해 달라는 요청을 받았다. 그의 진료소 장비는 구식의 황산구리 배터리로 구성되어 있었다. 그 환자는 180파운드[81.6킬로그램]의 남자였는데, 의사는 그에게 양 손에 스펀지 전극을 잡고 전류를 켜 놓은 동안 관자놀이에 전극을 갖다 대도록 지시하였다. 밀리암페어계[전류측정계]나 가감저항기 없이, 배터리의 모든 전력이 한 번에 켜졌고, 그 환자는 납덩이처럼 바닥에 쓰러졌다. 의사와 환자가 그 충격으로부터 깨어났을 때, 그들 모두는 다른 치료방법을 사용하기로 결론지었고, 환자는 더 이상 전기로 치료받지 않겠다고 맹세했다. 그리고 의사는 그 후에야 전기치료에 대한 공부를 시작했다.[44]

연합회에 따르면, '일반적인 의사'는 전기치료가 의과학과 마찬가지로 "각기 다른 질병들에 적용하기 위한 적응증適應症[치료법을 사용할 수 있는 특정 증상]들이 명확히 규정된 정밀과학"임을 인식하지 못하고

---

43 Hills Cole, "The Use of Electricity in General Medicine", *Journal of Electro-Therapeutics*, vol. 16, p. 183.
44 Gardner, "Presidential Address", pp. 11~12.

있었다.[45] 한 전기요법 의사는 "만약 이 연구가 과학적 연구의 형태라는 것을 보여 주기 위해서는 적용한 연구방법들에 대한 논리적인 설명이 존재해야 한다. 만약 그렇지 않다면, 우리들 논문에 쓰인 서술과 얻은 결과에 대한 고찰은 아무 의미도 없는 것이 된다"고 선언함으로써 과학의 정당화하는 힘legitimating power을 강조하였다.[46] 또한, 전기요법 의사들은 전기의 속성 자체와 생리학적인 효과뿐만 아니라 전기 장치의 기계학에 관한 지식을 근거로 그들의 영역이 '과학적 기반'을 가지고 있음을 주장하였다. 따라서 한 저자는 전기의 치료효과를 다른 물리적 방법들과 구별하고자 하였다. "전기치료의 일부 결과는 비록 아주 크진 않더라도 어느 정도는 [⋯⋯] 물리적 효과에 의한 것이다"라고 인정하면서도, 그는 전기 자극에 의해 촉발되는 화학 작용을 강조하기 시작하였다. 그는 어떤 부분에 있어 증가하고(예컨대 침샘 분비), 어떤 부분에 있어 감소하는(예컨대 소변) 생리적인 기능의 변화를 지적하였다. 그는 또한 전기를 "신경계에 필요한 수준의 긴장도"를 만들어 내는 "최고 수준의 피로회복제"로 묘사하였다. 전기치료에 대한 기존 과학적 이해가 거짓임을 보여 주면서, "앞뒤로 움직이는 분기전류의 숫자들이 수많은 셔틀콕처럼 움직이면서, 모든 원자들을 끝없는 교란상태로 남겨 둔다"고 했다. 그리고 전기는 "체질적인 피로회복 효과가 필요한 때"라면 언제든지 사용하여야 한다고 말했다.[47]

45 Jackson, "The Development of Electro-Therapeutics and Its Relation to the Practice of Medicine", pp. 223~224.

46 F. Morse, "Our Association", *Journal of Advanced Therapeutics*, vol. 20, 1902, p. 637.

47 A. D. Rockwell, "The General Therapeutical Action of Electricity", *Journal of Electro-Therapeutics*, vol. 8, pp. 3~6.

기반의 확장

1) 내부경쟁

1890년대 전기치료에 대한 의사들의 태도를 바꾸려는 시도는 복잡한 결과를 낳았다. 전기요법 의사들은 일면 그들의 방법을 의사와 병원에게 어느 정도 개인적으로 인정을 받았다. 의사들은 공식적으로는 전기치료를 비난하였지만, 많은 개인 의원에서 이를 사용했다. 추정컨대 1900년대 초 25,000여 명의 의사들이 최소한 전기 배터리는 갖고 있었고 그 중 절반은 치료의 한 방법으로 전기치료를 일상적으로 사용하였다.[48] 보스턴의 매사추세츠 종합병원을 포함한 몇몇 병원에서는 전기치료를 위한 교수직이 있었고 몇몇 의대에서는 그 주제로 강좌를 개설하였다.[49]

다른 한편으론 전기치료가 여전히 지엽적인 의료행위로 여겨졌고, 의사들 대부분은 이 치료에 대해 공식적으로 인정하길 원치 않았다. 전기치료에 대한 신랄한 비판이 주요 의학 저널에 지속적으로 게재되었다. 한 의사가 언급하길, "'전기 전문의'라는 그 용어가 주는 악취는 천국까지 풍기고 있다. [……] 벼락 치는 얼간이라고 불릴 만한 이들 대부분은 누구나 쉽게 알아챌 수 있는 가장 기념비적인 돌팔이들이다. 그리고 내가 만나 본 모든 돌팔이들 중에서 이 전기의 신사라는 작자들이 가장 A급, 넘버원, 최고로 영악한 자들이다".[50] 이어서 그는 전기치료가 의

---

48 S. H. Monell, *Electricity in Health and Disease*, New York: McGraw Publishing Co., 1907, p. 319; Mihran Krikor Kassabian, *Roentgen Rays and Electro-Therapeutics*, Philadelphia: J. B. Lippincott, 1907, p. xxxi.

49 *Transactions of the American Electro-Therapeutic Association*, vol. 6, 1896, p. 26.

사들에게 이렇게 널리 사용되고 있는 이유에 대해 설명하면서, "더 이상 급성 질환 환자들이 모든 의사에게 돌아갈 정도로 충분하지 않기" 때문에 일반 의사들에게 의료행위가 점점 더 어려워지고 있고, 그 결과 "자기방어를 위해 많은 이들이 전기 배터리를 받아들이고 있다. 그리고 지금 전기치료가 대유행을 하게 되면서, 그들은 최대한 그들의 전극을 작동시키는 중이다. 오히려 그들의 열정이 지금까지 이루어지지 않았던 호전을 바라며 진료실로 떼로 몰려드는 무사안일 얼간이들(낭떠러지로 떨어지는 줄도 모르며 앞 새만 보고 따라가는 평온한 도도새들)의 열정에 뒤처지고 있다"라고 하였다.[51] 『미국내외과학연보』*American Yearbook of Medicine and Surgery*와 같은 의학적 진보를 다루는 연례종합보고서는 매년 2페이지도 안 되는 분량을 의료용 전기에 할애하였고 만성 통증 또는 정신질환 사례에만 사용될 가능성이 있다고 인정하였다.

1902년 협회[미국전기요법협회]가 『전기요법저널』을 흡수했을 때, 전기요법 의사들은 전기치료를 덜 강조하기 시작하였고 다른 치료법들을 그들의 기반으로서 가져오기 시작하였다. 그리고 현재 『선진치료법저널』*Journal of Advanced Therapeutics*이라고 불리는 것이 협회의 공식 발간지가 되었다. 새 편집장인 윌리엄 스노William B. Snow는 그 협회의 주요 회원이었다. 1885년 컬럼비아 의대를 졸업한 후, 스노는 감염에 대한 정전기의 효과를 연구하기 시작했다. 그는 1899년 협회에 가입하여 4년 후 회장이 되었다. '물리치료의 학장님'이라고 불리는 스노는 초기 방사선 실험들 때문에 'X선의 순교자'로서 죽기 전까지 거의 30년 동안

---

50   Spectator, "Letter from Paris", *Boston Medical and Surgical Journal*, vol. 157, December 5, 1907, p. 778.
51   Ibid.

물리치료의 핵심 주창자였다.[52] 스노와 그 이후의 편집자들은 전국전기요법연합회를 결코 언급하지 않았고, 전前편집장인 킹에 대해 단 한 번 언급하였는데, 그가 뉴욕동종요법대학New York Homeopathic Medical School에서 물리치료학장을 역임했다는 내용뿐이었다.[53] 분명 협회는 동종요법과 어떠한 관계도 맺으려 하지 않았다. 의사들에게 꾸준히 비난을 받으며 동종요법은 전반적으로 쇠퇴하고 있는 중이었다.

『선진치료법저널』은 기존과 달리 더 이상 전기 장치만 다루지 않았다. 저널의 15가지 분야에는 온열요법, 수水치료, 정신치료, 광光치료, 기계적 진동치료, 기후氣候요법, 운동 그리고 영양학이 포함되어 있었다. 이 다양한 치료 방법들은 의사들이 널리 사용하지 않는 치료들의 혼합물이었고 결국 열, 물, 마사지, 전기와 같이 외부에서 가해지는 물리적 요소라는 개념과 쉽게 연관 지을 수 있는 것들로 추려졌다. 편집자는 그들의 작업을 위해 '물리치료'라는 용어를 새로 만들었고 처음으로 몇 세기 동안 사용되어 온 이 치료들을 서로 연관시켰다.[54] "합리적인 의학의 발전과 함께 의사들은 이제 빛과 열, 물, 다른 신체를 구성하는 화학물질 등과 같이 생명에 필수적인 자연의 힘이 가진 장점을 점점 더 깨달아 가고 있다"라고 말하면서, 따라서 의사들은 "빛, 열, 전기와 같은 자연 에너지"를 사용하여야 한다고 주장했다.[55] 예를 들어 우울증 또는 "신경쇠약"을 위한 "자연" 치료법은 다음과 같은 치료를 거의 다 포함하고

---

52 "Dr. William Benham Snow", *Physical Therapeutics*, vol. 49, 1931, pp. 44~46; William L. Clark, "An Appreciation of the Life and Work of Dr. William Benham Snow", *Ibid.*, pp. 330~336.

53 *Journal of Advanced Therapeutics*, vol. 24, 1906, p. 32.

54 "Physical Therapeutics", *Journal of Advanced Therapeutics*, vol. 20, 1902, pp. 43~44.

55 Ibid.

있다. 척추 고속제트관주법quick jet douche , 탄산목욕 20분, 체조, 복부 마사지와 진동, 전흉부precordial region 차갑게 하기, 소다의 중탄산염을 섞은 감홍과 이뇨 음료의 혼합액, 정전기 목욕, 전기 관주법과 감응전류 요법이 그것이다.[56]

비록 저널의 새로운 편집장들이 그 영역을 넓히긴 했지만, 제1차 세계대전까지 저널의 초점은 여전히 전기치료에 있었다. 다른 치료들은 부차적인 것으로 여겨졌다. 사실, 몇몇 회원들은 너무 많은 관심이 X선이나 빛, 기계적 진동 등 "지엽적인 연구"에 쏠려 있고 "엄밀한 의미의 전기적 방법들"에는 관심을 충분히 갖지 않는다는 우려를 표명했다.[57] 그리고 다른 물리적 방법들을 포함한 것을 반영하여 1906년에 협회의 명칭을 바꾸려고 하였지만 부결되었다. 이는 "전기가 힘의 수단 또는 다른 물리적 방법들의 원료로서 그 치료법들 아래로 종속되는 것처럼 느껴졌기" 때문이었다.[58]

확실히 이런 여러 가지 치료법들은 모두 의료의 변방에 존재하는 것이었다는 점 외에 다른 내재적인 연관성은 없었다. 하나의 의사 단체가 전기 기술을 가운데 두고 조직화하려고 했던 시도가 성공적이지 못했기 때문에 그런 여러 방법들이 모아진 것뿐이었다. 전기요법 의사들은 인정을 받기 위해 그들의 기반을 확장했고 이는 그들의 방법이 일반적으로 사용되길 바랐기 때문이었다.[59] 협회는 여전히 의사들이 전기치

---

56 J. A. Riviere, "Physicotherapy of Neurasthenia", *Journal of Advanced Therapeutics*, vol. 23, 1905, pp. 319~326.

57 *Journal of Advanced Therapeutics*, vol. 22, 1904, pp. 134~135.

58 "A Change in Name for the American Electro-Therapeutic Association", *Journal of Advanced Therapeutics*, vol. 24, pp. 466~467.

59 "Association of Physical Methods", *Journal of Advanced Therapeutics*, vol. 22, p. 490.

료를 수용하는 것에 우선적으로 관심을 가졌다. 하지만 이제 그들은 '자연적인' 힘들에 의존한 치료를 사용하라는 주장을 하기 위한 기반과 그 치료의 기전에 깔린 과학적인 원리를 이해한 시술자만이 그것을 사용할 수 있도록 제한해야 한다는 주장을 할 수 있는 기반을 갖게 된 것이다.

전기요법 의사들이 최근에 발견된 엑스레이에 대한 소유권을 주장하면서 전기치료가 아닌 다른 치료들을 자신들의 영역으로 흡수하는 과정을 시작하였다. "전기의 무궁한 가능성"의 하나로서 킹이 특징지었듯이, 전기요법 의사들은 엑스레이의 잠재력을 일찍이 인식하였다.[60] 그리고 1896년 초 『선진치료법저널』에 빌헬름 뢴트겐Wilhelm Roentgen의 논문 원문을 다시 싣는 등 전기요법 의사들은 엑스레이에 대한 즉각적인 관심을 표명했다. 1898년에는 이 "진단과 치료를 위한 강력한 물질"에 관한 40개가 넘는 논문들을 통해 부상병의 몸에 박힌 총알의 위치와 아이 목에 걸린 동전의 위치를 찾는 일, 주근깨나 얼굴의 털을 제거하는 일 등에 쓰일 수 있다는 다양한 가치에 대해 고찰하였다.

반면 다른 무리의 의사들은 엑스레이 그 자체에만 온전히 관심을 갖게 되었고, 세기가 바뀌기 전에 그들만의 저널과 협회를 만들었다. 처음에 그들은 엑스레이를 사용하는 데 특별한 지식이나 기술이 필요 없다고 하면서 의사들이 이를 많이 사용하도록 홍보했다. 이 전략은 전기요법 의사들이 사용한 것과 비슷했다. 한 엑스레이 옹호자가 쓰길, "고급 크룩스관을 다루는 기술이 어려운가? 그리고 오랜 경험을 필요로 하는 것인가? 반대로 그것은 그 자체로 간단하고 단 몇 시간이면 최고급 기술

---

60 William Harvey King, "The Roentgen Rays", *Journal of Electro-Therapeutics*, vol. 14, 1896, pp. 124~125.

까지 모두 가르칠 수 있다. [……] 엑스레이는 일반의들도 사용할 수 있다. 엑스레이의 이용이 소수에게 제한될 필요는 없다"라고 하였다.[61] 하지만 비-의료인 경쟁자들이 늘어나면서, 이 의사들은 배타적이고 전문적인 진료가 필요하다고 주장했다. 한 저자는 비-의료인들이 금전적 이득만 생각할 뿐이고, 방사선학의 쇠퇴를 일으킨다고 주장했다. "뢴트겐 사진 윤리"의 제정을 요구하면서, 그는 오직 의사만 방사선 촬영을 할 수 있게 해야 한다고 선언했다.[62] 배타적이고 전문적인 진료에 대한 논쟁은 엑스레이를 해석하는 데 있어서의 의학적 전문성의 필요에 따른 것이 아니었다. 오히려, 윤리에 대한 우려에 살짝 가려진 경제적 경쟁과 일부의 기술적 복잡성이 전문화에 대해 논의를 하게 된 배경이었다.[63]

처음에 전국전기요법연합회는 이 잠재적 경쟁자와의 분쟁 가능성을 알아채지 못했다. 1897년 『엑스레이저널』X-Ray Journal의 창간과 1900년 미국뢴트겐선학회의 첫 회의가 『전기요법저널』에 공지되었고, 이 새로운 사업이 "성공하길 기원"한다고 했다.[64] 비록 전기요법 의사들이 엑스레이가 자연스럽게 자신들의 전기치료 영역으로 들어오게 될 것이라 보았음에도 불구하고, 그들은 이 기술이 배타적으로 사용되어야 하는 것이라고 주장하진 않았다. 그들의 주요 목표는 여전히 전기치료가 인정받는 것이었고 전기 장비가 전문분야에 상관없이 모든 종류의 질병에 활용되도록 홍보하는 것이었다.

---

61 S. H. Monell, "The Advisability of X-rays", *American X-Ray Journal*, vol. 1, 1897, pp. 96~97.

62 F. Kolle, "Roentgenogram Ethics", *American X-Ray Journal*, vol. 2, 1898, pp. 210~211.

63 Glenn Gritzer, "Occupational Specialization in Medicine: Knowledge and Market Explanations", ed. Julius A. Roth, *Research in the Sociology of Health Care*, vol. 2, Greenwich, Conn. : JAI Press, 1982.

64 *Journal of Electro-Therapeutics*, vol. 15, 1897, p. 208; *Ibid.*, vol. 18, p. 314.

비록 전기요법 의사들이 원래 부인과적 질환을 바탕으로 조직되었음에도, 그들은 전기 장치가 어떤 전문과에도 제한되지 않아야 한다고 느꼈고, 또한 어떤 전문과목도 전기 장치 없이는 완벽해질 수 없다고 생각했다.[65] 이런 개념화는 의료계 안에서 그들의 구조적 관계를 어떻게 정립하는지 그들 자신도 헷갈리게 하는 이유 중 하나였다. 예를 들어, 몇몇은 전기와 같은 단 하나의 요소를 기반으로 전문과목을 발달시키는 것은 불가능하기 때문에 이 치료법이 의사 전체를 대상으로 갖는 가치에 초점을 맞춰야만 한다고 생각했다.[66] 이렇게 전기요법 의사들은 더 좁은 기반을 가진 전문과들을 거의 위협하지 않았다.

이런 태도는 그들의 저널[전기요법저널]이 미국전기요법협회의 소유로 넘어가자 보다 제국주의적으로 바뀌었다. 이런 공격적인 새로운 정치적 입장의 이유를 몇 가지 추측해 볼 수 있다. 첫번째로, 협회가 기존의 의료행위와 전기치료법에 대한 저항을 직접적으로 비난하는 것보다 일반의들과의 연결고리를 만드는 쪽이 안전할 것이라고 느껴 왔기 때문이었다. 두번째로, 그런 공격적인 자세가 협회[미국전기요법협회]의 도약과 연합회[전국전기요법연합회]의 쇠퇴를 가져왔기 때문이었다. 마지막으로 그들의 기술의 가치를 의사들에게 납득시키는 데에 있어 실질적인 진전이 없었다는 것이, 내부 경쟁의 증가와 함께, 그들의 작전을 전면적으로 확대하는 결과를 낳았다.

이제는 경쟁자로 간주된 방사선의사들이 공격을 받기 시작했다. 전기요법 의사들은 전기에 관한 전문가로서 자신들이 이 기술을 사용하

---

65 *Journal of Advanced Therapeutics*, vol. 20, p. 702.
66 *Journal of Advanced Therapeutics*, vol. 22, p. 22.

는 데 가장 적합한 의사라고 주장했다. "전기요법 연구에 수년을 헌신한 이들만큼 의료 영역에서 엑스레이의 과학적 사용에 적합한 의사는 없다."[67] 비록 그들이 자신들의 전문가적 자격과 과학적 이해의 바탕이 되는 것이 무엇인지에 대해서는 침묵했지만, 엑스레이를 "보이지 않는 것을 찍는 사진", "전기적 시야", 그리고 "에테르 진동"의 결과라고 부르면서,[68] 그들은 엑스레이를 진단적 목적으로만 사용하는 방사선사들의 '소심함'을 부각시키고 자신들의 목소리를 높였다.

　『전기요법저널』이 종종 엑스레이의 치료적 가치에 대한 논문을 게재하였지만, 전기요법 의사 중 일부는 자신들의 엑스레이 개념을 더 많은 독자들에게 홍보하기 위해 방사선의사들의 저널 중 하나를 빼앗으려 했다. 1902년 뢴트겐연합회에 속해 있던 다수의 전기요법 의사들이 세인트루이스의 허버 로바츠Herber Robarts 박사에 의해 개인적으로 발간되던 『미국엑스레이저널』American X-Ray Journal의 지배권을 장악하는 데 성공했다. 후대의 방사선의사들의 역사기록은 이 분쟁을 다음과 같이 서술하였다. "비주류 전기요법 의사들이 허술하게 조직되었던 우리 연합회를 지배하거나 해체하려고 시도했다. 이는 로바츠 박사의 큰 골칫거리였다. 그들은 계략을 써서 편집장을 저널에서 쫓아내려 했고 결국엔 성공했다."[69]

　다른 내부 경쟁자들, 즉 외과의와 신경과의사에 대한 공격도 늘어

67　"The Twelfth Annual Meeting of the American Electro-Therapeutic Association", *Journal of Advanced Therapeutics*, vol. 20, p. 667.
68　*Journal of Electro-Therapeutics*, vol. 15, p. 62.
69　Edward Skinner, "The Organization of the Roentgen Society of the United States Documentary Evidence and Comment", *The American Roentgen Ray Society, 1900-1950*, Springfield, IL.: Charles C. Thomas, 1950, pp. 5~14.

났다. 전기요법 의사들은 "외과적 수술에 대한 이런 욕망을 멈출 것"과 수술을 더 안전하고 효율적인 물리치료들, 예를 들어 전기나 뜨거운 공기, 물과 같은 것으로 대체할 것을 요구하였다.[70] 특히 외과의가 악성질환을 가진 환자의 경우 치료를 하지도 못하고 불구로 만들어 버리며, 전기요법 의사가 제공할 수 있는 엑스레이의 치료 효과를 무시하고 있다고 비난했다.[71] 몇몇 외과의들이 치료용으로 엑스레이를 쓰기 시작하였지만, 이 또한 전기요법 의사들에게 비난받았는데, 역시 외과의가 가지지 못한 그들의 특별한 지식과 기술을 근거로 들었다. "수술에 대해 아무것도 배우지 못한 의사가 개복술을 시행하고자 시도하는 것은 볼트와 암페어, 고관과 저관도 모르는 외과의가 암을 치료하는 데 엑스레이를 사용하는 것과 마찬가지이다."[72]

신경과의사는 정신치료에 너무 의존한다고 비난받았다.[73] 이 공격은 정신치료를 짧은 기간이나마 전기요법 의사들이 자신들의 물리치료 가운데 한 '분야'로 삼았었다는 것을 생각해 보면 아이러니한 일이다. 하지만 전기요법 의사들이 정신치료에 대해 관심을 보였던 것은 분명 짧은 시간 동안이었다. 비평가들이 전기치료의 주요 가치를 전기 장치에 대한 환자의 정신적인 반응에 두어야 한다고 주장했을 때 그들의 관심은 반대 입장으로 돌아섰다.[74] 전기요법 의사들은 신경과의사들이 오

---

70 Charles O. Files, "Some Obstacles to the Progress of Electro-Therapeutics", *Journal of Advanced Therapeutics*, vol. 21, 1903, p. 402.

71 "Therapeutic Discrimination", *Journal of Advanced Therapeutics*, vol. 20, p. 117; "Physical Methods Will Replace Many Surgical Procedures in the Future", *Ibid.*, p. 522; "Recognition of the X-Ray in the Treatment of Malignant Diseases", *Ibid.*, p. 585.

72 "Want of Professional Knowledge Upon Important Subjects", *Ibid.*, p. 319.

73 "Medical Electricity", *Ibid.*, p. 394; "Science vs. Empiricism in Electro-Therapeutics", *Ibid.*, vol. 31, 1913, p. 307.

직 '제안하기'만 하면서 치료 효과를 위해서 반드시 제거되어야 할 정신질환의 물리적인 기저요인들은 치료하지 않는다고 주장했다. 신경학적 기술들이 이런 근본원인에 닿는 데 실패하는 반면 물리적 치료법들은 성공할 수 있다고 주장하였다.[75]

이런 공격에 금상첨화 격으로 물리요법 의사들은 '미국의사협회 소속 위원회'를 만듦으로써 의사단체 내에서 정식적인 위치를 확보하려고 노력했지만, 이런 노력은 결과적으로 미국의사협회에 의해 묵살되었다. 협회는 자신들의 치료법을 적법하게 만들기 위해 미국의사협회 내에 물리요법에 대한 분과를 설치해 달라고 요청했다.[76] 이런 분과들은 전문직 내 한 분야로서 미국의사협회의 정식 인정을 받기 위한 일반적인 첫 단계였다. 하지만 이 요구는 1905년에 반려되었다.[77] 1907년 다시 한번 전기요법 의사들이 미국의사협회 내에 물리치료 분과를 설치해 달라고 청원하면서 근래에 전기요법 분과를 창설한 영국의사협회와 영국의학회, 뉴욕의학회의 선례를 따라 달라고 요구하였을 때 정식적인 인정은 재차 거절되었다.[78] 미국전기요법협회는 이후 몇 년간 이 목표를 지속적으로 추구하였으나 성공하지 못했다.

74 "The Notion that Electro-Therapeutics in Medicine Is Essentially Phychic", *American Journal of Electro-Therapeutics and Radiology*, vol. 35, 1917, p. 228.
75 "The Attitude of the Neurologists towards Physical Therapeutics", *Journal of Advanced Therapeutics*, vol. 26, 1908, pp. 460~461; "A Physical Basis for Most Cases of Functional Disorder", *Ibid.*, pp. 575~576.
76 *Journal of Advanced Therapeutics*, vol. 22, p. 692.
77 "Proposal for a Subdivision of the Fourth Section (Section on Therapeutics) of the International Medical Congress into Three Branches", *Journal of Advanced Therapeutics*, vol. 24, p. 199.
78 "Recognition of Electro-Therapeutics by the Medical Profession", *Journal of Advanced Therapeutics*, vol. 25, 1907, pp. 195~196; "A Section of Physical Therapeutics for the American Medical Association", *Ibid.*, p. 254.

2) 외부경쟁

전기요법 의사들이 다른 물리치료들을 흡수하는 것은 비非의사들과의 갈등도 야기하였다. 한 '도수치료' 지지자는 "전기요법 의사들은 특별히 물리적 치료법을 다룬다. 따라서 도수치료는 자연스럽게 그들의 영역에 속하게 된다"고 주장하였다. 그런 치료법을 "무분별한 마사지사뿐만 아니라 피부 표면만 비비고 주무르는 간호사들"에게 남겨 두어서는 안 되고 대신 이는 "반드시 외과의의 해부학적 지식, 생리학자의 기능에 대한 지식과 비정상적인 구조와 변질된 기능에 대한 지식을 가진 숙련된 의사에 의해 시행되어야 한다"고 하였다. 저자는 의사들이 그런 치료들을 보통 "관심이 주로 치료에 따른 보수에 맞춰져 있는" 마사지사 혹은 간호사들에게 넘겨주고 있는 점을 유감스러워했다. 이런 행태 때문에, "수많은 유사의료업자들이 [······] 정직하고 합법적인 의사들의 진료실에서 보조로 일하는 동안 수박 겉핥기 식으로 전기치료법을 익히고, 돌팔이들의 비도덕적인 계획에 기대어 이 시스템을 팔아넘기는 일이 벌어져 왔다"고 말했다.[79]

많은 주에서 이런 비-의사 시술자들을 법적으로 인정하고 있다는 사실에 대해 전기요법 의사들은 크게 우려했다.[80] 예를 들어 뉴저지는 의료법에서 누구나 7년의 경험과 전기요법학교 졸업장이 있으면 전기요법으로 환자를 치료할 수 있게 허가해 주었다.[81] 특히 걱정거리가 되는 것은 마사지사와 접골사였는데, 그들은 전기요법 의사들이 의료의

---

79 John T. Rankin, "Manual Therapy, An Invaluable Aid to the Electro-Therapeutist — A Plea for Its General Adoption", *Journal of Advanced Therapeutics*, vol. 24, pp. 66~67.

80 *Ibid.*, p. 68.

81 *JAMA*, vol. 26, p. 587.

일부라고 주장하는 것과 동일한 물리적 기술들을 보호하는 주州법률을 얻으려 하였다. 이런 위협에 대응하여, 『선진치료법저널』의 편집장은 뉴욕 기록법원의 결정을 국가적으로 채택해야 한다고 강력히 촉구하였는데, 법원의 결정은 의료행위를 "완화, 회복 또는 치료를 위하여, 그 목표를 질병의 예방, 회복, 치료, 치유 또는 완화로 두고, 질병을 치료할 수 있다고 스스로 밝히는 사람"에 의해 행해지는 모든 방법의 사용이라고 정의하고 있었다. 미국전기요법협회는 공공을 보호하기 위해 그런 법률을 계속 요구하는 역할의 위원회를 만들었다.[82]

요약하자면, 자격제도의 중요성이 증가하면서 전기요법 의사들은 그들의 시술을 위한 법적 보호장치를 확보하려 노력했다. 의사단체가 거의 모든 유형의 의료행위에 대해 법적 독점권을 얻어 내는 동안, 의료행위의 경계선은 대다수 의사들이 일반적인 의료의 밖에 있다고 여겨졌던 의료의 '주변부'에서 각자의 영역을 주장하는 전문의들이 벌이는 싸움에 의해 결정되었다. 그 과정에서, 비-의사와 돌팔이들에 대한 전문과목 의사들의 저항이 그들이 시술을 못 하거나 제한받게 만들었고, 의사단체로 해당분과들이 공식적으로 받아들여지도록 해 주었다. 전기요법 의사 분과는 의료의 경계를 지키고 확장함으로써, 애증관계인 의사단체가 전기요법 의사들을 자신들의 그룹 밖으로 내쫓는 것을 피할 수 있었다.

---

82 "Misconceptions Concerning Effects of Electro-Therapeutic Apparatus", *Journal of Advanced Therapeutics*, vol. 24, p. 137; "The Law and the Medical Profession", *Ibid.*, pp. 465~466.

미국의사협회의 거부와 대응

1910년과 1917년 사이 협회와 전기요법 의사들 간의 관계는 전반적으로 특별히 개선되지 않았고 몇 가지 측면에서는 악화되기까지 했다. 더 많은 개인 의사들이 더 이상 전기치료를 사용하거나 협회 가입에 관심을 갖지 않는다는 것에 좌절하여 전기요법 의사들은 자신들이 점점 더 고립되고 무시받고 있는 느낌을 받았다. 가입회원의 숫자가 200명 약간 넘는 수준에서 정체되고 "수많은 정전기유도기기들이 진료실에 하릴없이 놓여 있는" 상황에서 협회 간부는 "침체"에 대한 공포를 드러내기도 했다.[83] 1913년 협회장단 연설에서 프랜시스 하워드 험프리스는 감정에 북받쳐 다음과 같이 말했다. "나는 두렵다. 우리가 세례요한처럼 '광야의 외침'이 되었다는 것을 부정할 수가 없다."[84] 험프리스의 취임 후, 『미국의사협회지』 *JAMA*는 전기치료에 관한 논문 게재를 축소했다.

인증 취득의 실패는 전기요법 의사들을 더욱 초조하게 만들었다. 몇몇 협회원들은 자기비판을 했는데, 그들의 방법에 대한 과학적 근거를 충분히 제공하지 못했던 점과 전기요법의 치유 잠재력에 대해 과도하게 주장했던 점을 반성했다.[85] 다른 이들은 그들을 무시한 의사단체를 비난하고, 그들을 향해 돌팔이라고 매도한 일반의들에게 격렬히 항의했다. 한 전기요법 의사는 화를 내며 "의료학회에서 전기치료의 적응증

---

83 "Why Are Static Machines So Much in Disuse?", *Journal of Advanced Therapeutics*, vol. 28, 1910, p. 317.

84 Francis Howard Humphris, "Presidential Address", *Journal of Advanced Therapeutics*, vol. 31, 1913, p. 349.

85 J. C. Walton, "Is the Present Attitude of the Medical Profession Towards Physical Therapeutics Justifiable?", *Journal of Advanced Therapeutics*, vol. 30, 1912, pp. 143~157.

과 사용법에 대해 거의 혹은 전혀 모르는 사람들과 지역사회에서 돌팔이나 접골사들에게 하는 것처럼 전기치료의 신뢰도를 폄하하는 사람들이 모여 그것들[물리적 기술]의 가치와 중요성에 대해 이야기할 때" 전기요법 의사 동료들을 향한 조소를 중단한 것을 요구했다.[86] 또한 의과대학들이 그들의 치료법에 관한 어떠한 교육도 제공하지 않고 교육 중에 "전기요법을 의심스러운 것으로 바라보고 있다"는 사실을 비난하였다.[87] 그들은 『미국의사협회지』가 전기요법 분야에서 유명하지도 않은 사람을 인용하고 이 주제에 대해 전혀 모르는 검토위원을 두고 있다고 더욱 격렬히 비난했다.[88]

그 후 곧 제한적인 인정이 이루어졌다. 미국의사협회가 의학대학에 '비-약물요법 영역'에 해당하는 식이, 위생, 마사지, 운동, 전기, 엑스레이, 광光치료, 온열요법, 온천 치료, 기후요법, 정신치료에 대한 교육을 추천한 것이다. 이런 "옳은 방향을 향한 한 발자국 전진"에 힘입어, 전기요법 의사들은 미국의사협회의 한 분과로서 인정해 달라고 다시 압력을 넣었다.[89] 하지만 이전과 마찬가지로 특별한 지위는 주어지지 않았다. 위와 같은 미국의사협회의 추천은 이런 다양한 치료영역을 의사가 아닌 치료사들에게 잃고 싶지는 않았지만, 그렇다고 해서 전기치료에 특별한 지위를 주기는 싫었기 때문이다. 그저 전기치료를 다른 비슷

86 "The Attitude of the Profession Towards Physicians Who Employ Physical Therapeutics and How to Meet It", Journal of Advanced Therapeutics, vol. 28, p. 415.
87 Anthony Bassler, "Some Ideas Pertaining to Electro-Therapeutics", Journal of Advanced Therapeutics, vol. 31, p. 445.
88 "Signs of a Wakening of the Editor of the Official Organ of the American Medical Association", Ibid., pp. 222~223; "The Attitude of the Profession Towards Physicians Who Employ Physical Therapeutics and How to Meet It", Ibid., p. 415.
89 "The Modern Status of Medical Science", Ibid., pp. 307~309.

한 종류의 치료들 중 하나로 포함시켰다. 결국 그들의 치료법이 어느 정도 인정받았지만 협회는 전기를 특별히 중요한 것으로 도드라져 보이게 하는 데에는 실패했다.

미국의사협회의 결정에 대한 대응으로 협회는 몇 가지 변화를 주었는데, 1916년 자신들 저널의 이름을 『미국전기요법과방사선학저널』 *American Journal of Electrotherapeutics and Radiology*로 상징적인 변화를 주었다.[90] 새 이름은 비록 전기요법에 대한 관심이 감소함에도 불구하고 그 중요성을 다시 강조하고 엑스레이를 다시 자신들의 것으로 만들기 위한 큰 시도였다. 이는 엑스레이에 대한 전반적인 관심의 증가와 독립된 전문과를 만들려는 방사선의사 조직의 성장에 자극을 받았기 때문이다. 전기요법 의사와 방사선의사 간의 경쟁이 심화되면서 이 저널은 엑스레이를 사용하는 사람들의 '배타성'에 대해 공격하기 시작했다.[91] 엑스레이의 사용은 전문의가 해야 한다는 그들의 초기 입장을 뒤바꿔서, 전기요법 의사들은 이제 이 기술들을 내과 전문의에게도 가르칠 수 있어야 한다고 주장하였다. "이런 진단적 기술이 온전히 뢴트겐 전문의의 손에 있었던 때가 있었다. 하지만 이들의 노력을 통해 지금은 그 방법과 원리들이 많이 밝혀졌기 때문에 이제 그 불꽃을 내과의사에게 넘겨 임상진단의 복잡하고 어두운 길을 밝힐 때가 왔다."[92] 이 저널은 또한 방사선의사들이 "비과학적인 단일요법치료사"로서 치료에 있어 오직

90 "The American Journal of Electro-Therapeutics and Radiology", *Journal of Advanced Therapeutics*, vol. 33, 1915, pp. 473~474.
91 "The Specialist Versus the General Practitioner", *American Journal of Electro-Therapeutics and Radiology*, vol. 34, 1916, p. 546.
92 "The Scope and Utility of the Roentgen Examination", *American Journal of Electro-Therapeutics and Radiology*, vol. 35, 1917, p. 32.

한 가지 방법만 사용하기 때문에 그들의 노력은 분명 실패할 것이라고 몰아세웠다.[93]

이런 공격은 의료 전문화를 규탄하고 일반의들의 환심을 사려는 새로운 전략 중의 하나였다. 한 사설은 속물근성, 배타성, 그리고 혁신에 대한 저항성이 전문직의 특징이라고 말하며 전문직들은 "정치에 있어서 반동분자처럼 [······] 그 영역을 지배하고 싶어 한다. 또한 그들이 독자적으로 존재하는 것에 영향을 줄 수 있는 것이나 인식되길 원치 않는 것들이 소개되는 것을 막는다"고 주장하였다.[94] 외과, 신경과 그리고 정형외과가 비판의 대상으로 지목되었는데 이는 그들이 전기치료를 받아들이지 못했기 때문이었다. 외과의에 대한 공격은 특히 심했는데 그들의 특성을 "의료영역을 통제하고자 하는 의사집단 내의 비즈니스맨"이라고 규정하면서 수위를 한층 높였다. 그들이 시행하는 수술에 대한 과過의존은 그 수익성과 직접적인 연관이 있고 외과의가 물리요법에 반대하는 이유는 수입 감소에 대한 두려움 때문이라고 했다.[95] 반대로, 미국의사협회를 지배할 뿐만 아니라 전기요법 의사들에게 주로 환자 의뢰를 하는 일반의들에게는 개방적인 마인드와 "진보적 의학에 대한 호의"를 가지고 있다며 칭찬하였다.[96]

전기요법 의사들은 미국의사협회의 힘이 강력해짐에 따라 전문화의 반대에 대한 그들의 입장을 받아들여 전문과를 구성하겠다는 요구를 모두 공식적으로 철회했다. 그들은 자신들의 물리적 치료법이 의학

---

93 "The Unscientific Conception of the Monotherapist", *Ibid.*, pp. 138~139.
94 "The Specialist Versus the General Practitioner", p. 547.
95 *Journal of Advanced Therapeutics*, vol. 34, 1916, pp. 57~58.
96 "The Specialist Versus the General Practitioner", p. 547.

의 세번째 영역을 구성하고 있으며, 약물치료와 수술의 대체 또는 보완의 역할을 할 수 있다고 하였다. 광범위한 급성질환 치료에 있어 자신들의 능력을 강조함으로써 전기요법 의사들은 스스로를 의료행위의 전통적 모델과 연관 지었다. 의료소비자의 급성질환 치료에 기반을 둔 의료시장 내에서 기존 모델에 적응하는 것 외에 다른 대안은 없었다.

미국이 처음으로 제1차 세계대전에 참전하게 되었을 때, 전기요법 의사 조직은 성공과 실패의 기록이 혼재되어 있었다. 조직의 첫 기반은 전기기술이었다. 하지만 이는 기술적 혁신의 끊임없는 원동력이 되지는 못했다. 기술은 시술자가 이익을 추구할 수 있는 '기회의 순간'을 주었을 뿐이었다. 그들은 과학적 진보를 대변하는 조직체를 주장하기 위해 이 혁신을 이전의 '자연적' 치료들과 연관시켰다. 그들의 주장은 오래된 치료와 개념들을 극찬하기보다 새로운 기술을 강조함으로써 더 쉽게 선전되었다.

이후 그 영역의 발전과 경계의 변화는 다양한 사회적 · 정치적 과정들에 따라 일어났다. 이 기간 동안 의사단체는 면허 제도에 있어 배타적인 권한을 얻었다. 현대 과학과 연결될 수 있는 모든 방면의 의료적 치료들을 포함하고 통합하기 위해, 의사들은 새로운 지식과 기술에 기반을 둔 시술들에 대해 보다 유연한 태도를 보여 주었다. 신규 시술 중 어느 것을 유동적인 의료전문직 영역에 포함할지 결정한 것은 특정 치료법의 주창자들이 보여 줄 수 있는 과학적 증명의 수준뿐만 아니라 일반의들에게 인정받기 위해 반드시 선행되어야 할 정치적이자 전략적인 활동을 추진할 수 있는 조직의 존재 여부였다.

전기요법 의사들은 현대기술 주위에 초기 영역을 규정하였고, 저널과 연례학회를 통해 조직적 메커니즘들을 개발했다. 공통된 언어 사용을 통한 사회적 연대를 구축하기 위해 그들은 전기 명명법 표준화를 위한 위원회를 만들었다. 과학적 정당화를 추구하는 과정에서 그들은 초기 활동의 주요 목표를 제시한 많은 과학위원회를 설치하였다. 그들은 또한 기기의 평가와 표준화를 위한 위원회Committee to Evaluate and Standardize Apparatus를 만듦으로써 전기 장비의 생산자들을 통제하기 위한 일련의 시도를 하였다. 마지막으로, 1915년 홍보위원회 창립은 전문직으로부터의 인정과 내외 경쟁자들과의 싸움에 있어서 이데올로기의 역할에 대해 인지했다는 것을 의미한다.

그러나 전반적으로 자신들의 치료법이 받아들여지길 바라는 전기요법 의사들의 열망은 달성되지 못하였다. 일반의들의 전반적인 반응은 『미국의사협회지』에 나타나듯이 이런 방법을 사용함에 있어서 "과학적으로 주의하라"는 요구였다. 그래도 이 언급들에는 치료의 일탈적인 개념들을 옹호하던 그들에게 과거에 자주 사용했던 가혹한 미사여구를 쓰지는 않았다.

미래를 위해 더 중요했던 것은 자신들의 바탕 영역을 확장해 다양한 치료법 세트들을 포함한 후 의사단체의 주변에 속해 있는 것이었다. 전기 장비에 대한 관심도가 줄어들고 엑스레이를 조직화한 방사선의사들에게 빼앗기면서, 이제 이런 '물리적 치료법'들이 그들 영역의 핵심이 되었다.

3장 / 전쟁과 노동의 구성, 1917~1920

제1차 세계대전 이전 미국에서 장애는 의학적 또는 사회적 문제로 여겨지지 않았다. 새로운 '과학적' 의료 전문가들은 행위별수가제 시장에 의해 만들어진 제약조건 내에서만 그 영역을 확장해 왔다. 장애인, 즉 일반적으로 장기간의 전문적 케어에 대한 지불 능력이 없는 사람들은 새로운 의학 서비스들로부터 배제되어 왔다.

하지만 사회적 문제, 특히 산업화로 인한 문제들에 대한 의식이 증가하면서 사회적 책임에 관한 새로운 신념이 등장하는 상황이었다. 진보 시대의 사회개혁가들은 산업재해로 인해 장애인 수가 증가한다는 사실을 처음으로 인지하고 이에 맞서 싸웠다. 개혁가들은 14,000명의 노동자들이 매년 영구적 장애인이 되고, 50만 명의 노동연령대 사람들이 일종의 직업적 장애로 고통받는다는 추산을 바탕으로 이런 문제와 자신들의 대안을 알리기 위해 연방장애인협회Federation of Associations for Cripples와 같은 단체들을 창설했다. 이 문제는 당시 개혁의 시대 동안 의사단체에게도 예외는 아니었다. 미국의사협회장인 알렉산더 램버트Alexander Lambert는 미국의 산업재해자들을 위한 "구조작업"이 필요하다고 하며 이런 변화에 응답했다.[1] 공공부문 또한 이에 동조했다. 몇몇 주에서는 장애인을 위한 의료서비스와 경제적 지원을 제공하는 노동자 보상에 관한 법률을 통과시켰다.[2] 장애인들이 공공과 민간의 지원을 필요로 한다는 시각이 점차 받아들여지고 있었다.

산업화의 피해자로 대변되었던 이 조용한 시냇물과 같은 상황은 제1차 세계대전으로 인해 발생한 불구자와 장애인들로 인해 급류와 같이 바뀌었다. 1919년 5월까지 약 123,000명의 상이군인들이 유럽파병부대로부터 본국으로 돌아왔다. 유럽 국가들을 따라 미국도 부상병과 전쟁에서 장애를 입은 사람들을 위한 의료와 재활 서비스를 발전시켜야만 했다. 이 업무에 관심이 있는 의료 및 비-의료 단체들은 이런 치료돌봄 서비스를 제공하는 서로 다른 조직의 서비스와 영역을 정의하려 했다. 한 참전군인의 말에서 드러난 유럽의 경험은 예언적이었다. "한 인간이 스스로의 미래를 결정하는 데 있어 아무런 의견도 낼 수 없는 반면, 그의 불구가 된 몸 위로 의사와 기술 전문가들 간의 격렬한 싸움이 수시로 벌어지고 있다."[3]

3장에서는 부상병의 재활에 대한 주도권을 놓고 군軍이 신설한 신체재건부서Division of Physical Reconstruction 안에서 발생한 분쟁들과 이 군대의 신체재건부서와 민간의 연방직업교육위원회Federal Board for Vocational Education 간에 벌어진 분쟁에 관해 서술할 것이다. 후자는 재활의 의학적 측면과 직업적 측면 사이에 명확한 구분선을 만들었다. 이

1 Alexander Lambert, "Medicine, A Determining Factor in War", *JAMA*, vol. 72, 1919, p. 1721.
2 "Compulsory Health Insurance", *JAMA*, vol. 68, 1917, p. 292; "Underlying Principles of Workmen's Compensation Laws", *Ibid.*, pp. 1822~1823.
3 *Joint Committee on Education and Labor, April 30-May 2, 1918*, S. 4284, H. R. 11367, 65th Congress, 2d Session, p. 149에서 인용.

신체재건부서는 전후 포괄적 서비스의 발달에 있어 많은 문제를 야기했다. 군 의료부서 내에서의 분쟁은 —— 제2차 세계대전에서도 똑같이 나타나게 되는데 —— 의료 분업 내에서 물리치료와 재활의 위치를 결정하였다.

전쟁 부상자와 직종 간의 갈등

1) 내부 경쟁

유럽에서 전쟁이 터졌을 때, 스스로를 물리요법 의사라고 칭하기 시작한 전기요법 의사들은 여전히 자신의 전문성이 급성질환 치료에 있다는 것을 증명하는 데 얽매여 있었다. 그리고 그들의 도구가 만성질환에 가장 적합하다는 의견을 거부하였다. 상해와 장애를 다루는 데 있어 더 경험이 많은 전문의들은 산업의학과와 정형외과 의사들이었다. 1900년대 초반 회사들은 사고 희생자들의 즉각적인 수술을 위해 산업의학 전문의들을 고용하기 시작했다. "대부분의 의사들로부터 다소간의 멸시를 받고" 거의 모든 타과 전문의들보다 급여가 적었던 산업의학과 전문의들은 전쟁 직전에 노동자의 보상에 관한 법률들이 통과되면서 일종의 열풍을 타게 되었다.[4] 그들은 부상자의 관리를 넘어 건강의 예방과 보호로 나아갈 수 있는, 그에 따라 전문과의 기반을 보다 공고히 할 기회를 전쟁에서 발견했다. 1918년 산업의학과를 전문과로 인정하는 결의안이 미국의사협회 이사회를 통과했다.[5] 산업의학과 전문의들은 민

---

4 Harry Mock, "Industrial Medicine and Surgery: The New Specialty", *JAMA*, vol. 68, p. 1.
5 "Reconstruction and Rehabilitation of Disabled Soldiers", *JAMA*, vol. 70, 1918, p. 1924.

간 직장에 장애인을 배치하는 데 필요한 특별한 기술을 소유하고 있다고 주장했다. 한 "회사 고용 외과의"는 "산업의학과 전문의는 그 이름이 말해 주듯, 산업 내에서 장애인들의 취업과 생산능력의 유지를 위한 가장 현명한 안내자가 될 것이다"라고 말했다.[6]

반면 정형외과 의사들은 훨씬 더 오래전부터 장애인들을 돌봐 왔다. 정형외과에서 환자에 대한 수술은 18세기 및 19세기 초에 시작되었다. 근골격계 기형 교정을 위한 끈과 보조기의 사용 또한 오랜 역사를 가진다. 19세기 후반부 동안, 수술과 기계적 방법들이 통합되면서 이는 정형외과가 새로운 전문과가 되는 기반이 되었다. 1887년 미국정형외과협회는 기형들과 관절문제를 치료하는 데 수술이나 기계적 방법을 사용하는 의사들을 한데 모으고자 노력했다.[7] 초기 정형외과 의사들은 의사단체 내에 합법적인 기반을 구축하고 독립적인 상품으로써 그들 서비스의 고유성을 확립하는 데 관심을 가졌다. 대외적으로 그들은 동종요법 의사나 접골의사, 기구 제작자와 같은 외부 경쟁자들의 업무와 자신들의 것을 구분하기 위해 자신들이 가진 수술기술을 강조했다.[8] 의사집단 내부에서 그들의 두드러진 특징은 간단한 기계적 장치들의 사용이었는데, 이는 전문과라는 합법적인 지위를 달성하는 데 문제를 야기했다. 그들은 독특한 전문성을 갖는 데 있어 "도구를 다루는 손재주"에 기반을 두는 단순한 "버클과 끈 사용자 모임"이라는 평을 극복해야

6 "Industrial Medicine in the Placement of Returned Soldiers", *JAMA*, vol. 71, 1918, pp. 1829~1830.

7 A. M. Phelps, "Presidential Address", *Transactions of the American Orthopedic Association*, vol. 7, 1894, pp. 31~42.

8 W. DeForest, "Presidential Address", *Transactions of the American Orthopedic Association*, vol. 3, 1890, p. 2; V. P. Gibney, "Orthopedic Surgery: Its Definition and Scope", *Transactions of the American Orthopedic Association*, vol. 4, 1891, pp. 326~338.

만 했다.[9] 이런 문제에도 불구하고 정형외과 의사들은 1912년 미국의사협회의 한 분과로 공식적인 인정을 받게 되었다.

1916년 5월, 미국의 참전이 임박한 시점에 미국정형외과학회는 팽창하는 군수시장에서 그들의 이익을 대변할 위원회를 결성했다. 하버드의대 졸업생이자 매사추세츠 주립병원의 정형외과 과장인 조엘 골드와이트Joel Goldwait가 이 위원회의 의장으로 임명되었다. 그의 주요 임무는 미국이 전쟁에 개입하게 되면 정형외과 병원이 갖춰야 할 인력과 장비를 추산하는 것이었다. 이 평가를 수행하는 데에 도움을 얻고자, 골드와이트는 1917년 봄 영국으로 그들의 정형외과 활동을 참관하기 위해 파견되었다.[10]

1917년 7월, 미국정형외과학회는 공식적으로 회원들의 서비스를 의무감Surgeon General에게 제공했다. 그는 이 제안을 호의적으로 받아들여 군부대 내 정형외과 진료를 위한 가이드를 마련하고 의무감실에 협회 전시준비위원회 위원을 보내라고 미국정형외과학회에 요구했다.[11] 한 달 후 자문단이 구성되었는데, 이는 미국의사협회 정형외과 분과 회원들과 전 정형외과학회장들이 연합하여 의무감을 도와 큰 틀에서 정형외과 작업을 계획하기 위한 것이었다. 자문단은 즉각적으로 정형외과 의사들에게 편지를 보내 그들의 능력과 복무 가능성에 대한 자료를 수집했고 정형외과적 케어를 위한 수요 증가를 맞추기 위하여 정형외

9 Phelps, "Presidential Address", pp. 31~42; A. J. Steele, "The Orthopedic Work of the Late Mr. Thomas", *Transactions of the American Orthopedic Association*, vol. 4, pp. 4~12.
10 "Report of Committee on Orthopedic Preparedness", *Transactions of the Section on Orthopedic Surgery*, 1917, pp. 253~254.
11 *The Medical Department of the U.S. Army in the World War* I, Washington, D.C. : U.S. Government Printing Office, 1923, p. 425.

과 전문의 수련 프로그램의 확대를 요구했다.

그 후 얼마 지나지 않아, 1917년 8월 의무감은 정형외과 부서를 육군 의무사령부 내에 만들었다. 하버드에서 수련받고 매사추세츠 주립병원에서 근무 중인 또 한 명의 정형외과 의사 엘리엇 브라켓Elliot Brackett이 부서 책임자로 지명되었다. 의무감은 브라켓에게 유럽과 미국에서 복무할 다수의 정형외과 의사를 모집하고 해외에서 정형외과 장비들을 마련하며 미국 내 정형외과적 재건치료를 위한 계획을 개발하라고 하였다.[12]

반면, 독립된 정형외과 부서의 설립은 일반외과의가 바라던 바가 아니었다. 이런 일이 있은 후 한 일반외과의는 육군 의무사령부에서 정형외과와 두경부외과에게 독립적인 지위를 부여한 것은 "근본적인 모⊞전문과와의 협업"의 필요성을 충분히 반영하지 않은 것이라고 주장했다. 일반외과는 더 이상 "다양한 분야의 적합한 선수들이 모인 하나의 팀이라기보다 본질적으로 경쟁적인 팀들의 연맹이었고, [……] 이런 라이벌관계는 상당히 친밀하긴 하지만 분열경향을 갖고 있었다".[13] 일반외과의들은 정형외과와 두경부외과 의사들에 대한 조직적 지배력을 다시 얻으려고 노력했으나, 1918년 가을이 되어서야 이룰 수 있었다. 의무감실의 재편과 함께, 정형외과와 두경부외과 부서는 일반외과 부서의 분과로 편입되었다.

의무감이 정형외과 부서를 만든 데에는 몇 가지 이유가 있었다. 정형외과 의사들이 손상과 기형을 여타 의료인들보다 많이 경험해 보았

---

12 *Ibid.*, p. 426.
13 *Ibid.*, pp. 406~408.

고, 그들이 물리치료 방법들을 사용하기 때문이었다. 1904년에 설립된, 매사추세츠 주립병원 내 정형외과 소속 의공학부서가 처음으로 마사지, 운동요법, 수水치료를 병원에서 사용한 곳 중 하나였다. 1908년부터 1914년까지, 그 부서는 거의 5,000명에 달하는 골절, 탈구, 관절구축, 기형, 염좌, 관절염과 마비 환자들을 치료했다.[14] 골드와이트나 브라켓과 같이 매사추세츠 주립병원의 의공학부서와 관계가 있는 정형외과 의사들은 장애인과 불구자를 케어하는 데 그들의 전문과목이 관심을 가지고 있음을 보여 주었다.[15] 1895년 골드와이트는 미국에서 성인 불구자를 위한 첫 클리닉을 개설하였고, 몇 년 후 정형외과 병동과 외래를 매사추세츠 주립병원에서 시작하였다.[16] 장애아동을 위한 특수교육과 직업교육을 하는 정형외과의들과 함께 이 운동에 깊이 참여하면서, 브라켓은 1893년 불구와 기형 아동을 위한 직업학교의 개교를 도왔다.[17]

정형외과 의사들은 이 확장 기회와 재편성이 "정형외과 역사에서 중요한 시대"가 될 것이라는 것을 깨닫고 기민하게 움직였다.[18] 골드와이트의 위원회는 10만 명으로 예상되는 전쟁부상자들 중에서 75 내지 80퍼센트가 정형외과 수술이 필요할 것이라고 추산하였고, 이에 따라 "국가적인 정형외과 예비군"을 만들 필요가 있다고 하였다. 골드와이트가 말하길, 이 정형외과 의사 예비군들은 "전방에서" 복무할 것이고, 일

---

14   C. Herman Bucholz, "Six Years Experience at the Medicomechanical Department of the Massachusetts General Hospital", *JAMA*, vol. 63, 1914, p. 1733.

15   Nathaniel Allison, "Orthopedic Surgery and the Crippled", *JAMA*, vol. 65, 1915, pp. 753~754.

16   "Joel E. Goldthwait", *Harvard Medical Alumni Bulletin*, vol. 35, Spring 1961, p. 64.

17   "Elliott Gray Brackett, 1860-1942", *Harvard Medical Alumni Bulletin*, vol. 17, April 1943, pp. 63~64.

18   Robert Osgood, "Orthopedic Surgery in War Time", *JAMA*, vol. 67, 1916, p. 420.

반외과의 보조로서 초기 응급치료를 할 것이며, 미국과 영국의 특수 정형외과 병원에서 자문의사로서 내과의사, 방사선과의사, 마취과의사들과 함께 재건치료를 할 것이라고 하였다.[19] 의무감실 정형외과 부서장인 브라켓은 이 계획의 실행을 위해 즉각적으로 프랑스에 35,000개의 정형외과 병상과 500명의 정형외과 의사가 유럽에서 부상당할 미국 병사를 치료하기 위해 필요하다고 요청했다.[20] 1918년 7월, 600명 이상의 정형외과 의사들이 군에 입대했고, 모든 훈련 부대, 후방 병원, 요새에 적어도 한 명의 정형외과 군의관이 배치되었다.[21]

정형외과 의사들은 수술을 넘어서 그들의 역할을 건강 교육과 직업 재활로까지 확장해야 할 필요성을 강조했고, 이런 군 프로그램이 민간 대중들에게도 제공되어야 함을 주장했다.[22] 골드와이트는 특수 훈련과 신체의 적절한 사용법을 가르쳐 훈련병들이 육체적으로 복무에 적합하도록 만들고 부상병들이 부대로 복귀할 수 있도록 해야 한다고 말했다. 골드와이트에 따르면, 병사들이 더 많은 산을 넘을 수 있게 해 주는 족부 훈련과 약한 등back을 강하게 해 주는 적절한 군사적 자세와 같은 것들을 군인들에게 교육하는 일이 정형외과 의사의 임무여야 한다고 말했다.[23] 또한 정형외과 의사들은 인본주의적이고 경제적인 관점을 바탕으로 장애를 입은 병사들을 직업적으로 "재건되지" 않은 채 사회의

19 Joel E. Goldthwait, "The Orthopedic Preparedness of the Nation", *American Journal of Orthopedic Surgery*, vol. 15, 1917, pp. 219~220.
20 "Meeting of the Boston Orthopedic Club at the Boston Medical Library, Saturday Evening, October 6, 1917", *Ibid.*, p. 848.
21 John Porter, "Orthopedic Surgery and the War", *American Journal of Orthopedic Surgery*, vol. 16, 1918, p. 414.
22 "The Scope of a Reconstruction Hospital", *American Journal of Orthopedic Surgery*, vol. 15, p. 609.

삶으로 돌려 보내는 "낡은 관념"에 의문을 제기했다.[24] 재건이 이루어진 다음에야 불구자들은 "허풍스럽고, 낭비적이고, 게으른 부랑자들이 되는 대신 행복하고, 생산적이며 임금을 받는 시민"이 될 수 있었다.[25] 더욱 세부적으로, 정형외과 의사들은 그들의 전문성이 장애를 입은 병사들의 이전 직업에 대한 의학적·정신적 한계를 확인하고 이런 한계를 뛰어넘기 위한 특수 훈련을 처방하는 데에 활용되어야 한다는 의견을 견지했다.[26] 골드와이트가 주장하길, 정형외과의 새로운 개념에 대한 이런 권고들은 "전시뿐만 아니라 평화로운 때에도 그들은 살아가기 때문에 양쪽 환경 모두에 적용되어야 한다". 그리고 특히 "산업 군대라고 불리는 큰 조직"에도 적용 가능해야 한다고 하였다.[27] 정형외과자문위원회의 한 위원은 "대大 전쟁"이 정형외과 의사들에게 오랫동안 무시되어 왔던 "순수 민간인 불구자"들에 대한 그들의 책임감을 일깨워 주는 계기가 되었다고 말했다.[28]

하지만 그들의 계획은 대부분 방해를 받았다. 1917년 8월 몇 차례의 회의 후, 의무감은 특수병원과 신체재건부서를 편성하여 전쟁 부상자 문제를 다루기로 했다. 이 부서의 초기 프로그램은 신체재건병원의 발전과 함께 전쟁 부상자를 위한 의학적 치료와 직업교육, 제대 후 적합

---

23 "Report of Committee on Orthopedic Preparedness", pp. 248~249; Joel E. Goldthwait, "Organization of the Division of Orthopedic Surgery in the U.S. Army with the Expeditionary Force", *Ibid.*, p. 288.

24 Joel E. Goldthwait, "The Place of Orthopedic Surgery in War", *American Journal of Orthopedic Surgery*, vol. 15, pp. 679~680; "Reconstruction", *Ibid.*, p. 545.

25 Osgood, "Orthopedic Surgery in War Time", p.418.

26 "The Function of Orthopedic Surgery in the War", *JAMA*, vol. 69, 1917, p. 2123.

27 "Report of Committee on Orthopedic Preparedness", p. 248.

28 "The Function of Orthopedic Surgery in the War", p. 2123.

한 취업에 대한 정교하고 포괄적인 계획이었다.[29] 이 부서의 구성을 보면 다른 전문의들이 이 새로운 재건 작업에 참여하길 원했다는 것과 특수병원 내에서 직책을 요구했다는 점을 알 수 있다. 예를 들어, 일반외과의들은 급한 응급상황에 대한 처치는 자신들이 기지병원에서 담당하고 불구가 된 병사들의 회복은 정형외과가 특수병원에서 다룬다는 브라켓과 골드와이트의 계획에 의문을 제기했다. 한 일반외과의는 "일반외과가 할 일이 거의 남지 않을 것이고, 그마저 대부분 파편과 총알을 꺼내고 창상을 닫는 일이 될 것이다. 단 하나의 해결방안은 기지병원을 특수병원으로 만드는 일이다"라고 말했다.[30] 일반외과의들은 그들이 정형외과 의사처럼 골절과 기형을 다룰 수 있다고 주장했고, 따라서 "이런 환자를 볼 수 있는 기회가 주어져야" 한다고 말했다.[31]

그 후 특수병원과 신체재건부서는 정형외과 의사에 의해 전적으로 통제되기보다는 일반외과, 정형외과, 두경부외과 그리고 정신건강의학과 군의관들로 구성되게 되었다.[32] 다른 전문의들로부터의 압력과 정형외과 의사의 제한된 숫자 및 술기skills는 다른 전문의들의 참여와 정형외과가 초기에 제안했던 일종의 광범위한 프로그램이라는 결과를 낳았다. 이 새로운 영역의 정의와 통제에 대한 내부 갈등은 민간 기구들과의 외부적 경쟁과 함께 거의 일 년 동안 이 프로그램을 거의 작동불가 상태로 남아 있게 하였다.

정형외과 의사들은 일반외과 의사로부터 독립된 행정적 지위를 얻

29 *The Medical Department of the U. S. Army in the World War* XIII, p. 4.
30 "Meeting of the Boston Orthopedic Club at the Boston Medical Library, Saturday Evening, October 6, 1917", p. 851.
31 Ibid., p. 854.
32 *The Medical Department of the U. S. Army in the World War* I, p. 474.

음으로써 이득을 보았다. 이는 그들이 더 많은 정형외과 의사를 배출할
수 있도록 민간 대학들에 수련과정을 만들 수 있게 해 주었다.[33] 1918년
여름까지 거의 700명의 장교들이 7개 도시에서 제공되는 특별 정형외
과 전문의 수련과정을 통과했다. 정형외과 의사들은 또한 의수義手의 제
작을 관리 감독하는 역할을 부여받았다. 이는 수년 동안 정형외과 의사
의 주관심사였던, 의수와 기구 제작자들에 대한 통제권을 확보하는 중
요한 한 걸음이었다.[34] 정형외과 의사에게 맡겨진 또 다른 임무는 병사
들의 발과 신발에 대한 검사와 관리를 교육하는 것이었다. 의료진들은
이 주제에 관해 교육과정을 제공하고 족부 관리와 족부 질환의 치료에
관한 매뉴얼을 작성하라는 주문을 받았다.[35]

이에 더하여 정형외과 의사는 후에 '재건보조사'라 불리는 사람들
의 수련을 처음으로 시행한 사람들이었다. 그들은 관절과 근육 문제를
다룰 수 있는 "특수하게 수련된 마사지사" 부대를 만들고 이 노동자들
을 공식적인 자리에 배치하려고 하였다.[36] 이 조무사들은 전쟁 전에 매
사추세츠 주립병원 의공학 부서에서 정형외과 의사들에 의해 활용된
사람들이었고, 그 부서의 수首조무사가 그들을 위한 수련 프로그램과
표준을 개발하는 데 도움을 주었다. 의무감이 조무사의 지원 요건으로
정형외과 의사의 추천서를 제출하도록 하면서 조무사에 대한 정형외과
의사들의 지위 권한이 수용되었다.[37] 하지만 조무사를 통제하는 것에 관
한 정형외과 의사의 권한은 물리요법 의사들의 도전을 받았다. 1918년

33 *The Medical Department of the U.S. Army in the World War* XI, p. 551.
34 *The Medical Department of the U.S. Army in the World War* I, pp. 429~431.
35 *Ibid.*, pp. 432~434.
36 *Ibid.*, pp. 431~432.
37 *JAMA*, vol. 70, p. 928.

5월 조무사들은 최근에 개칭된 물리재건부서로 재배치되었고 정형외과 의사의 초기 요구들은 더욱 제한되었다.[38]

이 재배치는 조직화한 물리요법 의사들에게 중요한 결과를 낳았다. 물리요법 의사들은 전시에 발생한 기회에 신속히 대응하진 않았지만 1917년 자신들의 치료법을 권장하기 위해 전시준비위원회를 만들었다.[39] 특수병원과 신체재건부서 내에 물리요법 분과를 설립하면서, 물리요법 의사들은 그들의 치료법이 전쟁지원 노력에 반영될 것이라고 느꼈다. 하버드와 터프트 대학의 물리요법 강사이자 개명된 미국전기요법과방사선학협회 회장인 프랭크 그랜저Frank Granger 박사가 1917년 11월 물리요법 분과의 책임자가 되었다.[40]

하지만 이 작업에 대해 누가 궁극적인 권한을 가졌는지는 불분명했다. 조직구조상 정형외과 부서와 '특수병원과 신체재건부서' 모두가 정형외과서비스재건병원에 대한 권한을 공유하고 있었다.[41] 물리요법 의사들은 물리요법 분과가 자문 기능을 수행하고 내과 또는 외과 이해단체에 의해 통제되지 않아야 한다고 주장했다. 왜냐하면 그들은 "과거에 자신들의 방법과 가치에 대해 아무것도 모르는 자들의 지시 하에서만 그 작업을 수행하도록 허가된 상황 아래에서 계속 방해받아 왔기" 때문이었다.[42] 비록 그랜저를 물리요법 분과의 장으로 지명했지만, 이 분과와 재건조무사의 애매한 위치는 육군의무사령부와 전쟁부상자들의 케어에 관심이 있는 다른 기관들과의 외적 충돌이 해결될 때까지는 명확

---

38 *The Medical Department of the U.S. Army in the World War* I, p. 476.

39 *American Journal of Electro-Therapeutics and Radiology*, vol. 35, 1917, p. 379.

40 "Dr. Frank Butler Granger", *Physical Therapeutics*, vol. 46, 1928, pp. 557~568.

41 *The Medical Department of the U.S. Army in the World War* XIII, p. 6.

42 *American Journal of Electro-Therapeutics and Radiology*, vol. 35, 1917, pp. 481~482.

해지지 않았다.

2) 외부 갈등

미국의사협회와 함께 의사의 영역을 직업훈련과 취업까지 확대하려는 육군의무사령부의 시도는 연방직업훈련위원회와 여타 사설 기관들에 의해 저지되었다. 이 연방위원회는 1917년 조직되었는데, 군 의료부서의 이해관계에 대응할 수 있는 조직적 기반을 제공해 주었을 뿐만 아니라 사회복지와 관련된 이슈들에 대해 연방정부가 관여할 수 있는 중요한 선례를 남겼다. 이곳의 직업적 이해관계는 의무사령부 내의 의사의 것만큼은 잘 정의되어 있진 않았다. 하지만 이들 중 직업교사들이 부상자 또는 장애인의 훈련과 취업을 위한 프로그램들을 통제하려 했다. 추가적으로, 불구자와 장애인을 위한 적십자기구Red Cross Institute for the Crippled and Disabled와 같이 전쟁 전에 세워진 많은 기관들이 군 의무사령부에 반대했다. 이 기관들은 마지막에 직업재활상담과 사회사업과 같은 영역에서 특별한 직업적 정체성을 갖게 될 노동자 집단을 한데 모았다.

분쟁의 씨앗은 의무감이 정형외과재건병원에 직업훈련소와 취업부서를 포함하는 시스템을 만들고자 한 정형외과 의사들의 계획을 받아들였을 때 시작되었다.[43] 그는 1917년 9월까지 이런 병원들을 19곳 건설할 계획을 발표했다.[44] 이 결정을 뒷받침할 어떤 법적 근거가 없는 상황에서 의무감은 전쟁위험보험법War Risk Insurance Act을 인용하였는

---

43 *JAMA*, vol. 69, pp. 1524~1525.
44 *New York Times*, September 17, 1917, p. 1.

데, 이는 부상자의 재활을 약속하는 것이었지만 누가 재원을 마련할 것인지 또는 누가 그 일을 할 것인지를 규정하진 않고 있었다.[45] 의무감은 인력문제에 대하여 직업교육 전문가를 군 의무사령부의 '위생 장교'로 임관시킴으로써 해결하려 하였고 이 계획을 군 의무사령부의 예산으로 진행하려고 하였다.

연방직업교육위원회는 1917년 8월 자체적으로 직업재활에 관한 연구를 시작하였고 이는 상원 위원회의 "친구들"이 입안한 결의안을 통해 상원 문건으로 발간되었다.[46] 연방위원회는 공적 지위와 그 프로그램의 관리에 문제를 제기했고, 신체적 치료 단계를 제외한 기간에 대한 군의 부상자 관련 규정에 대해 반대하였다.[47] 또한 전쟁위험보험법이 의무감에게 그의 계획을 진행할 권한을 부여하는 것은 아니라고 하면서, 직업훈련의 관리에 대한 경험이 있는 기존 기관들의 통제 하에 그 프로그램을 둘 것을 권고했다.[48] 추가로 그들은 어떤 서비스를 제공할지 누가 그 책임을 질지에 대한 구체적인 계획을 제출했다. 이 계획은 민간 직업훈련 전문가를 병원에 두고 기능적 테스트와 보장구의 맞춤, 작업치료의 처방에 대한 자문을 하게 하라고 요구했다. 직업훈련 부서는 또한 교육과정 준비와 교육자의 선택, 한 개인의 직업 선택(의무사령부와의 협의를 통해), 그리고 장애인의 취업을 관장할 것이었다.[49]

비슷하게 의무감의 재활 계획 또한 국방위원회에 의해 제안된 결의

45 *Joint Committee on Education and Labor, April 30-May 2, 1918*, p. 71.
46 Senate Document No. 166, *Vocational Rehabilitation of Disabled Soldiers and Sailors*, Washington, D.C. : U.S. Government Printing Office, 1918.
47 *Ibid.*, pp. 16~26.
48 *Ibid.*, pp. 26~29.
49 *Ibid.*, pp. 73~76.

서를 통해 상원 문건으로 발간되었다.[50] 그 보고서는 아주 정밀한 세부 사항까지 포함하여 군 의료계획을 서술했는데 훈련장의 면적과 사용될 기구의 종류까지도 명시되어 있었다. 의무감은 장애인을 위한 직업의 선택을 의료적 결정 사항으로 보았고 한 개인은 그 훈련기간 동안 군대에 반드시 남아 있어야 한다고 주장했다. 그는 또한 기존의 민간 기관들이 장애인의 특수한 요구를 위한 적절한 장비를 갖추지 못하였으며, 군 병원 내에 특수학교들이 필요하다고 주장했다.[51] 이 보고서는 훈련이 회복 초기 단계 동안 병원에서 시작되어야 한다고 강조하였는데, 이는 연방위원회가 민간 직업교육 전문가들을 병원에서 활용해야 한다고 주장하던 때 했던 말과 같은 맥락이었다. 이 제안은 이 프로그램을 "당연히 소속되어야 할 곳인" 의무감실에 유지함으로써 분절화를 피하기 위한 것이었다. 다른 이해단체들을 달래기 위해, 이 보고서는 모든 의견들을 모으기 위한 자문위원회의 설립을 제안하였다.[52]

이 시점에서, 양쪽은 각각 이 작업을 추구할 수 있는 권한과 예산을 부여하는 법률을 얻기 위해 움직였다. 의무감으로 대표되는 의료계 이해단체들은 전체적인 재건과 재활 과정을 통제할 권리를 주장하였는데, 이는 회복 중에 시행되는 '치료적' 작업뿐만 아니라 직업훈련과 취업을 포함하는 것이었다. 그동안 이런 활동들은 어느 의료 시술자 단체에 의해서도 주장된 적이 없던 내용이었다. 다른 한쪽에서는 연방직업교육위원회가 의무감의 진행권한에 대한 의문을 제기하는 데 성공하였고, 그들 자신의 계획을 들고 이에 맞섰다. 이 계획의 시행은 의료 전문

50 Senate Document No. 166.
51 *Ibid.*, pp. 5~16.
52 *Ibid.*, pp. 26~29.

직의 확장을 저지할 것이며 환자의 신체적 상태에 대한 결정에 외부 권한을 수용해야 할 것이었다. 의료계 이해단체들은 예상대로 이러한 침입에 대하여 이의를 제기했다.

이런 분쟁 중인 이해단체들은 1918년 1월 육군장관 주재 회의에 참석했다. 15개 기관이 참여했는데, 여기에는 군과 연방정부 부처, 민간 조직인 미국적십자, 미국노동총연맹, 전미제조업자협회와 미국의사협회가 포함되었다.[53] 이 위원회는 다양한 이해관계를 조율하기 위해 구성되었고, 명확하게 모든 '기능적 그리고 정신적 회복'에 대한 통제를 의무감 손에 맡김으로써 의학적 프로그램과 기능적 프로그램 간에 선명한 구분을 짓는다는 절충안이 마련되었다. 이 목적을 달성하기 위한 모든 워크숍 또는 훈련은 내외과적 작업으로 간주했다. 환자는 이 과정을 마친 후 전쟁부서, 해군, 노동부 그리고 연방직업교육위원회의 대표자들로 구성된 제안된 민간 위원회로 퇴원하게 된다. 이 위원회는 직업재활을 통제할 것이고 의무감실의 직업재활장교에게 자문을 제공할 것이지만 의료인에게는 아니다. 이런 자문에 바탕을 둔 법안의 잠정적 초안이 작성되었고 상원에 상정될 법안의 기초로 쓰였다.[54]

이 회의는 자신들의 직업훈련 전문가를 병원에 두고자 하는 연방위원회의 염원과 모든 영역의 서비스를 군의무부가 통제하는 병원을 짓고자 했던 의무감의 염원 모두를 좌절시켰다. 결과적으로 보면 의무감은 적어도 자신의 영역은 지킨 것이었다. 또한 위원회를 구성하는 데 있어 이 작업에 관심 있는 다른 여러 부서들을 포함시키는 것을 통해 연방

53 The Medical Department of the U.S. Army in the World War I, p. 475.
54 Senate Document No. 173, Rehabilitation and Vocational Reeducation of Crippled Soldiers and Sailors, Washington, D. C.: U.S. Government Printing Office, 1918, pp. 38~42.

위원회가 직업훈련에 대한 통제권을 전적으로 가져가는 것을 막았다. 하지만 연방위원회와 그 연맹들은 의무감실이 의료시술의 영역을 확장하고 그 프로그램을 완전히 지배하는 상황을 막았다.

　그 법안이 의회에 상정되기 전, 의무감의 계획은 백악관과 국방위원회에 의해 더 후퇴하게 되었다. 이들은 새로운 행정위원회의 창립에 반대하였고 이에 따라 프로그램의 통제권을 연방직업교육위원회에 부여하였다.[55] 1918년 4월 30일부터 5월 2일까지 열린 교육노동합동위원회에 앞선 청문회에서 의무감은 그 병원 내에서 군의 권한이 위협받지 않는다면 이 법안을 지지한다고 했다.[56] 이는 신체적 재건 작업을 넘어 해당 프로그램의 통제권을 얻는 데에는 실패했다는 신호였다.

　직업재활법안은 군의 권한을 장애인의 신체적 회복으로 제한한다는 쪽으로 위원회에서 더 수정되었다. 상원에서는 이 논란의 초점이 통제에 관련한 이슈로 맞춰졌다. 의사였던 두 상원의원은 이 법안에 대한 반대를 이끌었고 의무감이 이미 프로그램을 시작했고 마땅히 통제를 해야 한다는 입장을 고수했다.[57] 그들은 병원에서 의료인의 권한이 방해받을 가능성을 특히 염려했다.[58] 스미스 상원의원은 이 법안의 발기인으로서 여기에 "원래부터 전혀 그의 영역에 속한 것이 아니었고 특별한 경험을 가진 것도 아닌 것을 하려는 외과의사 쪽에 어느 정도 잘못된 욕구"가 있다고 대답했다.[59] 그는 또한 말하길, 의무감은 재활에 있어 그의 작업을 수행할 법적 권한이 부여되지 않았다고 했다.[60] 몇몇의 수정 과

55　*Joint Committee on Education and Labor*, p. 12.
56　*Ibid.*, pp. 64~66.
57　*Congressional Record*, vol. 56, 65th Congress, 2nd Session, 1918, p. 6955.
58　*Ibid.*, p. 7079.
59　*Ibid.*, p. 6958.

정을 거치면서 군의 의료적 권한에 대한 어떠한 간섭도 없을 것(예를 들어 의사가 민간 직업재활 기관에 자문을 요청할 수 있지만 이것을 의무사항으로 하지는 않음)이라고 이들을 거듭 안심시킨 끝에 반대가 가라앉았고 만장일치로 법안이 가결되었다.[61]

1918년 7월 법안이 통과되면서 의료 시술의 영역을 직업훈련과 취업까지 확장하려는 의무감의 시도는 끝이 났다. 하지만 의무부서는 모든 방면의 기능적 회복에 있어서 배타적인 권리를 부여받았고, 치유 작업에 대한 의료적 통제는 작업치료를 의료의 영역으로 끌어왔다. 이 부서는 비록 법안에서 필요시 직업재활 전문가가 조언을 제공할 수 있는 점이 구체화되었음에도 불구하고, 연방직업교육위원회가 병원 내 회복 과정에서 자신들의 전문가가 반드시 자문을 해야 한다는 법적 근거를 확보하는 것을 저지하였다. 결국, 의무부서는 그런 도움을 전혀 요청하지 않음으로써 사실상 연방위원회 대표들이 군 병원에 들어오는 것을 막았다. 치료돌봄의 연속성은 모든 관계자들이 지지했지만, 실제로 의무감은 군 의료영역에 어떠한 민간인의 갑작스런 등장도 허용치 않았다. 의무부서와 연방위원회 간의 거리두기의 결과 '의료적' 재활과 '직업적' 재활 간의 명확한 경계가 형성되었다. 이는 민간영역으로까지 이어져서 1920년 직업재활법안이 통과되었다. 의료서비스가 이 법안에서 언급되지 않았기 때문에, 두 영역은 양대 세계대전 사이 기간 동안 독립적으로 발달하였다. 제2차 세계대전과 1943년의 직업재활법안이 나올 때까지 제도적 장치를 통해 이 둘 간의 간극이 봉합된 경우는 없었다.

60   *Ibid.*, p. 6961.
61   *Ibid.*, p. 7079.

연방위원회와의 외부적 갈등의 해결은 의료분과 간 갈등의 감소로 이어졌다. 국회 청문회 종료 4일 후, 육군장관은 연방직업교육위원회와의 갈등과 전문직 분과들 간의 갈등을 끝내기 위해 움직였다. 그는 재건 작업의 영역을 신체적 회복으로 한정지었고 그 분과의 이름은 신체재건 분과로 바꾸었다. '특수병원'이라는 단어의 누락은 재건 병원의 건립을 위한 계획이 종료되는 것을 의미했다. 육군장관은 내부 갈등에 관하여 1917년 8월 그 분과의 관련 임상전문과 대표에게 그들 자신의 서비스들을 되돌려 주었다. 나아가, 조무사들을 정형외과 분과에서 신체재건 분과로 옮김으로써 재건조무사의 감독을 누가 해야 하느냐에 대한 모호성을 해결했다.[62]

육군장관의 개입이 프로그램 통제에 대한 내부 갈등을 상당 부분 해소했음에도 불구하고, 어느 전문과가 환자의 진단과 치료를 통제할 것인지에 관한 이슈는 여전히 남아 있었다. 육군장관의 제안에 바탕을 둔 그 정책은 의무장교가 작업과 물리 치료를 진단 및 처방하라고 하였으며, 교육 및 물리요법 장교가 치료를 진행하라고 되어 있었다.[63] 그에 따라, 물리요법 분과장인 그랜저의 지휘 아래 근무하는 물리요법 장교들은 다른 의사들의 지휘에 따를 수밖에 없는 상황이 벌어졌다. 이런 상황에 대한 물리요법 의사들의 동요는 미국전기요법과방사선학협회의 1998년 학회에서 그랜저가 발표한 담화문에 나타나 있다. 우세한 정책에 준거하여, 그는 비록 물리요법 의사들이 병동 외과의의 지시에 동의하지 않더라도 팀워크를 내세우며 그들의 의견에 따를 것이라고 하

---

62 *The Medical Department of the U.S. Army in the World War* I, pp. 475~476.
63 *Ibid.*, p. 476.

면서 그의 발언을 시작하였다. 하지만 그랜저는 물리요법 장교들이 만약 그가 처방된 치료에 금기사항이 있다고 느낀다면 상의를 요청할 것이라고 했다. 그랜저는 그의 발언을 결론지으면서 모순되는 발언을 했는데, "하지만 대부분의 경우 처방은 물리요법 장교들의 판단에 맡겨진다"고 말하였다.[64]

　제1차 세계대전이 끝나면서, 물리요법 의사들은 군 의무부서의 공식 행정지위를 확보했다. 그들은 독립적으로 진료할 수 있는 영역을 구축했다. 하지만 의료계 내의 다른 이해단체들을 위협하는 것을 피하기 위해, 그들은 진단을 내릴 어떤 권한도 거절하였고 그들의 역할을 진단검사와 마찬가지로 보조적인 것이라고 정의하였다.[65] 전시의료시장의 분점을 위한 경쟁에 늦게 들어와 의무감으로부터 냉대를 받은 상황에서, 물리요법 의사들은 앞에 서술했던 군대 내 통제권에 대한 다툼에 활동적으로 관여하진 않았다. 그들의 주요 관심사는 군대가 그들의 방법을 사용하도록 하는 것이었다. 일단 이 목표가 성취되자, 물리요법 의사들은 전문직의 수직적 분업 내에서 자신들의 위치를 정립하는 것에 관심을 돌렸다. 진단과 치료를 통제할 권한이 박탈되었기 때문에, 그들은 나머지 의료진들에게 일종의 '기술자'가 된 셈이었다.

　환자 결정에 대한 통제를 얻고자 하는 노력은 전후戰後 물리요법 의사들에게 더 호의적인 위치를 가지고 왔다. 의무감은 물리요법 장교들에게 그들 방법으로 환자들을 치료할 때 그들 자신이 판단할 수 있는 권리를 주었다.[66] 하지만 전후에 민간 병원에서의 진단과 치료에 대한 통

64 *American Journal of Electro-Therapeutics and Radiology*, vol. 36, 1918, pp. 233~236.
65 "After Meat, Mustard", *American Journal of Electro-Therapeutics and Radiology*, vol. 35, pp. 189~190.

제는 계속 논쟁이 되어 왔고 재조정되었으며, 현재까지도 불확실한 이슈로 남아 있다. 물리요법 의사들이 임상적 결정에 대한 더 많은 통제권을 갖게 되는 한 가지 방법은 치료를 수행할 조무사 부대를 창설하는 것이었다. 이들이 그들 작업의 상당 부분을 위임함으로써 물리요법 의사들은 더 많은 시간을 진단 또는 연구와 교육에 쏟을 수 있었다. 이런 방식으로 그들은 자신들만이 가진 지식에 근거한 특별한 전문성을 주장할 수 있었고 나아가 다른 전문과목과 동등한 지위를 그들 스스로에게 부여할 수 있었다.

의료기사직의 기원

1) 물리치료사

제1차 세계대전 이전에 의사들은 보조업무를 대부분 간호사에게 의지하고 있었다. 하지만 보스턴 지역의 일부 정형외과 의사들은 신체 교육과 교정운동, 마사지에 대해 훈련받은 여성들을 개인 의원에서 조무사로 활용하고 있었다.[67] 조무사들은 정형외과 의사들에 의해 제공된 추가적 수련 덕분에 장애아동, 특히 소아마비로 고통받는 아이들을 위해 일할 수 있었다.[68] 물리요법 의사들 또한 조무사를 활용했지만, 이런 기존 조무사들을 효과적으로 통제하지 못했기 때문에 종종 행위별수가제 시

---

66 "Why the Government Delay in Recognition?", *American Journal of Electro-Therapeutics and Radiology*, vol. 37, 1919, pp. 232~233.

67 Mildred O. Elson, "The Legacy of Mary McMillan", *Physical Therapy*, vol. 44, 1964, pp. 1067~1072.

68 Rosemary Stevens, *American Medicine and the Public Interest*, New Haven: Yale University Press, 1971, pp. 134~135 fn.

장에서 경쟁자가 되기도 했다.[69]

전쟁을 준비하면서, 정형외과대비위원회의 수장인 골드와이트는 자신의 조무사들에게 군에서 복무할 여성들을 조직해 달라고 요청했다. 다른 정형외과 의사들도 그들이 과거에 고용했던 조무사들을 입대하도록 했다. 이 조무사들 또는 여성 보조사들은 1917년 후반 처음으로 정형외과 부서에 배치되었고 물리적 요소들, 작업치료 그리고 영양학 등을 사용하는 데 특화되었다. 정형외과 의사들이 군에서 모든 신체적 회복을 통제하는 데 실패함에 따라 이 여성들은 재건 물리요법 보조사로 명칭이 바뀌었고 1918년 새로 생긴 신체회복 부서 내 그랜저의 물리요법 분과로 전과되었다.[70] 이 전과는 조무사와 물리요법 의사 간의 연결을 확실히 구축해 주었다.

얼마 지나지 않아 미국과 해외 모두에서 군 병원 내 이런 조무사들의 수요가 증가했다. 특별요청이 대학과 물리요법학교에 전달되었고 입대가 가능한 민간인 조무사들의 숫자를 늘리기 위하여 6주에서 3개월까지 다양한 기간의 집중교육과정이 신설되었다.[71] 이 프로그램에 모집된 여성들은 보통 해부학에 대한 일정한 지식바탕이 있는 체육교사들이었다. 이 과정 중 첫번째는 워싱턴의 월터리드병원Walter Reed Hospital이었다. 14개의 대학과 물리요법학교들이 신속하게 비슷한 과정들을 개설하여 의무감실에서 윤곽을 잡은 수요를 공급하려 했고, 이 중 가장 큰 코스는 오리건에 있는 리드Reed 대학의 프로그램이었다. 하

---

69 *Journal of Advanced Therapeutics*, vol. 24, 1906, pp. 66~67.

70 Ida Hazenhyer, "A History of the American Physiotherapy Association", *Physiotherapy Review*, vol. 26, 1946, p. 4.

71 "Schools of Physical Education for Reconstruction Aides and the Medical Profession", *JAMA*, vol. 70, pp. 1881~1882.

버드 대학에서는 "제일 준비가 잘 된" 85명의 조무사들에게 보다 특별한 수련과정을 제공하였다.[72]

1918년 6월 재건조무사의 첫 해외 부대가 프랑스로 배치를 명받았고 곧 병사들에게 "문지르는 천사들"로 알려진 이들은 47개 병원으로 흩어졌다.[73] 비록 거의 800명의 물리요법 조무사들이 결과적으로 군복무를 하게 되었음에도, 그들의 세부적인 임무는 불명확했다. 신체재건 부서에 의해 발간된 잡지인 『캐리 온』은 그들의 작업을 "군 마사지와 근육 재교육"이라고 서술했다.[74] 하지만 일부 유럽 지휘부는 이 "벨기에 전쟁 과부들"을 데리고 뭘 할 수 있는지 몰랐으며 자주 간호사, 사회복지사, 여군, 여군예비부대 또는 "부잣집 딸"들과 헷갈려했다.[75]

이 직군의 미래에 있어 더욱 중요했던 것은, 군 경험이 이전에 고립되어 있던 많은 여성들을 한데 모음으로써 전후 조직의 핵을 만들게 되었다는 것이다. 군 경험은 이런 초기 소통 채널들과 사회적 연대 형성 외에도 전쟁 후에 매우 중요한 경험으로 대두되었다.[76] 군 연락망이 전역한 재건조무사와 정형외과 의사들에게 전국연합 제안에 대한 300개가 넘는 편지를 보내는 데 사용된 것이다.

이에 따라 재건조무사 조직의 기반은 전쟁 수요와 직업적 역할을 만들어 낸 의무부서의 권위에 의해 만들어졌다. 이런 초기 물리요법 조무사들은 결코 독립개원한 의사나 군 의무부서에 있는 의사의 감독에

72 John Bryant, *Convalescence*, New York: The Sturgis Fund of the Burke Foundation, 1927, p. 155.

73 Hazenhyer, "A History of the American Physiotherapy Association", p. 4.

74 "Physio-Therapy's Part in Reconstruction", *Carry On*, vol. 1, 1919, p. 7.

75 Hazenhyer, "A History of the American Physiotherapy Association", p. 3.

76 Elson, "The Legacy of Mary McMillan", pp. 1~4.

대해 이의를 제기하지 않았고 그 후 그들의 연합을 조직했을 때도 마찬가지였다. 그들은 정형외과 의사와 물리요법 의사들의 비-의사 경쟁자가 아닌, 의사에 의해 키워진 조무사그룹이었다. 따라서 그들은 자율권과 의료전문가에 의한 직업적 인정을 교환한 것이었다.

2) 작업치료사

물리치료와 다르게, 작업치료는 더 길고 훨씬 복잡한 역사뿐만 아니라 전쟁 이전에 보다 독립적인 지위를 가지고 있었다. 작업치료사들은 그들의 뿌리를 찾아 활동과 질병으로부터의 회복 간에 연관성을 만든 시기였던 고대 이집트 시대까지 거슬러 올라갔다. 이 분야의 현대적인 근간은 18세기 유럽에서 일어난 정신병원 환자들을 위한 노동요법work therapy의 발달이었다.[77] 미국에서는 '정신요법' 또는 '작업요법'과 같은 것들이 19세기 전반기 동안 활용되었다. 남북전쟁에 따른 쇠퇴 이후에 그 분야는 세기가 바뀔 무렵에 다시 활기를 되찾았다.[78] 작업은 이제 기분전환용 활동이라기보다는 신체뿐만 아니라 정신적인 병약함의 치료제로 여겨지고 있었다.

미국이 제1차 세계대전에 참전하기 얼마 전, 이 부흥 속에 활동적이었던 몇몇 사람들은 전문가협회를 구성하기로 결정했다. 1914년, 건축가이자 결핵환자로서 그의 회복에 손 활동이 도움이 된다는 것을 알게 된 조지 바턴George Barton은 뉴욕 클리프턴 스프링스에 '위안의 집'Consolation House을 짓고, 지역 의사들로부터 의뢰받은 환자들

---

77 American Occupational Therapy Association, *Then and Now*, Washington, D. C., 1967, p. 2.
78 Helen L. Hopkins and Helen D. Smith, *Williard and Spackman's Occupational Therapy*, New York: J. B. Lippincott Co., 1978, pp. 4~6.

을 회복시키기 위한 학교와 작업장, 직업상담소를 제공했다. 한 해가 지나고, 정신과 환자들을 위한 치료로서 작업에 관심을 갖게 된 정신과 의사 윌리엄 던턴William Dunton은 『간호사를 위한 작업치료 지침서』 *Occupational Therapy, A Manual for Nurses*를 출판했다. 바턴은 이 책을 읽고 협회를 만들 수 있는 가능성을 확인하기 위해 던턴에게 접근하였다. 공예와 작업의 회복 효과에 관심을 가진 간호사와 사회복지사들과 함께 바턴과 던턴은 1917년 3월 위안의 집에서 만나 전국작업치료홍보연합회National Society for the Promotion of Occupational Therapy를 창립했다.[79]

비록 바턴이 협회의 초대 회장이 되었지만, 이 직업의 초창기에 가장 큰 영향을 주었던 것은 사회복지사인 엘리너 슬래글Eleanor Slagle과 정신과 의사 던턴이었다. 던턴은 그가 편집장을 맡은 『계간 메릴랜드 정신의학』*Maryland Psychiatric Quarterly*을 통해 소통을 위한 포럼을 만들었고, 이를 모든 회원들이 받아 보았다.[80] 더욱 중요한 것은, 던턴이 의사 아래서 작업치료사들이 일을 하는 전통을 만들었다는 것이다.[81] 던턴의 저술과 협회의 회칙에서 "치료방법으로서 작업의 발전과 인간에게 작업이 미치는 영향의 연구, 작업치료에 대한 과학적 지식의 확산"을 주창한 것을 보면 그가 의학적인 모델을 채택하였다는 것이 분명해진다.[82] 던턴은 곧 정신과와 정형외과, 신경과, 일반의들에게 작업치료를 받는

79 Harriet Heitlinger Woodside, "The Development of Occupational Therapy 1910-1929", *American Journal of Occupational Therapy*, vol. 35, 1971, pp. 7~10.
80 Sidney Licht, "The Founding and Founders of the American Occupational Therapy Association", *Occupational Therapy*, vol. 21, 1967, pp. 269~276.
81 예를 들어 William Rush Dunton, Jr., "Occupation as a Therapeutic Measure", *Medical Record*, vol. 83, 1913, pp. 388~389; "History of Occupational Therapy", *Modern Hospital*, vol. 8, 1917, pp. 380~381을 보라.

환자들에게 의사의 처방과 혹은 의뢰가 필요하다는 점에서 지지를 얻었다.[83] 작업치료사들은 그 후에 실제 치료를 수행하는 것이었다. 던턴이 주장하길, 의사가 약물을 주는 데 있어서 간호사에게 의지하는 것과 마찬가지로, "그들은 작업치료의 실제적인 수행에 있어서 치료사들에게 의존해야만 한다. [……] 따라서 작업치료사는 의사가 간호사와 가진 것과 같은 관계를 맺고 있으며, 즉 이들은 기술조무사라고 할 수 있다".[84]

연합회의 두번째 회장으로 재임하면서, 던턴은 또한 지도부로서 의료 전문직에 장기적인 의존을 하기 시작하였다. 연합회의 제15차 연례 행사에서 나온 연설에 따르면 이러한 의사의 지도력이 필요하다고 했는데, 왜냐하면 "갓 태어난 협회가 확실히 인정받기 위해서는 의사 전문직의 회원들에게 높은 존경을 받고 그들과 밀접하게 연관된 사람의 명성을 필요로 하기" 때문이었다.[85] 이 전국연합회의 초기 7명의 회장 중 4명이 의사였고, 8번째 회장은 의사는 아니었지만 국가의사고시위원회 National Board of Medical Examiners의 상무이사였다. 따라서 "창립 후 첫 30년간 이 협회는 슬래글 여사를 제외하곤 그렇게 인정된 자격과 명망을 가진 남자들에 의해 이끌어졌다".[86]

연합회의 회원들은 1917년 의무감의 전쟁 프로그램에 작업치료를 포함시키도록 압력을 넣고 자신들의 치료법이 효과가 있다는 것을 의

---

82 *Constitution of the National Society for the Promotion of Occupational Therapy*, Baltimore: Sheppard Hospital Press, 1917, p. 1.

83 Woodside, "The Development of Occupational Therapy 1910-1929", p. 229.

84 William Rush Dunton, Jr., *Prescribing Occupational Therapy*, Springfield, IL.: Charles C. Thomas, 1928, p. 10.

85 "Presidents of the American Occupational Therapy Association (1917-1967)", *American Journal of Occupational Therapy*, vol. 21, 1967, p. 290.

86 Ibid.

사 전문가들에게 인식시키기 위하여 전시준비위원회를 형성하였다. 처음에 이런 노력은 "반동적인 의사와 군의 반대의 벽"에 부딪혔다.[87] 한 기지 장교가 유럽에서 복무시킬 작업치료사를 요청하였음에도 군은 그가 바구니 짜기가 아닌 직업훈련을 원한다는 것을 이해하지 못해 요청을 거절하였다.[88] 지속된 노력의 결과로 1918년 작업치료사가 재건조무사 부대에 배치되었고 의무감은 수천 명의 여성들을 요청하였다.[89] 새로운 치료사 수요를 맞추기 위해 기분전환과 재활을 위한 공예를 강조하는 단기수련과정이 개설되었다.[90] 전쟁이 끝날 무렵 단 116명의 "제대로 수련받지 못했지만 열정적인 숙녀들"이 부상병의 재활을 위한 공예 프로그램을 개발하고 있었다.[91]

전시에 직업재활을 두고 벌이는 싸움에서 선두를 잡기 위해, 작업치료사들은 그들이 포함하는 영역을 초기의 기분전환용에서 최근의 작업 활동의 치료적 사용을 넘어 직업교육에까지 확장하려고 시도하였다. 그들이 주장하길, "직업훈련 또는 교육 자체만으로는 작업치료의 형태를 가질 수 없다. 하지만 기능을 재건하고 삶에 대한 보다 정상적인 관점을 주는 것이 제공되는 것은 작업치료의 한 형태로 반드시 분류되어야 한다"라고 하였다.[92]

재활 노동의 분업에서 작업치료의 향후 위치는 프로그램 통제에 있

87 AOTA, *Then and Now*, pp. 6~7.
88 C. D. Myers, "Pioneer Occupational Therapists in World War I", *American Journal of Occupational Therapy*, vol. 2, 1948, p. 210.
89 "Occupational Aides", *Maryland Psychiatric Quarterly*, vol. 8, 1918, pp. 27~28.
90 Margaret A. Neall, "Philadelphia School for Occupational Therapy", *The Annals*, vol. 80, 1918, pp. 58~61.
91 Woodside, "Development of Occupational Therapy 1910-1929", p. 229.
92 *Proceedings of the Second Annual Meeting, 1918*, reprinted in AOTA, *Then and Now*, p. 22.

어 의사와 직업교육자 간의 싸움에 달려 있었다. 의무감이 작업치료를 기꺼이 받아들이겠다고 하는 것은 그것이 가진 의료와 재활의 직업적 측면을 연결할 수 있는 가능성을 고려한 것이었다. 작업치료의 바탕, 즉 요양 치료 작업은 기분전환용 활동들이 사용되는 급성 치료 단계와 분쟁 중인 직업재교육 과정의 중간에 놓여 있었다. 군 의료 이해단체가 재활의 직업적 측면을 장악하는 데 실패한 결과 작업치료사들 역시 직업교육을 자신들의 영역으로 포함시키는 것에 저항을 받았다. 제2차 세계대전 때 재활에 있어 새로운 의료의 개입이 일어나면서 작업치료와 그것의 직업재활 간의 관계를 전면에 내세우기 전까지, 어디서 작업의 치료적 활용이 종료되고 작업관련 기술의 실제적 교육이 시작되는지에 대한 어떠한 의문도 제기되지 않았다.

하지만 제1차 세계대전 동안 재활의 의료적 그리고 재활적 관점의 영역을 두고 벌어진 논쟁에서, 작업치료가 오직 의사에 의해서 처방되어야 한다는 의료계의 주장에 대해 연방직업교육위원회 또는 신생 작업치료사협회가 특별히 문제 삼은 점은 없었다.[93] 작업치료는 스스로를 "작업을 통해 치유하는 과학"이라고 정의하면서 온전히 의료 진영에 자리를 잡고 있었다. 전후 직업재활에 의료적 개입의 부재는 제2차 세계대전까지 작업치료에 대한 관심의 감소를 가져왔다.

전쟁의 영향

전쟁은 부상병과 영구장애를 갖게 된 병사의 이미지로 표현되는 애국

---

93 Senate Document No. 166, p. 25.

적 감정을 불러일으켰다. 상이용사가 안전하게 길을 건너는 것을 보는 건 "경이로운 장면"이라고 『캐리 온』의 논문은 말하였다. "진정 택시와 리무진에 타고 있는 사람들은 자랑스러워하는 것처럼 보였다. [……] 그들이 도로를 천천히 절뚝거리며 건너가는 동안 자신들이 얼마나 기꺼이 기다리고 있는지 그들에게 보여 주는 것을 말이다. 카키색 천 속에 늘어져 있는 팔, 아! 얼마나 숭고해 보이는가!"[94] 정부와 사설기관, 즉 미국공중보건청U.S. Public Health Service과 미국적십자 같은 기관들은 우리의 "국가적 채무"의 일부로서 병사들을 재활하고 민간 삶 속으로 그들이 재진입하는 것을 앞당겨 주는 새로운 프로그램을 지원하기 위해 신속하게 움직였다.[95] 이런 기관들은 전후에 장애인 프로그램을 산업재해 피해자와 만성질환자들에게 확대할 기회 또한 발견했다.

전쟁은 또한 의료분업과 그 안에 속한 직업들의 미래를 바꾸어 놓았다. 의료 서비스 수요의 급격한 증가와 군 의무부서에서 나타난 전문과들로부터 나온 사람들의 참여는 그런 혁신을 촉진시켰다. 이런 개인들에 의한 군 의료 프로그램 일부를 지배하려는 시도들이 분과들 간의 경쟁과 직업의 새로운 역할의 탄생을 불러왔다.

전쟁이 물리요법 의사들에게 남긴 가장 중요한 결과는 군 의무부서 내에서 그들이 제도화되고 합법화되었다는 점이다. 비록 그들의 노동을 통제하는 데는 어려움이 있었지만, 이런 합법화는 전쟁 전에 그 위상이 점점 불확실해지던 분과 정체성의 법적 신분을 강화시켜 주었다. 전

---

94 Charles Hanson Toune, "To Our Disabled Soldiers", *Carry on*, vol. 1, p. 7.
95 Harry Eaton Stewart, "The Reconstruction Program of the United States Public Health Service", *American Journal of Electro-Therapeutics and Radiology*, vol. 38, 1920, pp. 205~206; Curtis E. Lakeman, "Social After-Care of Crippled Soldiers", *American Journal of Care for Cripples*, vol. 6, 1918, pp. 11~16.

쟁은 또한 처음으로 물리적 치료방법이 부상과 만성 장애에 특별히 초점이 맞춰져 있다는 특징을 만들어 주었다. 그리고 마지막으로 물리요법 의사들과 다른 분과들은 재활의 통제권을 1920년에 민간 재활의 책임을 맡게 된 연방직업교육위원회에 잃게 되었다.

조직된 물리요법 의사들은 재활에 있어 의료서비스에 대한 대중의 지원이 없었기에 다양한 급성, 만성질환의 치료에 있어 그들의 방법을 다시 인정받고자 하였다. 전쟁 경험 때문에 보다 간단한 물리요법들에 대한 의료 전문직의 회의懷疑는 줄어들었다.[96] 수水치료와 마사지, 운동들을 부상병에게 성공적으로 사용했던 것은 일부 의료 권위자들이 "물리치료가 큰 가치가 있다"거나 "그의 활용영역은 넓다"고 결론짓게 해 주었다.[97] 하지만 전기치료는 의료적 시각에서 여전히 변방의 치료로 남아 있었다.[98] 1930년대 미국전기요법과방사선학협회의 최종적인 종말은 의용전기에 계속 방점을 둔 결과였다.

전쟁은 또한 새로운 직업의 탄생과 기존 직업의 확장을 이끌었다. 전시 조직 메커니즘의 통제는 소수의 의사들이 지난 몇 년간 개인의원에서 해 왔던 일들을 순식간에 큰 규모로 할 수 있게 했다. 그리고 간호사들이 이미 의사 보조를 주로 담당하고 있었음에도 물리요법 조무사의 역할이 새롭게 만들어졌다. 간호사들은 자신의 업무라고 정의하는 급성질환 치료에 있어 급격히 증가하는 수요를 맞추기 힘들다는 것을 알게 되었다. 하지만 또한 그들은 자신들의 "소중한 기준"을 낮춰 공급

96 William Seaman Bainbridge, "The Importance of Physical Therapy in Military and Civil Practice", *Military Surgeon*, vol. 45, 1919, pp. 663~678.
97 "The Field of Physical Therapy", *New York Medical Journal*, vol. 109, 1919, p. 1132.
98 Frederick Peterson, "Credulity and Cures", *JAMA*, vol. 73, 1919, p. 1739.

을 증가시키기는 원치 않았다. 결국은 강요에 의해 새로운 직업이 도입되었고, 그들은 "간호사"와 "비숙련" 노동자 간의 구분선이 파괴된다는 것에 슬퍼하였다. 간호사가 보기에, 딜레마는 수요를 맞출 것이냐 기준을 낮춘 단기코스의 도입을 마주할 것이냐 하는 것이었다.[99]

간호사들이 계속 그들의 노동을 급성질환 관리라고 정의하고 기준을 낮추는 것에 저항했기 때문에, 의무감실 의사들은 간호사들을 물리적 요소 사용의 보조자로 전혀 진지하게 고려하지 않았다. 또한 전쟁 전에 보스턴 의사들에 의해 활용되었던 보조사들은 대부분 체육교육에 바탕을 두고 있었다. 새로운 재건조무사를 계획하는 것은 이런 선례를 반영한 것이었다. 제2차 세계대전까지 많은 물리치료사들이 처음에는 간호사들에게 훈련을 받았음에도 불구하고, 물리치료부서에 대한 통제권을 놓고 간호사와 물리치료사 간에 다툼이 발생하였다. 간호사들은 처음에는 상이용사를 위한 물리요법과 재활 작업에 대해 관심이 없었고, 이는 『미국간호저널』American Journal of Nursing에 그런 이슈들이 전혀 없었다는 점에서 확인할 수 있다. 그 후 그들은 이런 새로운 병원 노동자들을 통제하길 원했다. 제2차 세계대전 이후 재활간호의 탄생은 이런 노동에 대한 간호사들의 시각이 변하였다는 것을 반영한다.

따라서 수요의 급격한 증가와 직업적 경직성 및 관심의 부족, 행정기구에 대한 통제가 후에 물리치료로 불리는 것을 만들어 냈다. 또한 전쟁은 나중에 재활 영역으로 들어오게 될 다른 직업들에도 지대한 영향을 끼쳤다. 우리는 작업치료가 어떻게 작업에 치료적 효과가 있다는 주

---

99 "Christmas and the Nations at Peace", *American Journal of Nursing*, vol. 19, 1918, p. 154; "Red Cross Nursing Survey", *Ibid.*, pp. 261, 331~332.

장을 바탕에 두고 조직화되었는지 그리고 어떻게 재활과의 관계성이
군 의무부서로 편입되게 만들었는지에 관해 알아보았다. 이런 군대로
의 편입은 작업치료의 미래를 의사에 의존하도록 만들었다.

두 개의 다른 그룹이 의료적 재활에서 분업의 일부로 들어왔다. 국
방위원회의 요청으로 의수 제작자들이 1917년 워싱턴에서 만나 미국의
수제작자협회Association of Artificial Limb Manufacturers를 조직하였다.[100]
'사업가'와 '전문가'가 혼합되어 이 협회는 보조기와 보형물 영역에서
표준과 수련, 노동자 자격증을 구체화하였다. 또한, 언어와 청각 장애
를 치료하는 영역이 의무 부서에 구축되었는데, 여기서 교사와 언어교
정사를 훈련시켰다.[101] 언어치료는 원래 언어교사의 한 전문과목으로 만
들어졌지만, 1920년 이후 독립된 직업으로 분리되었고 제2차 세계대전
이후 의료재활의 필수적인 분야가 되었다. 하지만 전문직 의사들과 재
활의학과 전문의는 언어치료를 통제하려는 그들의 시도에서 실패해 왔
다.

정리하자면 제1차 세계대전은 직업 간 영역의 구축과 의료 서비스
의 조직에 지대한 영향을 주었고, 노동 구조에 있어서 이러한 변화는 의
료재활 영역의 미래 분업에 장기적인 영향을 미쳤다.

---

100   *The Medical Department of the U.S. Army in the World War* II, p. 430.
101   *The Medical Department of the U.S. Army in the World War* XIII, pp. 181~187.

4장 / 분업의 토대, 1920~1941

19세기 의료 시장은 경쟁적이었고 종파적이었다. 20세기에는 일반 의사가 특정 과업들에 대한 배타적인 권리를 얻음으로 많은 유사 의료업자와 치유자healer들을 사라지게 했다. 남아 있던 비-의사 시술자들도 그들의 서비스 제공이 법적으로 제한되었는데, 그래도 여전히 접골사와 척추지압사는 경쟁자로 남았다. 의료 서비스를 제공하는 각각의 집단들 수는 감소하고 있었지만, 의사직 내의 복잡성은 증가하고 있었다. 1920년대 초까지 20개 이상의 분과가 이 전문직 내에 존재했다. 이해집단들은 이런 분과들을 통제하고 분화하는 방법을 놓고 다툼을 벌였다. 자격증, 수련, 전문직 인증 등의 방법이 모두 동원되었다. 이런 다툼의 결과로 전문과 영역의 구분이 명확해졌다.[1]

이 다툼 속에서, 미국의사협회는 대학기반 전문교육을 선호했고, 이에 따라 전문과 조직의 영향력을 약화시켰다. 미국의사협회는 다양

---

1 Rosemary Stevens, *American Medicine and the Public Interest*, New Haven: Yale University Press, 1971, ch. 8, 10.

한 전문과를 대표하는 15개의 위원회를 정해 각 영역에서 교육에 대해 연구하도록 하였다. 이런 위원회들은 전문과 간 분쟁의 무대가 되었고 1930년대에 설립된 전문과목 위원회의 전신이 되었다. 1920년대에 두 곳의 미국의사협회 위원회들 또한 전문과목 문제를 중재하는 선례를 남겼다. 의학교육과병원위원회Council on Medical Education and Hospitals는 임상검사실과 방사선 부서를 인증하는 주체가 되었고 물리요법위원회는 물리요법장비 제작을 관리하게 되었다. 하지만 이 시기에 그 분과들은 여전히 자주적으로 남아 있어 미국의사협회는 고전할 수밖에 없었다.

이런 자율성은 1930년대 초 조직들의 연합이 의료전문과자문위원회를 결성하여 특정 분과들을 전문과목으로 인정하고 진입 기준을 정하면서 끝나게 되었다. 비록 미국의사협회가 이 위원회에서 물러났지만, 협회의 의학교육과병원위원회는 막후에서 '인증된 특수시험위원회 요건'을 만들었다. 미국의사협회와 자문위원회는 그리하여 전문과 지위를 분과에 부여하는 데 어느 정도 통제권을 갖게 되었다. 1930년 후반이 되자 거의 모든 분과들이 이러한 전문과 지위를 받고 싶어 했다.

두 세계대전 사이의 물리요법 의사

1) 전문성 개발

전후에, 치료의 물리적 방법들을 전문으로 하는 의사들은 그들의 이름을 물리요법 의사에서 '물리치료 의사'로 바꾸었다. 비록 전시에는 재활에 관심이 있었으나, 그들은 곧 전쟁 전에 그들이 가장 많이 시술했던 급성기 의학으로 돌아섰다. 1920년 민간직업재활법에서 의료 서비스

항목이 누락되었다는 것은 물리치료 의사들이 장애인과 만성질환자를 재활하는 것에 대한 보상을 받지 못한다는 의미였다. 따라서 그들은 전쟁 이전 위치를 계속 주창했다. 이는 그들의 기술을 통해 다양한 의학적 문제들을 진단하고 치료할 수 있다는 것이었다.

급성기 질환에 대한 물리치료 의사들의 치료적 관점은 주요 물리치료 저널인 『물리치료연보』*Archives of Physical Therapy*에서 가장 잘 보여주고 있다. 1920년부터 1940년까지 저널에서 단지 두 논문만이 재활과 관련이 있었다. 사실, 그 저자들도 잠재적 경쟁자인 산업의학과 정형외과 출신이었다.[2] 또한 저널에는 장애와 만성 상황에 대한 발간물이 아주 적게 실렸을 뿐이었다. 현재 이 분야에서 대부분 다루고 있는 허리통증과 마비성 질환, 뇌졸중, 척수손상 그리고 절단수술에 대한 내용들이 저널에서 철저히 무시당했다. 관절염과 같은 문제들이 주목을 받았을 때에도, 논문의 초점은 거의 항상 재활보다는 치료에 가까웠다. 확실히 그 후 저널의 논문들에서도 주관심사가 급성질환의 치료에서 만성질환의 재활로 이동하는 모습을 보이지 않았다. 물리요법의학의 기저에 있는 이데올로기의 재편은 제2차 세계대전이 일어나고서야 시작되었는데, 그때서야 만성 및 장애 상황에 대한 재활이 그들 영역의 기반으로 자리잡게 되었다.

하지만 중요한 조직적인 발달은 1920년대와 1930년대 일어났다. 당시 형성된 북미방사선학연합회Radiological Society of North America는 1920년 『방사선학저널』*Journal of Radiology*을 창간했다. 편집장이

---

2 *Archives of Physical Therapy, X-Ray, Radium*, vol. 7, 1926, p. 175; Henry H. Kessler, "Rehabilitation of the Physically Handicapped", *Archives of Physical Therapy*, vol. 19, 1938, p. 753.

자 저널의 소유자인 앨버트 타일러Albert Tyler 박사와 다른 방사선학 연합회 회원 간의 내분과 정책 분규의 결과 1923년 연합회는 『방사선학』Radiology을 공식 발간물로 지정하게 되었다. 하지만 타일러는 『방사선학저널』을 계속 발간하고 이를 방사선의학연합회의 공식 기관지라고 주장했다. 같은 해 타일러와 다른 몇몇 방사선의사들은 미국방사선학과물리요법학회American College of Radiology and Physiotherapy를 설립하고 이를 보다 소규모인 물리치료와 방사선학 그룹을 위한 '정보교환소'로서의 역할을 하도록 했다. 타일러는 곧 방사선학연합회와 연을 끊고 『방사선학저널』을 학회와 연계시켰다. 『방사선학』의 추가 출판을 막기 위한 소송에서 진 이후에 그는 학회와의 연계성을 공식화하고 저널의 이름을 1925년에 『물리치료와 엑스레이, 라듐 연보』Archives of Physical Therapy, X-ray, Radium로 바꾸었다.

엑스레이를 방사선의사에게 결과적으로 잃게 된 것은 1925년 단체의 이름을 미국물리치료학회American College of Physical Therapy로 바꾼 것에서 상징적으로 드러난다. 이 새로운 중서부 기반의 조직과 미국물리치료협회American Physical Therapy Association라고 1929년 개명을 한 기존의 미국전기요법과방사선학협회 이 두 단체가 남은 1920년대 동안 물리치료의 이해관계를 대표하였다. 대공황 당시 심해지는 경제적 어려움 때문에 1932년 미국물리치료협회가 미국물리치료협의회American Congress of Physical Therapy와 합쳐지게 되었는데, 후자는 그 정체성과 지배력을 유지하였다. 각 단체에서 출간되던 저널의 이름들 또한 합쳐져서 『물리치료와 엑스레이, 라듐 연보: 물리요법저널』Archives of Physical Therapy, X-ray, Radium: A Journal of Physical Therapeutics이 되었다. 하지만 저널은 계속 엑스레이와 라듐에 대한 논문을 출간했고 1938

년까지 그 명칭에서 이 기술들을 빼지 않았다.[3]

2) 경쟁자와의 분쟁

물리치료 의사들은 행위별수가제 시장과 병원 내부 경쟁에 맞닥뜨렸다. 개방 시장에서 내부 경쟁자를 상대로 쓸 수 있는 가장 실용적인 전략은 의사직과 개인 시술자들에게 물리치료의 유용성을 설득하고 영웅적 의료를 공격하는 것이었다. 그들은 외부 경쟁자들의 학교를 폐쇄하고 시술을 금지하는 법을 통과시킴으로써 그들을 제거하기 위해 미국의사협회의 지원을 얻어 냈다. 하지만 물리치료 의사들은 특수기관 영역에서 발생하는 경쟁자들과의 싸움은 대부분 피하였다.

물리치료 의사들은 병원에서보다 개방 시장에서 경쟁을 제한하는 데에 더욱 성공적이었다. 왜냐하면 그들의 위치가 의사직 내에서 높아졌기 때문이었다. 1923년 미국의사협회는 물리치료와 작업치료와 같은 특수한 의료 활동 및 '방사선 과학'을 내외과학의 필수적인 요소로 인정하자는 결의문을 통과시켰다.[4] 더 중요한 것은 1925년에 미국의사협회가 물리치료위원회를 구성함으로써 물리치료기기 개발자들이 제기하는 주장들을 억제하고 물리치료의 적절한 사용에 대해 홍보했다는 점이었다. 실제로 『미국의사협회지』의 편집장은 전기요법장치만을 제작하는 각 회사들의 수가 적어도 백 개가 되고 수많은 다른 물리치료장비

---

3 Paul A. Nelson, "History of the Archives — A Journal of Ideas and History", *Archives of Physical Medicine and Rehabilitation: Cumulative Index, 1920-1969*, American Congress of Rehabilitation Medicine, 1970, pp. 4~22; Walter J. Zeiter, "The History of the American Congress of Physical Medicine and Rehabilitation", *Archives of Physical Medicine and Rehabilitation*, vol. 35, 1954, pp. 683~686.
4 Nelson, "History of the Archives", p. 10.

를 파는 회사들이 있다고 추정하였다.[5] 이런 "물건들에 대한 부당한 주장들을 광고하고 있으며", "대부분 물리요법 문헌들은 과장된 내용들을 싣고 있었다".[6] 후에 위원회는 의사협회 내에서 물리치료 방법의 일차적인 옹호자가 되었다.

1926년에 위원회의 첫 보고서는 물리치료의 점진적인 수용을 적시했지만, 돌팔이나 상업적 오용으로 이끄는 '나쁜 버릇들'에 대해서 경고했다. 보고서는 물리요법이 약이나 수술과 병행되어 사용되어야지 단독 치료법으로는 절대 사용될 수 없다는 견해를 유지했다. 또한 물리치료는 다른 치료 방법의 보조적인 치료로서 이 영역에서 수련받은 의사에 의해서만 처방되어야 한다고 하였다. 이 보고서의 가장 큰 관심은 물리치료의 비-의료인 시술자에 관한 것이었다. 보고서는 의사들이 이런 부적절하게 수련받은 '돌팔이'들에게 환자를 의뢰해서는 안 되며 나아가 그들이 개업을 하는 것을 억제해야 한다고 매우 강하게 권고하였다.[7]

이 보고서는 "부도덕한 소위 '물리-요법사'"에 대해 우려하는 몇 가지 이유를 들었다.[8] 보고서는 시술자들이 효과 없는 기계로 "상상의 질병들"을 치료하기 때문에 환자들을 기만하는 것으로 여겼다. 물리치료가 특히 이발소 또는 스포츠클럽 같은 곳에서 이런 방식으로 행해진다면, 이 영역은 "극심한 상업주의에 대해 심각하게 역겨워하는 많은 의료인들에게 부당할 전도로 나쁜 평판"을 얻게 될 것이라고 했다.[9] 비정규

5 Morris Fishbein, "Council of Physical Therapy", *Archives of Physical Therapy, X-Ray, Radium*, vol. 7, p. 358.
6 Ibid., p. 356.
7 "Report of the Committee on Present Status of Physical Therapy", *JAMA*, vol. 87, 1926, pp. 1302~1303.
8 "Should Physical Therapy Be Hospital Controlled", *Archives of Physical Therapy, X-Ray, Radium*, vol. 9, 1928, p. 507.

물리요법 시술자들은 또한 환자의 관점에서 "심각한" 경쟁자로 보였다. 미국물리치료협의회의 한 회장에 따르면, 캘리포니아에서 시술하는 모든 '돌팔이들'은 매년 총 1억 달러 이상 벌어들이는 데 반해 일반의들은 훨씬 적게 벌고 있다고 했다.[10]

위원회는 첫 몇 년간 적외선과 자외선 발생기, 태양등, 투열요법장치, 신발, 수술적 벨트, 보청기, 운동 기구, 전기담요, 마취장비, 안과 기구 등의 표준을 정했다. 그리고 제조사들에게 그들의 새로운 기구들을 위원회로 보내 검사를 받으라고 요구했다. 물리학자와 기술자, 의사들의 도움으로, 위원회는 1930년 중반까지 356개의 기구들을 시험하였고 "그것들이 치료효과를 명백히 보이지 않았기 때문에" 기구들의 거의 절반을 탈락시켰다.[11]

1930년대에 들어 병원 내 물리치료부서의 신설은 그 영역에 합법성을 더해 주었다. 이는 1936년에 위원회에 의한 두번째 보고서를 나오게 했다. 이 시기에 들어 미국의사협회는 자신들의 정책을 전문과 형성을 지지하는 쪽으로 바꾸었다. 이런 변화를 반영하여, 보고서는 물리치료가 더 이상 치료에 있어서 보조적인 역할로 격하되지 않아도 된다고 언급했다. 비록 "물리치료가 내과 또는 외과에 비해 더 작고 덜 발달된 영역이지만 [……] 몇몇 물리적 방법들의 사용이 치료의 일차 방법이 되고 내과적 또는 외과적 치료들이 보조가 되는 사례들을 발견할 수 있었다".[12] 반면, 물리치료 의사들에게는 일차 의료진들의 진단에 관련한 특

9 "Commercializing Physiotherapy", *Archives of Physical Therapy, X-Ray, Radium*, vol. 11, 1930, p. 135.

10 John S. Hibben, "Progress of Physical Therapy", *Archives of Physical Therapy, X-Ray, Radium*, vol. 17, 1936, p. 48.

11 Howard A. Carter, "Council on Physical Therapy", *Ibid.*, p. 237.

권을 빼앗지 말라고 경고를 하였다.

보고서는 기술자들과 기타 비-의사 시술자들에 대한 두려움에 대해서는 크게 언급하지 않았는데, 이는 의사들이 이들에 대해 보다 강한 지배력을 이미 구축했기 때문이었다. 미국물리치료협의회와 미국의 사협회 물리치료위원회의 '교육적' 노력은 일반의들이 이런 시술자들에게 의뢰하는 것을 더욱 꺼리게 만들었다. 더욱이 많은 소송들이 '돌팔이' 또는 '추종자'의 노력들을 저지했다. 예를 들어, 『물리치료연보』 Archives of Physical Therapy는 캘리포니아의 마사지 관리사 길드에 의해 지원받는 법안에 주목하라고 했는데, 이 법안은 "문지르는 사람들(마사지사들)의 조직을 합법화하고" 그들에게 수水치료의 통제 권한을 주는 것이었다. 이 법안은 시민들의 건강에 있어 위험한 전조로 규정되었고, 결국 폐기되었다.[13] 중요한 판결로 칭송받은 하나의 예를 들자면, 애리조나 대법원은 암으로 진단된 사람에서 그 증식된 암을 태우기 위해 투열장치를 사용한 자연요법자에게 유죄를 선고했다. 법원이 해당 행위를 수술의 불법적인 시행으로 여겨 이와 같은 판결을 내린 것이다. 연보의 편집장은 "환자와 우리 전문직의 보호에 대한 무시와 탐욕을 넘어서기 위해 [······] 물리치료에 과학적 관심이 있는" 사람들을 도움과 모든 물리치료 방법에 대한 법적 보호가 필요하다고 지적했다.[14] 이와 같은 소송의 결과는 물리치료 의사들이 비-의사 시술자와의 경쟁에서 수년 동안 원해 왔던 보호막을 제공해 주었다.

---

12 "Report of the Committee on the Present Status of Physical Therapy", *JAMA*, vol. 97, 1936, p. 585.

13 *Archives of Physical Therapy*, vol. 22, 1941, pp. 175~176.

14 *Archives of Physical Therapy*, vol. 21, 1940, p. 625.

기술자와의 경쟁은 더욱 복잡한 문제였다. 병리학자와 방사선의사, 마취과의사 그리고 물리치료 의사들과 같은 전문의들은 기술적이고 보조적인 서비스를 제공하였다. 때문에 몇몇 의사들은 이들을 단순한 "기술자"로 바라보았고 그들의 비-의사 경쟁자들을 활용하기로 선택하였다. 이런 경쟁을 줄이기 위해, 그들은 의사협회에 기술자들에게 의뢰하는 것은 중단되어야 한다는 것을 설득하려 했다. 물리치료 의사들은 기술자들이 "제한된 자격"을 갖고 있고 "전통적인 의료행위와 직접적인 경쟁관계에 놓여 있다고 주장했다. 불행히도 그런 경쟁은 [……] 사실상 적법한 의사들로부터 모든 도덕률이나 인간의 법이 그들의 것이라고 인정하는 고객(환자)들을 빼앗아 가고 있다"고 주장했다.[15] 하지만 미국 의사협회는 외부 시술자에게 의뢰하는 행위를 금지하길 꺼려했는데 왜냐하면 다른 의사들이 그런 의뢰 권한을 유지하길 바랐기 때문이었다. 그 결과 물리치료 의사들에게 있어 개방 시장에서의 경쟁은 심화되었고 병원에서 그들의 역할은 위협받았다.

위원회의 1926년 보고서는 광신도들과 기술자들 간의 구분을 두지 않으면서 "마사지사, 체조 선수 또는 그저 물리치료를 교육받은 간호사들과 같은 기술자에게, 또는 물리요법치료를 한다는 다양한 광신도들에게 환자를 의뢰하는 많은 의사들"을 비판하였다.[16] 하지만 물리치료 의사들은 "도덕적인 기술자들"을 "이류집단"과 혼동해서는 안 된다는 점을 재빨리 지적하였다. 이들 이류집단은 "제대로 수련받지 않고, 돈을 버는 것 이외에는 이상으로 품고 있는 것이 없으며, 그들 중 많은 수가

15 "Registry of Technicians—A Pressing Problem", *Archives of Physical Therapy, X-Ray, Radium*, vol. 15, 1934, p. 241.
16 *JAMA*, vol. 87, p. 1303.

심지어 의사에게 의뢰받지 않았는데도 환자를 치료하는 개인 치료소를 운영하는 기술자들로 이루어진 집단"을 지칭하는 것이었다.[17] 1936년 보고서는 "도덕적인 기술자들에 대해 자세히 설명하자면, [……] 다양한 병원과 기관 부서에서 의사의 지시에 따라 일하는, 간혹 이 영역에 전문화된 기술적 보조자로서 활동하는 윤리적인 기술자가 있다고 얘기하였다".[18]

물리치료 의사들은 첫 보고서가 암시했듯이 그들은 숙련된 기술자들을 없애길 원치 않았다. 그들은 단지 기술자들을 행위별수가제나 개인의원 외부에, 그리고 의사의 관리 아래에 두어 그들이 개방시장에서 경쟁자가 되지 못하도록 하고 싶었다. 그러기 위해 물리치료 의사들은 광신도들에게 했던 것과 같은 법적 절차를 이용해 기술자들의 경쟁을 꺾으려 하지는 않았다. 대신 기술자들에 대한 통제권을 추구했고 물리치료 의사의 역할이 보장되는 선에서 그들과 구조적인 병원 내 관계를 발전시키려 했다.

미국물리치료협의회와 미국의사협회 의학교육과병원위원회는 1934년 기술자들을 대표하는 미국물리요법협회American Physiotherapy Association와 공식적인 관계를 맺었다. 협의회는 지정된 표준에 적합한 기술자들의 명부를 만들고 유지하는 데 도움을 주었고, 반면 위원회는 기술학교를 인증해 주었다. 물리치료 기술자들은 대신 의사가 그들의 작업을 감독하고 처방하는 점에 대해 동의했다. '기술자'라는 이름을 받아들인 것은 이런 종속관계를 상징한다. 기술자들은 이전에 그들 자신

---

17 "The Future of Physical Therapy", *Archives of Physical Therapy, X-Ray, Radium*, vol. 8, 1927, p. 87.
18 *JAMA*, vol. 107, 1936, p. 586.

을 물리치료사 또는 물리요법사로 불렀었다.[19]

1930년대 후반, 물리치료 의사는 점점 병원에서 그들의 위치에 대해 고민하기 시작했다. 비록 그들이 군 의료프로그램과 전쟁 중 환자 케어에 대한 분쟁에 개입한 바 있지만, 그 이후 몇 년간 조직적인 힘과 통제 문제에 거의 주의를 기울이지 않았다. 물론 그 중에는 예외가 있었다. 예를 들어, 1922년에 이 분야의 주요 인물 중 한 사람이 쓰기를, 물리치료 의사들은 반드시 병원의 물리치료 분과를 지휘하고 치료의 처방을 관리해야 한다고 했다. 이 관점에 따르면, 일차진료의들의 역할은 구체적인 치료를 제안하는 것이 아니라 물리치료 서비스와 기대하는 결과를 단순히 요청하는 것이었다.[20] 하지만 일반적으로 봤을 때, 물리치료 의사들은 전후에 이 이슈에 대해서는 신경을 기울이지 않았다. 대신 그들은 다시 물리치료 방법들이 보편적으로 수용되는 것을 통해 행위별수가제 시장에서 자신들의 지위를 향상시키려고 했다. 병원에서 그들의 지위를 바꾸고자 하는 노력은 그들이 피하려고 하는 전문과 지위에 대한 관심을 의미하는 일이었기 때문에 이 목표와 모순되는 것이었다. 그 결과, 대부분의 병원들이 정형외과 의사나 기술자를 책임자로 두고 물리치료과를 설립하였다.[21]

1930년대 후반 물리치료 의사들이 전문과 지위를 요구함에 따라, 이런 상황은 그들에게 더 중요해졌다. 기술자들의 역할과 비교되는 물

19 Ida Hazenhyer, "A History of the American Physiotherapy Association", *Physiotherapy Review*, vol. 26, 1946, pp. 123~126.

20 Richard Kovacs, "The Relation of a Physiotherapy Clinic to Other Departments in Modern Hospitals", Paper read before 32d annual meeting of the American Electro-Therapeutic Association, September 1922, pp. 5~6.

21 Sterling Brinkley(Rehabilitation Medicine Research Unit, Rehabilitation Services Administration), personal communication, April 16, 1974.

리치료 의사들의 병원 내 역할에 대한 관심은 연보의 사설에서 그 예를 찾을 수 있다. 편집장은 한 의사가 물리치료는 아무나 시술할 수 있고 따라서 이 기술에 수련을 받은 의사가 병원의 물리치료과에 포함될 필요가 없다는 내용을 실은 최근 논문을 공격했다. 편집장은 이런 작업을 감독하기 위해 물리치료에 전문성을 가진 의사가 필요하다는 것을 강조함으로써 대응하였다. 그는 약제가 도제 약사에게 맡겨질 수 없다는 비유를 들면서, 물리치료 방법의 부당한 사용은 그만큼 위험할 수 있다고 했다. 또한, 기술자의 역할은 간호사의 역할에 해당하며, 만약 기술자가 물리치료 수련을 받은 의사의 지시를 따르지 않는다면 "의료적 난장판"이 벌어질 것이라고 말했다. 이 작업의 어려움을 강조하면서, 편집장은 온열치료가 단순히 뜨거운 물병의 사용만을 포함하는 것이 아니며 단순히 "스위치를 켜는 것" 이상의 것을 요구하는 복잡한 장치의 사용이라고 말했다. 비슷하게, 마사지 또한 "고도로 발달된 기술"로 서술하였고, "약물요법보다 더 배우고 적용하는 데에 복잡하고 어려운 기술과 운동의 과학"이라고 하였다.[22]

물리치료 의사들은 병원 내부에서 그들의 역할을 유지하기 위해 기존 전략을 수정하였다. 그들은 이제 다른 이들에게 자신들의 방법을 사용하라고 설득하는 대신, 오직 자기들만이 이러한 과업을 수행하는 데 자격이 있다고 주장하였다. 비록 의사들이 기본적인 물리치료 기술들을 행할 수 있지만, 더 어려운 시술들은 전문의를 필요로 한다고 하였다. 이런 태도는 미국물리치료협의회에서 크루젠이 1938년에 한 회장 연설에 상세히 기술되었다. "물리치료가 전문과가 아니라고 주장하는

22 *Archives of Physical Therapy*, vol. 21, p. 523.

자들의 태도는 잘못되었다"고 크루젠은 말하였다. "물리치료의 많은 형태가 섬세하고, 시술함에 있어 고도로 숙련된 사람들을 필요로 한다는 것이 사실인 반면, 모든 의사들이 사용해야 하는 간단한 물리치료 방법들도 많이 존재하는 것 또한 사실이다."[23] 그는 물리치료를 병리학의 상황에 비유했다. 그는 병리학에서 복잡한 검사들을 위한 실험실이 존재하는 반면 혈구수치검사와 같은 간단한 검사는 일반의에 의해 수행된다는 점에서 그 유사점을 찾았다.

크루젠과 이 분야의 다른 사람들은 1938년에 특별히 이 새로운 전략을 수행할 두번째 협회를 만들었다. 물리치료의사연합회Society of Physical Therapy Physicians는 의료전문과자문위원회Advisory Board for Medical Specialties가 제정한 가이드라인에 따라 만들어졌다. 회원은 학계 또는 동등한 위치에서 5년 이상의 물리치료 경험이 있는 의사로 제한되었다.[24] 따라서 물리치료 의사들은 두 가지 독립적인 협회를 다른 전략을 구사하기 위해 유지하였다. 간단한 기술은 모두에 의해 행해지고 어려운 것은 전문의에 의해서 이루어진다는 이데올로기는 두 가지 목표를 연결해 주었다. 비록 협회의 이런 이데올로기와 목적은 일부 바뀌었지만 이중 단체 구조는 오늘날까지 여전히 남아 있다.

제2차 세계대전 이전에 물리치료 의사들은 물리치료부서에서 중요한 위치를 차지하고 있는 다른 전문과와 경쟁하기보다는 기술자와의 경쟁에 더 몰입해 있었다. 이런 몰입은 그 부서의 수장을 기술자보다는 의사들이 맡아야 한다는 그들의 직접적인 관심을 반영하였다. 이런 전

23 Frank H. Krusen, "The Contributions of Physical Therapy to Medicine", *Archives of Physical Therapy*, vol. 9, 1938, pp. 599~600.
24 *Archives of Physical Therapy*, vol. 20, 1939, p. 605; Nelson, "History of the Archives", p. 23.

제 없이는 병원 내에서 물리치료 의사들의 역할이 사라졌을 것이었다. 비록 몇몇 부서는 다른 전문의가 우두머리를 맡고 있었지만 물리치료 의사와의 공공연한 분쟁은 거의 없었다.

정형외과 의사와 물리치료 기술자 간의 관계에도 불구하고 정형외 과와의 분쟁 역시 거의 없었다. 물리치료부서의 수장을 맡고 그들의 진 료에 물리치료 기술자를 활용하는 것뿐만 아니라, 정형외과 의사들은 물리치료 기술자와 작업치료사를 대표하는 협회와 자문관계를 발전시 켰다.[25] 일반적으로 정형외과 의사는 물리치료를 "의학 모든 분과의 시 녀"로 인식하였고 더욱 엄밀하게는 정형외과의 보조로 인식하였다.[26] 물 리치료 의사들이 물리치료부서를 지휘할 의사가 필요하다는 생각을 확 립한 다음에야 그들은 다른 전문과와의 경쟁과 이 부서의 통제에 관심 을 돌렸다. 다시 말하자면, 이런 분쟁들은 전쟁 기회라는 상황에서 발생 하였다.

의료기사직의 제도화와 예속

1) 물리치료사

물리치료 의사인 해럴드 코르뷔지에Harold Corbusier는 제1차 세계대전 동안 물리요법 보조사들을 위한 국가적 조직을 만들자고 제안하였다. 코르뷔지에는 의무감실에 정형외과 분과가 구성되는 데 도움이 되었고

25 Russell J. N. Dean, *New Life for Millions: Rehabilitation for America's Disabled*, New York: Hastings House Publishers, 1972, p. 42.
26 Edgar Bick, *Source Book of Orthopedics*, New York: Hafner Publishing Co., 1968, p. 470; Troy Bagwell, "Physical Therapy in Relation to Orthopedics", *Archives of Physical Therapy*, vol. 21, 1940, pp. 684~687.

군 내부적으로 재건보조사가 성공적으로 활용되는 것을 지켜볼 수 있었다.[27] 전쟁이 끝나고 얼마 지나지 않아 코르뷔지에는 보조사들의 우두머리인 메리 맥밀란Mary McMillan에게 편지를 써서 보조사들의 조직체를 만들면 "의사들과 외과의들에게 물리적 방법의 다양한 치료방법을 홍보할" 수 있을 거라고 하였다. 그는 또한 협회가 "이 작업을 향상시키고 표준화하며, 더 견고하게 기반을 다지고, […] 다양한 병원들에게 물리치료부서를 세우는 것의 중요성을 설득할 수 있기를" 또한 희망하였다.[28] 코르뷔지에의 편지는 물리치료 의사가 그런 조직이 물리치료를 의사직에게 인정받기 위한 캠페인에 도움이 될 거라 생각했음을 보여준다.

1921년 30명의 제대한 군 보조사들과 6명의 의사들이 뉴욕에서 만나 미국여성물리치료협회American Women's Therapeutical Association를 조직하였다. 이 의사들 중에는 의무감의 물리치료 분과의 전前 책임자이자 미국전기요법과방사선학협회의 전 회장인 그랜저가 있었다. 이 새로운 조직의 이름은 곧 미국물리요법협회American Physiotherapy Association(APA)로 바뀌었고 회원 자격은 모든 사람에게 열려 있었다. 협회의 가입은 "물리치료 혹은 체육교육 대학의 졸업생으로 마사지와 치료적 운동에 관한 경험과 수련을 받은 자로 전기치료 또는 수중치료에 일정한 지식이 있는" 사람을 자격 요건으로 하였다. 간호사의 누락에 대해서는 곧 이의가 제기되었고 간호사 배경이 있는 사람들도 회원이 될 수 있도록 정관이 변경되었다. 하지만 이 새로운 협회는 간호사의

27 *Military Surgeon*, vol. 107, 1950, pp. 427~428.
28 Hazenhyer, "A History of the American Physiotherapy Association", p. 6.

감독 하에 물리치료 기술자들을 위치시키려는 점에는 반대하였다. 일례로 한 군병원의 보조사들은 간호사를 물리치료부서의 책임자로 넣으려는 계획에 반대하였고 협회는 의무감을 성공적으로 압박하여 계획을 철회하도록 했다.

이 협회의 초기 몇 년 동안, 미국물리요법협회는 저널을 출판하고 연례학회를 열었으며 기준을 높이려는 시도를 하였다. 1920년대 후반, 협회는 의원과 병원들이 수련받지 않은 기술자를 활용하는 경우가 늘어나는 것에 따라 야기되는 위협에 대응하여 기준을 만들고 대학을 인증하는 쪽으로 움직였다. 수많은 의원들과 병원들이 "그들 장비의 구입처에 질병 치료에 대한 지식이라고는 단기 전기치료 교육이 전부인 기술자를 공급해 달라고 의뢰하는 것이 개탄스럽다"고 『물리요법리뷰』 *Physiotherapy Review*의 사설은 언급했다.[29] 그 저널의 다른 사설에서는 그런 '수련이 부족한 조무사들'이 의사들에게 고용된다는 사실에 격노하면서 그런 통신대학 한 곳을 공격 대상으로 지목했다. 그렇게 분노하게 만든 특별한 이유는 학교가 광고를 하면서 "물리치료는 보다 많은 수입을 얻기 위한 보다 편한 방법이며, 어떻게 하면 돈을 더 벌 것인가 하는 문제에 있어 유일한 길이다. 고학력은 필요 없으며 읽고 쓰는 능력, 간단한 지시를 이해할 능력만 있으면 된다"라고 했기 때문이다.[30] 하지만 협회는 학교를 인증하거나 기준을 강요할 어떠한 법적인 방법도 갖지 못했다. 자신의 문제를 조절할 수 없다는 현실 때문에 협회는 법적으로 강력한 의사직 아래에 종속적인 위치를 공식화하게 된다.

---

29 *Physiotherapy Review*, vol. 9, 1929, p. 97.
30 Gertrude Beard, "President's Message", *Physiotherapy Review*, vol. 7, June 1927, p. 3.

협회의 첫 정관은 의학과의 관계를 간단히 명시했다. 협회의 목표 중 하나가 "충분히 수련된 여성들을 의료 전문직에 활용 가능하게 하는 것"이었지만, 어느 것도 의사의 지시 하에서만 일할 수 있다고 말하지는 않았다. 이런 단서들은 나중에 세번째 정관에 반영되었는데, "우리는 반드시 [……] 우리 자신의 영역에 있어야 하며, 이는 의사가 내린 처방에 따라 수행하는 것을 의미하지, 진단이나 처방 또는 질병의 치료 방법을 시험하는 어떤 것도 포함하지 않는다"[31]라고 언급했다.

이런 협회 회원들의 충성서약에도 물리치료 의사들은 부족함을 느꼈다. 1924년 그들은 새로이 조직화된 보조사들에게 물리요법사 physiotherapist 대신에 '물리요법 기술자'physiotherapy technician라는 명칭을 사용하라고 압력을 넣었다. 미국물리요법협회 회원은 이 요구를 거부했고, 몇 년 동안 논쟁이 지속되었다. 많은 회원들, 특히 협회를 만든 몇몇 "성숙하고, 세련되고, 고도로 숙련된 여성들"은 기술자로 이름이 붙여지길 원치 않았다.[32] 만약 그들이 물리치료사라는 명칭을 사용할 수 없게 되더라도, 한 회원이 주장하길, 적어도 "단순한 기술자",[33] 즉 "수도 호스를 들고 있거나 전기 스위치를 켜는 것"[34]만 할 수 있는 사람이 아닌 그들의 "전문가적 태도"를 명확히 표현하는 이름을 골라야 한다고 하였다.

이 시기 동안 미국물리요법협회는 물리치료를 시술하는 것을 주장하는 신앙치료사와 "약물을 사용하지 않는 치유자"들로부터 자신들

---

31 Hazenhyer, "A History of the American Physiotherapy Association", p. 7.
32 "The American Physiotherapy Association", *Physiotherapy Review*, vol. 13, 1933, pp. 226~227.
33 "What's in a Name?", *Physiotherapy Review*, vol. 9, p. 97.
34 "Extra! Extra! All About the Convention", *Physiotherapy Review*, vol. 7, p. 7.

을 구별하기 위해 미국의사협회와 제휴를 맺는 것에 성공하지 못했다. 몇몇 초창기 회원들은 자격증에 관한 법률을 통해 이를 달성하길 희망했다. 협회의 법제위원회는 "동부로 여행하는 과정에서 문맹이고 수련도 받지 않은 수많은 자칭 '물리요법사들'이 작은 도시들에서 일하는 것에 깊은 인상을 받아" 각 협회 지부가 "물리치료를 보호하기 위한 합당한 법률안을 입법하는 데에 에너지를 쏟아야 한다"고 주장했다.[35] 협회의 정치력 부재로 이는 불가능하였고 단지 경쟁자들이 그런 법률을 얻고자 하는 시도를 막는 데 노력할 수밖에 없었다. 이런 제한된 부분에서조차 성공하려면 종종 지역 의사회의 지원이 필요했다. 협회는 1928년에 상설 위원회를 만들어 이런 방어 역할을 맡게 하였다. 예를 들어, 캘리포니아에서는 협회가 주 의사 협회의 지원을 얻어, 의료 면허에 관한 주 위원회가 마사지 학교에서 수련을 받지 않은 이상 아무나 마사지사가 될 수 없도록 금지하는 법안을 부결하도록 만들었다.[36] 협회는 또한 병원들과 의사들에게 압력을 넣어 상업적 단기 코스에서 수련받은 기술자들을 쓰지 않도록 했다. 이 모든 활동에서 협회는 의사조직으로부터 지원을 받으려 했고 물리치료위원회와 미국의사협회 의학교육과병원위원회와 스스럼없이 일하였다.[37]

미국물리요법협회가 그 목표들을 달성하지 못할 것이 점점 더 분명해지면서 '기술자'라는 단어에 대한 반대가 누그러들었다. 1930년 사설이 다음과 같이 기술하길 "우리는 이전과 마찬가지로 '이름에 무슨 의미가 있는가?'라는 오래된 질문과 함께 새해를 맞이할 것이다. 이 논

---

35 "Annual Report of the Legislative Committee", *Physiotherapy Review*, vol. 9, p. 157.
36 Hazenhyer, "A History of the American Physiotherapy Association", p. 126.
37 Ibid., pp. 69~71.

쟁 안에서 우리는 나이가 들었지만, 아직도 이 주제를 털어 버리지 못했다. [……] 우린 '물리요법사'든 '물리요법 기술자'든, 우리가 존재하는 한 뭐라고 불려도 된다".[38] 이에 뒤따라 협회는 '기술자'라는 명칭을 공식적으로 받아들였는데, 많은 회원들은 여전히 이 용어에 대해 분노하고 있었다.[39]

이 명칭을 받아들인 것은 의사의 주도권에 대한 조직적인 저항이 종결되었음을 나타내는 신호였다. 미국물리요법협회의 노력은 이제 회원서비스의 수요를 증가시키는 것과 미국의사협회와의 관계를 공식화하는 데 초점을 맞추었다. 의사에 의한 수요를 증가시키기 위해, 협회는 의사에게 물리치료의 성격을 명확히 밝히고 공식화하였으며 자신들의 전문성을 다른 시술자들과 차별화하였다. 의사와 일반회원들은 매우 혼란스러워했고, 결국 한 회원이 수사학적인 질문을 던지기에 이르렀다. "물리치료사가 무엇인가? 죽었나? 아니면 살았나? 그게 동물인가 식물인가 무생물인가?" 대부분의 사람들은 이 질문에 대한 답을 정말 모른다고 그 기술자는 주장했다. 반면 다른 사람들은 물리요법사가 척추지압사나 마사지사와 같은 것이라는 "애매한" 개념을 가지고 있다고 했다.[40] 다른 협회원은 이런 혼돈이 물리치료를 체육교육과 구분하는 데서 발생한다고 생각했다.[41] 그 기술자들에 따르면 이런 혼란을 끝내기 위해 "미국물리요법협회를 '세일즈'해야 할 중요성과 필요성을 깊이 자각해야 하고", "우리가 지지하는 복음을 널리 알리기 위해 전도하고 행

---

38 Ibid., p. 69. 강조는 인용자.

39 Ibid., p. 124.

40 Julia Tuggle, "What is a Physiotherapist?", *Physiotherapy Review*, vol. 11, 1931, p. 13.

41 *Physiotherapy Review*, vol. 12, 1932, p. 83.

동해야 한다"고 말했다.[42]

1933년 결의안이 미국의사협회 하원에 제출되어 의사직에게 물리치료 학교를 인증해 달라고 요청했다. 이 결의안이 통과하여 물리치료기술자를 위한 학교를 인증하는 과업을 의학교육과병원위원회가 맡고 물리치료위원회가 자문과 도움을 주기로 하였다. 1936년 의학교육과병원위원회는 『물리치료기술자학교 인정을 위한 필수조건』*Essentials of and Acceptable School for Physical Therapy Technicians*을 출간하였고 이 '필수조건'에 따라 학교들을 조사했다.[43] 35개 학교들 중 단지 13개만이 그 해 위원회의 허가를 받게 되었다.[44]

1936년 직군으로의 진입을 더욱 통제하기 위해 미국물리요법협회는 미국물리치료협의회와도 공식적인 관계를 구축했다. 이러한 통제는 숙련된 인력의 명단이 협의회에 의해 만들어지도록 하였다. 미국의사협회 인증 협정의 경우처럼, 물리치료 기술자들은 일종의 등록 시스템을 구축하는 데 조직적인 의사들의 도움을 구했다. 1926년 협회의 대표는 의사들에게 물리치료 기술자를 위한 국가등록시스템을 개발해 달라고 요청했지만,[45] 1933년 미국물리치료협의회가 이 이슈에 대해 위원회를 구성할 때까지 아무것도 이루어지지 않았다. 한 해 뒤 이 위원회는 연보에 그 계획을 출판하였다.

기술자들은 비록 의사들이 그들의 요구에 끝내 화답한 것에 기뻐했으나, 몇몇은 오직 한 종류의 전문과와만 연계되는 것에 대한 우려를 표

42 *Physiotherapy Review*, vol. 13, 1933, p. 226.
43 *Ibid.*, pp. 126~127; *Memorandum*, November 10, 1933, APTA Files.
44 O. N. Andersen, "Educational Standards for Physical Therapy Technicians", *Archives of Physical Therapy, X-Ray, Radium*, vol. 17, p. 616.
45 Nelson, "History of the Archives", p. 14.

했다. 그들은 기준을 설정하는 책임이 있는 위원회가 이 작업에 관련된 모든 전문과를 포함시켜야 한다고 주장했다. 기술자들 또한 여전히 의사직의 주변 분과이고 전문과 지위를 결국 얻지 못할 수 있는 그들과 연결고리를 만들기 위해 이 사실을 함구해 왔을 수 있다. 1930년대 중반, 다른 분과들이 전문과 지위를 얻었을 때 기술자들은 이를 매우 중요하게 여겼다. 나아가 기술자들은 그들의 작업에 있어서 물리치료 의사들의 물질적 이해관계에 대해 의심스러워했다. 몇몇은 "그 의사단체가 자신들의 수익 욕심 때문에 물리치료 기술자들에 대한 지배력을 얻으려고 조직되었다"고 하였다.[46] 따라서 협회는 다른 협회들뿐만 아니라 미국정형외과학회와도 접촉하라고 권고하였다.[47]

협의회는 1934년 위원회의 권고에 따라 행동했고, 물리치료기술자등록협회를 만들었다. 일곱 명의 위원회 회원은 배타적으로 물리치료를 행했던 사람들이었는데 등록협회 이사회에 지명되었다.[48] 물리치료기술자가 이사회의 다른 전문과의 대표 자리를 가질 수 없었기 때문에 그들은 소위 자주적인 미국물리치료기술자등록협회와 계약을 맺었다. 이 관계는 결코 조화롭지 못했다. 등록협회의 통제는 미국물리치료협의회를 대표하는 의사들의 손에 있었고, 기술자의 참여는 자문위원회로 제한되었다. 초기에, 자문위원회는 정책에 있어 전혀 통제권을 갖지 못했기에 미국물리요법협회는 제안된 모든 규칙에 대하여 이사회의 승인이 필요하도록 하는 거부권veto power을 달라는 압력을 넣었다.

---

46 Marion G. Smith, "The American Registry of Physical Therapy Technicians", *Archives of Physical Therapy, X-Ray, Radium*, vol. 17, 1936, p. 620.

47 *Memorandum*, May 26, 1934, American Physical Therapy Association Files.

48 Zeiter, "The History of the American Congress of Physical Medicine and Rehabilitation", p. 685.

추가적으로, 등록협회는 기술자들이 미국물리요법협회가 "의사의 감독이 없는" 것으로 정의하는 "개인 영업소"를 개설하는 것을 허가하지 않음으로써 이들의 시술을 제한하려고 시도했다. 비록 행위별수가제 시장에서 활동하는 기술자들이 선뜻 의사의 감독을 받아들였음에도 불구하고, 그들은 물리치료 의사와의 경쟁을 대표하고 있었다.[49] 일반의와 다른 전문의들은 종종 치료를 위해 이 기술자들에게 환자를 의뢰하곤 했고, 미국의사협회도 기술자를 대상으로 한 의뢰에 강경한 입장을 취하지 않았다. 연보는 독립 시술에서 물리치료사와의 경쟁을 공개적으로 인정하였고 "아마 또 다른 가짜 의료전문가라고 하면 제일 걸맞을 것 같은 집단으로 성장할 게 분명한 움직임을 저지"하기 위해 "효과적인 방법"이 취해질 것이라고 말하였다.[50] 물리치료 의사들은 이제 "개인 영업소"에서 시술하는 경우 그 사람들의 등록을 거부함으로써 개방시장경쟁을 줄일 수 있게 되었다.

물리치료 기술자에 의한 개방시장경쟁은 1930년대 후반 동안 감소하였다. 위에 서술한 것처럼, 미국의사협회 물리치료위원회의 1936년 보고서는 1926년 보고서보다 기술자들의 경쟁에 대한 우려를 덜 표하였다. 물리치료 의사들에 대한 의존과 종속관계가 되어 갈 것이라는 기술자들의 우려는 현실화되었다. 미국물리치료협의회와의 연계는 더 억압적으로 인식되었다.[51]

하지만 물리치료 기술자들은 미국의사협회 및 미국물리치료협의

---

49 *Physiotherapy Review*, vol. 18, 1938, pp. 201~202.
50 Smith, "The American Registry of Physical Therapy Technicians", p. 620.
51 예를 들어 "Report of the Representative Serving on the Advisory Board of the American Registry of Physical Therapy Technicians", *Physiotherapy Review*, vol. 20, pp. 234~235를 보라.

회와의 관계로부터 분명히 이익을 얻었다. 첫번째로 그들은 이른바 질이 낮고 종종 위험한 광신도들의 행위와 그들의 '합법적인' 의료행위 사이에 분명한 경계를 구축함으로써 하나의 직업으로서 생존하였다. 두번째로, 그들은 직업으로의 유입을 통제하고 미래 회원들의 교육을 표준화하는 메커니즘을 얻었다. 본질적으로, 그들은 행위별수가제 시장에서 그들의 일할 수 있는 능력과, 의사 또는 병원에 고용됨으로써 다른 시장에서 그들의 위치를 구축하는 데 필요한 도움을 교환했다.

한 직업군이 행위별수가제 시장 밖으로 몰려났을 때, 경쟁자를 제거하여 비탄력적인 수요 상황을 만든 다음 공급을 제한하는 의사직의 전략을 받아들이는 것은 더 이상 불가능했다. 시장 경쟁자를 제거할 법적 능력을 추구하는 대신, 의료기사들은 수요와 공급 인자들을 분명히 표현할 수 있게 해 주는 노동시장 통제권을 추구했다. 오직 그들 직업만이 제공할 수 있는 특정한 서비스를 위한 수요를 보장받음으로써 잠재적인 탄력적 수요 상황을 더욱 비탄력적인 것으로 전환시키고 그 후이 수요를 맞출 수 있는 능력 있는 사람들을 충분히 모집하고 수련시키는 것이 중요한 것이다. 수요는 기관들에게 특정한 요건을 갖춘 사람들만 채용하도록 함으로써 보장된다. 그 결과 만약 기관들이 자유롭게 작업을 구성하고 그 일을 맡고자 원하는 사람을 아무나 채용할 수 있을 때 받을 수 있는 임금보다 더 높게 받을 수 있다.[52]

1930년대에 이르러 비록 물리치료 기술자들이 회원들의 기술력과 직업으로의 유입을 통제할 수 있는 권한을 얻었음에도 이런 통제들은

---

52 Eliot Freidson, "Professions and the Occupational Principle", ed. Freidson, *Professions and Their Prospects*, Beverly Hills: Sage Publications, 1973, pp. 19~38.

그들의 경쟁적인 경제적 위치를 향상시키는 데 충분하지 않았다. 고용주들이 물리치료 기술자를 고용하도록 요구해야 했던 것이다. 이를 위해, 기술자들은 병원의 표준화와 인증을 통제하기 위해 경쟁하는 협회들에 영향을 미치려고 시도했다. 이 조직들은 미국의사협회 의학교육과병원위원회, 미국병원협회 그리고 미국외과학회 등이었다. 이 조직들 중 하나인 미국외과학회는 이런 압력을 받아들였고 'A등급'을 받고자 하는 병원들은 미국물리요법협회의 기준에 맞는 물리치료 기술자만을 고용하도록 하였다.[53] 정부 지원과 다른 특혜 등을 병원이 받기 위해 그러한 인증 조건이 중요해진 결과로, 물리치료 기술자들의 경쟁자들은 일할 수 있는 시장이 좁아지게 되었다.

하지만 미국의사협회 의학교육과병원위원회는 인증조건에 영향을 미치려는 미국물리요법협회의 노력에 퇴짜를 놓았다. 협회는 병원들이 협회의 회원이 아니거나 그 기준에 맞지 않는 인력의 고용을 거부해야 한다고 요구하였다.[54] 이 요구에 대한 직접적인 거절에 있어, 한 의사는 위원회가 "병원들의 내부 일에 참견하지" 않을 것을, 그리고 어떤 조직의 경제적 이익도 지원할 수 없음을 단호하게 주장하였다.[55]

물리치료 기술자들은 또한 몇몇 의사들이 협회의 최소 기준에 미치지 못하는 기술자들을 위한 주니어 계급을 만들려는 시도에 저항하였다.[56] 만약 이런 시도가 성공한다면, 의사들은 더 싼 인력풀을 사용할 수 있게 될 것이었다. 물리치료 기술자들은 최소 기준을 상향조정하려고

53 *Memorandum*, November 10, 1933, American Physical Therapy Association Files.

54 Eloise T. Landis, "Does a Physical Therapy Department Contribute to a Hospital", *Physiotherapy Review*, vol. 18, 1938, p. 180.

55 *Physiotherapy Review*, vol. 20, 1940, pp. 268~270.

56 *Physiotherapy Review*, vol. 18, pp. 201~202.

시도하고 있었고 몇 해 동안 의사들에 의해 그런 시도들이 성공적으로 억제되고 있었다. 아주 최근에 들어서야 협회는 그들 자유의지로 수련 단계에 따라 하위분류를 구축하였다.

2) 작업치료사

1920년대 초 신생이지만 크게 확장한 전국작업치료홍보연합회National Society for the Promotion of Occupational Therapy는 거의 500여 명의 회원을 갖고 있었다.[57] 협회는 연례학회를 개최하였고 독자적인 잡지인 『작업치료연보』*Archives of Occupational Therapy*를 발간하였다. 1923년 에는 협회의 명칭을 미국작업치료사협회American Occupational Therapy Association로 변경하였다. 그리고 2년 후, 학회지가 『작업치료와 재활』 *Occupational Therapy and Rehabilitation*로 개명되었는데, 이는 무엇이 작업치료의 주된 초점이 될 것인지 상징적으로 보여 준다.

평화가 다시 찾아오면서, 작업치료사들은 의료체계에 받아들여지지 않고 있음에 다시금 항의하였다.[58] 미국작업치료사협회는 협회의 "젊은 여성들"에게 "작업치료 처방전을 쓰려 하지 않거나 쓰지 못하는 [……] 의사들의 공감과 지원을 요청하라"고 요구했다.[59] 그렇지만 협회는 다음과 같이 경고하였다. "아마도 보수적이고 느릿느릿한 의료계 여론의 추세를 볼 때 작업치료가 확고히 병원의 한 기능으로 자리 잡는 데에 도달하길 기대하는 것은 무리일 것이다."[60]

---

57 *Archives of Occupational Therapy*, vol. 1, 1922, p. 71.

58 *Then and Now*, Washington, D.C. : American Occupational Therapy Association, 1967, p. 10.

59 "The Fifth Annual Meeting of the National Society for the Promotion of Occupational Therapy", *Archives of Occupational Therapy*, vol. 1, p. 145.

그러한 불평에도 작업치료사들은 서서히 정신병원을 넘어 그들의 업무를 확대하였다. 그들은 순조롭게 결핵요양소에 받아들여졌고,[61] 연방산업재활법Federal Industrial Rehabilitation Act이 작업치료를 필수서비스로 받아들이면서 산업재해 환자들을 치료할 수 있는 발판을 얻게 되었다.[62] 그들은 정형외과 병원들의 거센 저항에 직면하였고,[63] 특히 일반 병원에서 급성질환 환자들을 치료하는 데 더욱 그러하였다.[64] 그러한 저항은 미국작업치료사협회 회장인 키드너T. B. Kidner가 "실망감"을 드러내게 만들었다. "군 병원에서의 활약이 민간 정형외과 병원으로 '계속 이어진' 경우는 [……] 확연히 적어 보이며", 일반 병원들은 작업치료의 "손길이 닿지 않은 채"로 남아 있다.[65]

재활에 있어서 작업치료의 개입은 1923년부터 1928년까지 미국작업치료사협회의 회장을 역임한 키드너로부터 시작되었다. 지체 장애인 시설 건축의 권위자이자 건축가라는 키드너의 배경은 그를 제1차 세계대전 동안 재활서비스 계획을 수립하는 데 매우 적합한 사람으로 만들어 주었다.[66] 전쟁이 끝나고, 그는 작업치료의 향후 확장을 재활 운동과 연결 짓기 시작하였다.[67] 장애 및 정형외과 문제를 지닌 환자들뿐만 아

60 Ibid., p. 146.
61 *Archives of Occupational Therapy*, vol. 1, p. 499.
62 *Archives of Occupational Therapy*, vol. 21, 1923, p. 62.
63 Nell Green, "Occupational Therapy for Orthopedic Cases", *Archives of Occupational Therapy*, vol. 1, pp. 269~278.
64 *Then and Now*, p. 10; *Archives of Occupational Therapy*, vol. 1, p. 164; *Archives of Occupational Therapy and Rehabilitation*, vol. 10, 1931, pp. 13~14.
65 *Archives of Occupational Therapy*, vol. 1, p. 500.
66 "Thomas Bessell Kidner", *Occupational Therapy and Rehabilitation*, vol. 11, 1932, pp. 321~323.
67 *Archives of Occupational Therapy and Rehabilitation*, vol. 4, 1925, pp. 227~229, 296.

니라 일반적 내과 및 외과, 정신과적 문제를 가진 사람들은 모두 "매우 크게 발전할 수 있는" 영역으로서 "수박 겉핥기 식으로만 다뤄진" 것에 해당한다고 키드너는 주장했다.[68] 1927년 협회 설립에 도움을 준 정신과 의사인 윌리엄 던턴에게 보낸 편지에서 그는 작업치료의 넓어지고 있는 활동범위에 대해 언급했다. "직업재활과 순수한 작업치료 사이에 현재 큰 영역이 존재하는데 내 판단에 따르면 이 부분은 비전을 가진 작업치료사들이 가장 잘 도맡아 할 수 있다"고 키드너는 말했다.[69]

물리치료 기술자들과 마찬가지로, 작업치료사들 또한 인가와 인증을 통해 특정 기술 수준에서 직업으로의 진입을 통제하려 하였다. 미국 작업치료사협회 회원들은 뒷문은 침입자들을 막기 위해 매우 신중히 잠그고, 다른 자들이 담장 밑으로 기어들어오지 않게 하고, 대문으로 들어오는 게 허가된 사람들은 입장을 위한 적절한 자격을 갖추도록 철저히 해야 한다는 경고를 받았다.[70] 1935년 그들은 작업치료학교들을 인가하는 메커니즘을 구축하기 위해 물리치료 기술자와 같은 전략을 사용하여 미국의사협회 내 의학교육과병원위원회와의 공식적인 연계를 구축하는 방식을 택했다. 작업치료사들은 이 동맹을 의료계의 관심 표시로 널리 알렸으며, 이 연계는 그들의 지위를 높이고 위치를 안정화하는 데 도움이 되었다.[71] 동시에, 그들은 공식적으로 의사에 대한 종속적인 지위를 인정하였고 일부 자율권을 포기하였다.

---

68 "President's Address", Thomas Bessell Kidner, *Archives of Occupational Therapy*, vol. 2, 1923, pp. 423~424.

69 *American Journal of Occupational Therapy*, vol. 25, 1971, pp. 1~6.

70 Everett S. Elwood, "The National Board of Medical Examiners and Medical Education, and the Possible Effect of the Board's Program on the Spread of Occupational Therapy", *Occupational Therapy and Rehabilitation*, vol. 6, 1927, pp. 341~342.

71 *Archives of Occupational Therapy and Rehabilitation*, vol. 14, 1935, p. 299.

의료계 안팎에서 그들이 맺은 다른 관계들을 보면, 작업치료사들은 물리치료 기술자들과는 사뭇 달랐다. 진입을 통제하기 위한 그들의 노력은 의사에 의해 운영되는 등록협회가 아닌 자율적이며 자치적인 메커니즘으로 마무리되었다. 작업치료사를 수련시키기 위한 최소기준들이 1923년 받아들여졌고 1926년까지 미국작업치료사협회는 인증받은 치료사들의 국내명단을 자체적으로 구축할 것을 공식적으로 요청하였다.[72] 작업치료사들은 그들의 전문성의 상징으로서 이 자체 인증 메커니즘에 점차 전념하게 되었다. "사실상 모두가 어떻게 한 마리의 검은 양이 하얀 수양과 암양들의 위신에 영향을 끼쳐 왔는지 인식하는 기회를 가져왔다"라는 학회 잡지의 사설이 나왔다. "이제 검은 양 없이 우리의 등록된 '무리'를 시작합시다. 이 시점에서 단지 조화造花만 만들 수 있던 작업치료사(?)를 다시 한번 떠올려야 합니다."[73] 특히 중요한 점은 물리치료 기술자가 물리치료 의사와 맺은 것과 같은 의료 전문과들과의 종속적인 협약에 작업치료사들은 말려들어가지 않았다는 점이다. 작업치료사들은 전문과의 지원을 받지 못한 반면, 그들의 운명은 한 의료 전문과의 필요와 염원에 의해 결정되지 않게 되었다.

작업치료사들은 물리치료 기술자들과는 다르게 자율성을 포기하면서까지 전문과와의 동맹을 얻어야 할 필요성을 느끼지 못했다. 의사들의 관점에서 작업치료사들에 대한 통제력을 구축할 이유가 전혀 없었다. 그들의 거의 모든 시장은 조직 내에서의 월급을 받는 자리들이었

---

72 "Minimum Standards for Courses of Training in Occupational Therapy", *Archives of Occupational Therapy*, vol. 3, 1924, pp. 295~298; "Report of Committee on Registration", *Occupational Therapy and Rehabilitation*, vol. 6, pp. 58~64.

73 *Occupational Therapy and Rehabilitation*, vol. 6, p. 410.

기 때문에 경쟁적인 위협이 아니었다. 작업치료사의 관점에서도 당면한 경쟁은 행위별수가제 시장보다는 병원 안에 있었기에 한 전문과와의 동맹은 거의 아무 이익도 보장해 주지 않았다.

대신 작업치료사들은 병원 정책과 구조에 영향을 줄 수 있는 미국병원협회American Hospital Association와 협력관계를 맺었다. 미국병원협회와의 제휴는 "기분을 좋아지게 하고 더 나은 이해를 할 수 있게 도와준다. 그리고 병원 행정의 바퀴가 작업치료사에 관한 한 덜 삐걱거리면서 움직이는 경향이 있다".[74] 이 제휴는 매우 중요하게 여겨져서 몇몇 회원은 만약 미국병원협회와의 제휴가 단절되면 협회로부터 탈퇴하겠다는 위협을 할 정도였다.[75] 미국작업치료사협회는 1923년부터 1937년까지 미국병원협회의 초청을 받아 함께 연례학회를 개최하였다. 이는 미국작업치료사협회 학회가 합법적이라는 분위기를 풍기게 해 주었고, 의사들과 다른 미국병원협회 회원들이 미국작업치료사협회 행사에 모여들었다. 더욱이 작업치료사들은 1920년부터 1938년까지 협회의 대표직을 배타적으로 의사와 미국병원협회 회원들에게만 의존했다. 이 기간 동안, 미국작업치료사협회의 회장들은 장애에 관심이 있는 의사, 국제적으로 재활에 명망이 있는 인물, 뉴욕주립병원위원회 의장을 지낸 정신과 의사, 그리고 이전에 미국병원협회 회장을 역임했던 의사가 맡았다.[76]

요약하자면, 작업치료사들은 그들 협회의 대표직을 포기하고 그들

74 "The American Hospital Association", *Occupational Therapy and Rehabilitation*, vol. 11, p. 461.

75 "Solidarity", *Archives of Occupational Therapy*, vol. 3, p. 75.

76 "Presidents of the American Occupational Therapy Association, 1917-1967", *American Journal of Occupational Therapy*, vol. 21, pp. 292~294.

의 위상과 서비스 이용 증대를 얻은 것이다. 그들이 미국작업치료사협회에 대한 통제력 일부를 잃고 있는 동안, 한 의료 전문과와의 종속적인 유대관계의 부재와 진입을 제한하는 자체적인 조절 메커니즘의 존재는 제2차 세계대전에 뒤따른 그들 자신의 문제에서 보다 큰 통제력을 의미하는 것이었다. 진입을 통제하기 위해 개발되었던 그러한 조직적인 메커니즘들은 자율성이 의료기사직의 목표가 되었을 때 그들의 자율성을 덜 제한하게 되었다.

다시 말하면, 이 발전은 작업치료사가 계획적으로 이룩한 것이 아니라 시장 상황에서 그들의 이익을 추구하는 과정에서 비롯된 것이었다. 이때 작업치료사들의 정치적인 의식수준은 다른 집단들에 비해 낮았고 볼 수 있다. 예를 들면, 물리치료 기술자들은 1920년대부터 상설 법제위원회를 보유했던 반면, 작업치료사들은 그렇지 않았다. 자격증에 관한 법률에 대한 고민 또한 1938년 뉴욕주 간호사들을 위해 통과된 법률에 작업치료사들이 부정적으로 반응할 때까지는 나타나지 않았다. 무자격 간호사들로부터 대중을 보호하기 위해 개정된 법률의 통과에 대해 대응하면서[77] 협회지는 "A.O.T.A.[미국작업치료사협회]에 의해 등록절차가 설치된 것은 그러한 단계를 미연에 방지하기 위함이었고", 이 등록절차는 "무자격자가 작업치료 시술을 하는 것을 막는 데 지금까지는 충분한 역할을 했다. 하지만 입법자가 어느 시점이든 간에 전문직 회원들의 업무 수행에 있어 주정부의 보증이 필요하다고 결정할 수는 있다".[78] 실제로, 미국작업치료사협회는 1970년대까지 자체적인 인증을

---

77 Emily J. Hicks, "A Crusade for Safer Nursing", *American Journal of Nursing*, vol. 38, 1938, pp. 7~8.

선호하였고 자격제도에 지속적으로 반대하였다.

1930년대 동안 다른 직업들로부터 작업치료사의 독립 상태는 변하기 시작했다. 작업치료사들이 그들의 업무 영역을 확장시키려 하자 물리치료 기술자와 분쟁이 발생했다. 특히 정형외과와 산업재해 환자에 있어서 작업치료사들이 근육과 관절 질환의 치료로서 운동에 대한 권리를 주장하자 관할권 분쟁이 발생하였다. 그들이 물리치료 기술자의 영역으로 확장한 것에 대해 키드너는 다음과 같이 기술하였다. "치료적 작업장은 이미 많은 정형외과 병원에서 신체적 결함의 교정과 손상된 근육 기능의 회복을 위한 기구의 정교한 장비들을 갖고 기계 치료실을 대체하고 있다." 키드너에 따르면 이런 성공은 환자들이 수동적인 운동보다 무언가를 만드는 것을 선호하기 때문이라고 하였다.[79]

"우리는 물리치료 영역을 무단 침입하려고 시도하는 것이 아니다." 한 작업치료사는 두 집단 간의 긴장을 완화시키려고 이렇게 주장하였다. "우리는 단지 공예라는 방법으로 치료를 잘 들어맞게 하고, 보완하고, 확장하려는 것이다."[80] 그런 치료를 "들어맞게" 하고 "확장하는" 것은 작업치료사들의 업무를 물리치료 기술자의 영역으로 들어오게 했고 그들 사이에 경계를 명확히 하도록 만들었다. 하지만 "어디서 물리치료와 작업치료가 시작하고 끝나는지를 가리키는 명확한 구분 선이 없기" 때문에 그런 선 긋기는 어려운 과업이었다.[81] 자신들의 업무를 물리치료

---

78 "New York State Nurses", *Occupational Therapy and Rehabilitation*, vol. 17, 1938, pp. 203~204.

79 T. B. Kidner, "Occupational Therapy, Its Development and Possibilities", *Archives of Occupational Therapy and Rehabilitation*, vol. 10, pp. 7~8.

80 "Occupational Therapy in Its Relationship to Physiotherapy", *Physiotherapy Review*, vol. 12, 1932, p. 146.

와 구분하기 위해 작업치료사들은 물리치료의 의학적 접근이 더욱 수동적이고 협소한 반면, 자신들이 더 환자들이 정신적으로 의미 있는 활동에 참여하게 하는 활동적인 치료를 제공한다고 강조하였다.[82] 하지만 특정 신체 기관 또는 질병 유형에 근거하여 경계를 지으려는 시도는 없었다. 작업치료가 보통 물리치료 후에 이루어진다는 데 동의한 반면, 특정 신체 질환을 치료함에 있어서 한 방법이 다른 하나에 우선한다는 주장은 없었다.[83]

작업치료사들이 병원 내에서 그들만의 독특한 위치를 정의하려는 시도는 수평적 분업 관계에 있는 다른 직업들 사이에서 "부작용과 오해"를 야기했다.[84] 작업치료사들과 사회복지사 간의 긴장 상태 때문에 한 의사가 다음과 같이 서술하기에 이르렀다. "우위라는 생각 또는 한 과목이 과도한 신용 또는 권력을 가로채거나 가로채려고 시도한다는 것은 존재하지 않아야 하며, 만약 그게 발생한다면 고쳐져야 한다."[85] 이런 과목들 사이에 "차갑고 냉랭한 분위기"와 "무례한 표현과 비난들"의 존재는 "친밀한 관계"와 "선의"로 대체되어야만 한다.[86] 비슷한 업무의 중복은 작업치료사와 간호사 간의 질투심에 불을 붙였다. 치료사들은

81 Martha R. Emig, "Correlation of Physiotherapy to Occupational Therapy", *Physiotherapy Review*, vol. 8, August 1928, p. 50.
82 Caroline N. Shaw, "Occupational Therapy", *Physiotherapy Review*, vol. 7, p. 34.
83 Kidner, "Occupational Therapy, Its Development and Possibilities", pp. 7~8; *Archives of Occupational Therapy and Rehabilitation*, vol. 14, 1935, p. 197; *Physiotherapy Review*, vol. 17, 1937, pp. 136~137.
84 Eleanor Clarke Slagle, "To Organize an 'O. T.' Department", *Occupational Therapy and Rehabilitation*, vol. 6, p. 125.
85 Philip Smith, "Relation Between Social Service and Occupational Therapy", *Occupational Therapy and Rehabilitation*, vol. 14, p. 102.
86 Ibid., p. 103.

간호사들이 작업치료를 의사의 처방 없이 병원 환자들에게 부적절하게 제공할 뿐만 아니라[87] 환자 회복의 공을 가로채고 있다고 주장하였다.[88] 심지어 "지나치게 열성적"이고 "누가 '보스'인지 구분하지 않는 몇몇 병원 자원봉사자들마저 작업치료사에게 위협으로 다가왔다".[89]

작업치료사는 물리치료 기술자와의 관계와 수직적 분업 구조 내에서의 자신들의 위치에 대해 점차 우려하기 시작했다. 작업치료사들은 작업치료를 물리치료 의사들에 의해 가까이에서 감독받아야 하는 "고도로 특수화된 물리치료 분야"로 정의하려는 물리치료 기술자들의 시도를 점점 더 경계하게 되었다.[90] 한 작업치료사가 쓰길, 의사들이 "작업치료를 의료행위 및 치료에 있어 하나의 부속 범주로 인정하기를 거부하는 반면 물리치료와 같은 다른 치료 조무사들에 속한 것으로 인식하는 특별한 경향성이 있는 것 같다"고 하였다.[91] 작업치료사들은 물리치료 의사들에 의한 그러한 열망을 의료행위의 하나의 분명한 영역으로서 인정받고자 하는 그들의 목표에 대한 위협으로 인식했다. 의사들이 병원의 작업치료과가 물리치료과에 종속하는 관계에 놓이게 될 것이라는 것을 부정함으로써 이런 두려움을 누그러뜨리려고 시도한 반면, 물리치료 의사들은 작업치료를 그들의 영역에 놓여 있는 것으로 그들 권

87 Lucy G. Morse, "Should the Nurse or Occupational Therapist Offer Diversion in a General Hospital?", *Occupational Therapy and Rehabilitation*, vol. 16, 1937, p. 160.

88 "Nursing and Occupational Therapy", *Occupational Therapy and Rehabilitation*, vol. 18, 1939, p. 64.

89 Alice H. Dean, "The Volunteer Worker", *Occupational Therapy and Rehabilitation*, vol. 6, p. 209.

90 Frank Krusen, "The Relationship of Physical Therapy and Occupational Therapy", *Archives of Occupational Therapy and Rehabilitation*, vol. 13, 1934, pp. 69~76.

91 "Physiotherapy or Psychotherapy", *Occupational Therapy and Rehabilitation*, vol. 10, p. 123.

한의 대상으로서 인식하기 시작했다.[92] 의사들은 자신들의 전문과 지위와 병원 물리치료과의 통제를 추구하는 과정의 일환으로 작업치료와 물리치료 간의 밀접한 관계를 강조하여 작업치료의 궁극적인 합병을 위한 토대를 쌓았다.

작업치료사들은 비록 자율성뿐만 아니라 작업의 정체성마저 잃을 수 있다는 두려움에도 불구하고 물리치료 의사들과의 관계를 분석하고 확장하였다. 1938년 그들은 미국물리치료협의회로부터 연례회의를 함께 열자는 그들의 초대에 응하였다. "이 이벤트는 매우 중요한 의미를 갖는다"고 미국작업치료사협회의 회장이 외쳤다. "그리고 미래에 물리치료 업무와 작업치료 업무 간의 더욱 밀접한 관계를 나타내는 것으로 보인다."[93] 이런 수용은 미국병원협회와 회의를 하는 미국작업치료사협회의 전통을 무너트렸고 물리치료 의사와 더욱 긴밀한 관계를 형성하고자 하는 의지의 신호가 되었다.[94]

따라서 새로운 노동의 분업에서 작업치료사들의 위치는 서로 상반되어 작용하는 두 집단의 요소들에 의해 영향을 받았다. 한쪽의 요소들은 작업치료사들에게 일정 부분 자율권을 보존해 주었다. 그들이 활동하던 다양한 환경들, 그들의 전문가적 정체성을 강화시켜 준 조직적인 장치들의 투입 증대, 그리고 물리치료 의사 및 다른 직업들 간 경쟁의 부재가 그 요인들이었다. 이런 시장 상황과 더불어 물리치료 의사들이 재활보다는 치료에 초점을 맞췄다는 점들이 1920년부터 1930년대

---

92 John Coulter, "Necessity of Medical Supervision in Occupational Therapy", *Archives of Occupational Therapy and Rehabilitation*, vol. 10, pp. 19~23; "Report of the Committee on the Present Status of Physical Therapy", *JAMA*, vol. 107, pp. 584~587.

93 *Archives of Occupational Therapy and Rehabilitation*, vol. 17, pp. 193, 355.

94 *Ibid.*

중반 사이 작업치료에 대한 의사들의 무관심을 설명해 준다. 또한, 다른 조직들과의 경쟁이 제한적이었다는 것은 물리치료사들이 의료 전문과와 보호적 동맹을 구축하는 데 압력을 덜 받았음을 의미한다.

다른 쪽의 요소들은, 1930년대 후반에 대대적으로 나타났는데, 작업치료사의 자율성을 축소시켰다. 첫번째로, 생존에 대한 우려는 의사와의 인증 협약을 하게 만들었다. 두번째로, 전쟁에 대한 예상과 물리치료 의사의 증가된 관심이 더 안정적이고 보다 확장 가능한 작업치료사의 역할 가능성을 제공해 주었다. 비록 이것들이 결과적으로 물리치료 의사에 대한 보다 종속적인 관계를 낳았지만, 작업치료사의 위치를 크게 향상시켰고, 전쟁 후에 외부 지도자에 대한 의존을 종식시켰다.

물리치료 의사에게 있어 작업치료에 대한 새로운 관심은 재활에 관련된 그들 방법의 '자연적인' 발전 때문이 아니라, 미국의사협회가 최근에 그들을 전문과로 암묵적으로 인정을 해 주기로 한 변화 때문이었다. 독특한 영역에 대한 소유권을 주장하는 것이 전문과 지위를 얻기 위해 필요했다. 비록 물리치료 의사가 공식적인 전문의 인정을 얻지는 못했고 1930년대 동안 변방의 분과로 남아 있었지만, 그들은 재활 영역에서 궁극적인 주도권의 바탕을 이룩할 수 있었다. 이런 주도권은 의사로서 그들의 권한에서만 찾을 수 있는 것이 아니라 다른 조직들과의 동맹에서도 찾을 수 있었다. 그들은 물리치료 기술자들이 기술자학교를 인증 받을 때 미국의사협회를 주선해 줌으로써 도움을 주었다. 작업치료사들에게도 비슷한 방식이 적용되었다는 것은 물리치료 의사가 이들 두 조직을 간접적으로 통제한다는 것을 의미했다. 더욱 중요한 것은 직업에 진입을 인가하는 등록체계를 통해 그들은 물리치료 기술자를 직접적으로 통제할 수 있게 되었다. 또한, 물리치료 의사들은 1930년대 말,

작업치료에 대한 접점을 재설정함으로써 그들에 대한 영향력을 증가시키는 쪽으로 움직였다. 제1차 세계대전 당시 상황과 다르게 물리치료 의사들은 다가오는 전쟁의 기회들에 대응할 조직적인 준비가 되어 있었다.

5장 / 재활의 재발견, 1941~1950

재활의학의 초기 50년은 두 시기로 나눠 볼 수 있다. 첫번째 전반적으로 무시당하던 시기에는 주변부 의료 시술자들이 급성질환을 치료하기 위한 전기기구의 활용을 중심으로 조직을 만들었다. 두번째 시기는 제1차 세계대전의 발발에서 제2차 세계대전의 시작 사이로 물리요법의 제도화를 의미한다. 제1차 세계대전 동안 받은 군의 인정과 물리치료 의사들에 의한 전문가 협회의 조직, 그리고 물리치료사와 작업치료사의 탄생을 포함한다. 그리고 의사가 의료기사에 대한 통제권을 획득하고, 1930년대 말 의료 전문과 지위를 향해 움직이는 것으로 마무리된다. 하지만 이런 발전들 중 어느 것도 재활 영역의 지식이나 기술적 기반의 점진적 성장 때문에 일어나지는 않았다. 1920년대와 1930년대 동안 물리치료 의사들은 재건과 재활을 '새로운' 주요 역할로 여기지 않았다.

여기서 우리는 의료재활의 역사에 있어 세번째 기간을 서술하려 한다. 재활의학의 첫 반세기가 치료적 연속성이 아닌 제도적 변화의 한 시기였다면, 1940년대는 제도적 변화와 함께 치료적 변화가 결국 전문의 자격을 가져왔다. 전쟁은 다시 한번 의료 서비스의 수요를 폭증하게 했다. 그 결과 몇몇 의사들에게 새로운 기회를 지배하려는 제국주의적 열망과 의사 공급의 증가에 저항하려는 경향 간에 갈등이 생겼다. 이는 물리치료 의사들의 문제가 아니었다. 제국주의적 태도는 반세기 동안 그들의 삶의 방식이었고 인력 부족은 그들의 성장을 지연시키는 중대한 문제였다. 따라서 그들은 새로운 회원을 모을 수 있는 기회를 환영하였고 수련 프로그램에 있어 기준을 낮추는 것에 대해 비교적 우려하지 않았다.

물리치료 의사들은 군과 보훈청Veterans Administration에서 자신들의 영역을 확대한 반면, 재건과 재활 프로그램을 개발하는 노력에서는 가장 중요한 위치에 서지 않았다. 혁신과 프로그램 개발은 대부분 물리치료 영역 밖에 있는 사람들로부터 나왔다. 하지만 그들은 새로운 활동을 포함하게 되었고 전문성에 대한 자신들의 주장을 바꾸었다.

제2차 세계대전과 물리의학

1930년대 말이 되면서, 물리치료 의사들은 급성질환의 치료에 있어 세 개의 축 중 하나가 되려는 기존의 목표를 멀리하고 전문과 자격을 노골적으로 추구하는 방향으로 나아갔다. 공식적인 전문과 인정은 물리치료 의사들이 자신들에게 특별한 의료적 문제 또는 기술 세트에 대한 독점적인 전문성을 갖고 있다는 점을 다른 이들에게 납득시켜야 했다. 비록 그들의 지위가 향상되었지만, 그들은 여전히 그런 특별한 권한 주장을 확립하는 것으로부터 한참 멀리 떨어져 있었다.

1938년 미국물리치료협의회American Congress of Physical Therapy를 대상으로 한 크루젠의 회장 연설은 자신들의 정체성을 주장하는 '워

터마크'와 같았다. 그는 다음과 같이 물리치료의 이득에 대해 기술하였다. "의사들은 화학적, 생물학적 제재들과 수술뿐만 아니라 물리적 요소들 또한 질병과 싸우고, 고통을 경감시키고, 장애를 줄이는 데 큰 가치를 가질 수 있다는 것을 인식하게 되었다."[1] 하지만 그는 이 영역의 지속되는 주변성을 인정했다. "새로운 의료 영역의 선구자로서 우리는 앞으로 나아가는 발걸음 하나하나에 의심을 품었던 매우 보수적인 의사들과 다툴 수밖에 없었다. 의사는 우리가 물리치료에 사용한 얼마나 많은 정교한 기계들이 몇 달 못 가 폐기되었는지 물어볼 것이다. 그는 우리가 더 간단한 물리적 방법들을 그게 가능했던 매 순간마다 사용하려 얼마나 노력했는지 알아채지 못한 것 같다."[2] 의료계에서 물리치료의 위상을 높이기 위한 그의 조언은 "극적인 것", "반쪽짜리 진실들" 그리고 "과도한 열정"을 피하라는 것뿐만 아니라 그들 자신의 연구 개선과 "비과학적인 문헌의 비난"을 포함하고 있었다.[3]

가장 주목할 만한 것은 크루젠의 물리치료 전문의 자격에 대한 분명한 언급이었다. 그가 말하길, "누가 어떤 반대의견을 내더라도, 물리치료는 하나의 전문분야이다". 하지만 그는 또한 이 분야가 물리치료 전문의에게 한정되어서는 안 되며 일반의도 그들의 진료실에서 간단한 물리치료를 사용하여야 한다고 주장했다. "마치 보통의 의사들이 그 스스로 소변검사나 혈구측정검사를 하지만 바세르만 반응이나 혈액화학검사는 임상병리학자에게 의뢰하는 것처럼, 그들은 적외선램프 또는

---

1 Frank Krusen, "The Contributions of Physical Therapy to Medicine", *Archives of Physical Therapy*, vol. 19, 1938, p. 597.
2 Ibid., p. 598.
3 Ibid., pp. 599~601.

온냉교대목욕을 그의 진료실에서 사용할 수 있다. 발열 요법 또는 교정 운동과 같은 보다 복잡한 시술은 물리치료 전문의에게 의뢰하는 것이 좋다."[4]

크루젠은 연설에서 모두가 물리요법 기술을 받아들이도록 설득하면서 동시에 특수한 능력이 필요한 영역을 주장하는 1896년에 처음 등장한 전략을 부활시켰다. 이것이 물리치료 의사들과 같은 주변부 그룹들이 자신들에게 환자 의뢰를 하는 상당한 갑의 위치에 있는 일반의들과 소원해지지 않으면서 시장의 한 분야에 통제권을 추구하는 한 가지 방법이 된다. 그런 전략은 이론적으로 안전했다. 왜냐하면 이는 모든 물리치료 기술들이 전문적 능력을 필요로 한다고 주장하지 않기 때문이다. 많은 의사들이 물리치료에 대해 여전이 왜곡된 시각을 가지고 있는 상황에서 그런 주장은 큰 저항을 받을 수 있었다.

물리치료 의사들은 전쟁에 대한 예상뿐만 아니라 의료계 내의 조직 구조 변화에 대응하여 그들의 임무에 대한 새로운 개념을 발전시켰다. 이미 1938년 7월에 한 사설은 물리치료 기술을 전쟁 준비와 연관시켰다. 작업치료는 이 업무의 중요한 측면으로서 특별히 언급되었다.[5] 전쟁 가능성이 높아지면서, 미국물리치료협의회는 군에서 그 지위를 높이기 위한 노력을 시작하였다. 1940년 6월, 군의 의무감에게 보낸 편지에서 군 의무부서에 물리치료서비스를 구축하는 데 도움을 제공하겠다고 하였다.[6] 한 달 후 '전시준비위원회가 물리치료를 망각했는가?'라는 제목

4 Ibid., pp. 599~600.
5 "Physical Therapy in the Next War", *Archives of Physical Therapy*, vol. 19, pp. 432~433.
6 William H. Schmidt, "Open Letter to the Surgeon General of the United States Army by the President of Our Congress", *Archives of Physical Therapy*, vol. 21, 1940, p. 367.

을 단 사설은 물리치료가 주변부에 위치하고 있음을 분명히 보여 주었다.[7] 사설은 가용 의사인력에 대해 군에 자료를 제공하기 위해 미국의사협회 전시준비위원회가 돌린 질문서에 물리치료가 누락된 것에 "쇼크"를 받았다고 표현하였다. 사설은 또한 제1차 세계대전 동안 정형외과 의사의 작업치료 보조사 유사 통제는 물리치료 의사의 부족 때문이라고 하였으며, 그런 업무는 자연스럽게 물리치료의 범위에 속한다는 뜻을 내비쳤다. 이런 사설의 기저에 깔린 것은 물리치료 의사들이 정형외과 부서에 전쟁 부상자들을 또다시 뺏길지 모른다는 우려였다. 정형외과 부서는 "부분적으로 수련받은 간호사들과 징집된 의료부서 인력 또는 아마 어쩌면 작업치료에 대한 짧은 수업을 받은 젊은 여성"으로 구성되었다는 것이 특징이었다.

이후 역사적 기록은 이런 사설을 통한 강력한 대응이 "제2차 세계대전 동안 군대가 이 의료 전문과목을 적절히 인식"하도록 이끌어 냈다는 것을 보여 주고 있다.[8] 지나치게 단순화시켜 얘기하는 것일 수 있지만 미국물리치료협의회의 활동들이 1942년 의사들에게 물리요법 기술을 가르치는 3개월 프로그램을 구축하는 데 도움을 주었다. 전쟁 기간 동안 300명 이상의 의사들이 이 프로그램에서 수련을 받았고, 이는 다른 조직이 이 영역으로 영향력을 확장할 수 있는 기회를 줄 수 있는 인력 부족을 방지했다.[9] 많은 의사들에게 물리치료 기술을 수련시키는 것

---

7 "Has the War Preparedness Committee Forgotten Physical Therapy?", *Ibid.*, pp. 425~427.
8 Paul H. Nelson, "The American Congress of Rehabilitation Medicine 1923~1973. Fifty Years of Progress", *50th Anniversary Program*, Chicago: American Congress of Rehabilitative Medicine, 1973, p. 7.
9 "The Need for Physicians Trained in Physical Therapy for the Army", *Archives of Physical Therapy*, vol. 23, 1942, p. 109.

은 또한 전후 민간의 상황에 도움을 주었는데, 몇몇 수련받은 사람들이 이 영역에 잔류했기 때문이었다. 제1차 세계대전의 경우와 같이, 이는 직업적 정체성과 전후에 네트워크를 유지할 수 있는 집행부를 구축하는 데 호의적인 사회적 환경을 제공하였다.

전쟁에 의해 주어진 이 기회는 물리치료 의사들에게 결정적이었다. 의미 있는 점은, 공식적인 전문의 자격이 그들이 전통적으로 주장했던 전문영역에 대한 인정에 의해 주어진 것이 아니라 전쟁에 의한 소요를 맞추기 위해 자신들의 노동의 정의를 바꾼 능력에 의해 주어진 것이었다는 점이다. 이런 변화는 1942년 처음으로 명백하게 형태를 갖추어 전반적인 장애와 질병의 요양기간을 담당하는 데 있어서 전문성을 주장하였다. 이 초점은 후에 '제3단계'라고 의학에서 불리는 용어에 맞추어졌는데 다양한 종류의 질병들의 급성기를 치료한다는 주장의 쇠락과 함께 이루어졌다.

하지만 이 시기의 한 사건이 급성질환에 있어 물리적 방법의 사용을 촉발했는데, 1940년 케니 수녀Sister Kenny에 의해 미국에 도입된 혁신적인 소아마비 치료가 그것이었다. 질병의 급성기 동안 움직임을 제한하라고 처방하던 전통적인 치료법과 반대로, 케니식 치료법은 열과 움직임을 처방하는 것이었다. 『물리치료연보』*Archives of Physical Therapy*는 1942년 1월에 이 방법을 두고 "매우 혼란스럽다. 아마 현대 운동학에 대한 이해의 부재 때문인 것 같다"라고 하였다.[10] 하지만 겨우 5개월 후, 케니 수녀에 대한 찬양이 다음과 같은 언어로 불려졌다. "의료계는 케니 수녀의 신념과 그녀의 생각에 대한 열렬한 지지에 빚을 지고

---

10 "The Kenny Treatment for Poliomyelitis", *Archives of Physical Therapy*, vol. 23, p. 367.

있다."[11] 11월에는 연보의 모든 이슈가 그녀의 접근법에 관한 내용에 할애되었다. 이런 갑작스런 태도 변화는 이 치료법이 물리치료의 발전에 도움이 될 수 있다는 자각에서 비롯되었으며, 특히 이 치료법은 정형외과 의사들이 자주 사용하는 운동제한에 대해 반대하는 입장을 취하기 때문이었다. 급성기 질환에 초점이 맞춰진 것이지만, 보다 활동 중심적인 치료법을 처방한 것은 환자 활동을 보다 강조하는, 물리치료 의사들이 밀접하게 관여하고 있는 변화와 일맥상통하는 일이었다.

'전반적 재활'이라는 생각은 제1차 세계대전까지는 휴면기에 있다가 특별한 전문성을 요구하는 의료적 활동으로 다시 부활했다. 물리치료 의사들은 또한 부적합한 민간인을 적합한 군사적 전력으로 바꾸기 위한 '예방적 재활'이라는 새로운 개념을 밀어붙였다.[12] 이런 매우 제국주의적인 개념은 물리치료법이 건강을 유지하고 증진시키며(예방적 재활), 급성기 부상과 질병을 치료하고 요양 환자들을 재활시키는 데 사용될 수 있다고 주장하였다.[13] 크루젠과 같은 몇몇 사람들은 군대에서조차 한 번도 구체화된 적이 없는 예방적 재활 작업에 있어 물리치료의 활용이 대중들에게까지 확장될 것이라는 희망을 품었다. 사실상 예방적 재활치료에 대한 추후 언급은 이 조직의 문헌에서 더 이상 나타나지 않았다.

---

11 "The Kenny Treatment for Poliomyelitis", *Ibid.*, p. 367.
12 Frank Krusen, "The Place of Physical Medicine in the Defense Program", *Ibid.*, pp. 453~495.
13 *Ibid.*, p. 453.

1) '외부인'의 영향

의료와 재활 간의 연계성의 발달은 물리치료 관계자보다는 외부에 있는 사람들에 의해 더 많은 영향을 받았다. 내과의사인 하워드 러스크 Howard Rusk는 재활에 있어 의료계의 관심이 제2차 세계대전 동안 자신의 활동으로부터 시작되었다고 말하였다. 그가 말하길 "재활이란 개념이 내가 이 사람들에게 얼마나 많은 것들을 해 줄 수 있는지 알게 되면서 점점 다가왔다". 러스크의 설명은 자기중심적인 반면, 재활이 "부상한" 시점부터 의료에의 편입의 기원을 추적해 나가는 데에는 상당히 정확하다.[14]

또 다른 이들 역시 물리의학과 재활이 의학으로 포함되는 데에 자신들의 역할이 있었다고 주장하였다. 예를 들어 정형외과 의사인 폴 매그너슨Paul Magnuson은 자신이 조직하고 운영자로 존 컬터John Culter를 고용한 병원 부서가 "이 나라에서 물리의료 과학의 시발점이었다"고 말했다. 컬터는 물리치료 의사들의 초기 대표 중 한 명이었고 제1차 세계대전 군 프로그램에서 두드러진 역할을 맡았다.[15]

하지만 러스크는 다른 어느 의사보다도 물리의학의 현대적 전문화의 시작과 관련이 있다. 1942년 그는 공군병원에서 요양기간을 유용하게 활용하는 프로그램을 개발했다. 그는 곧 워싱턴으로 향하여 미 공군을 위한 요양 프로그램을 만들었다.[16] 초기에 러스크는 그 프로그램을 미 공군 재생과 오락프로그램Army Air Force Reconditioning and

---

14 Howard A. Rusk, *A World to Care For: The Autobiography of Howard A. Rusk*, New York: Random House, 1972.

15 Paul D. Magnuson, *Ring the Night Bell*, Boston: Little, Brown and Co., 1960, p. 195.

16 Rusk, *A World to Care For*, pp. 12~21.

Recreation Program이라고 명명했다. 하지만 그는 곧 적십자의 반대에 부딪혔는데, 적십자는 법적으로 군에서의 모든 오락 프로그램들의 권리를 가지고 있었다. 러스크는 곧 프로그램의 훈련 측면을 강조하였고, 이를 미 공군 요양훈련 프로그램Army Air Force Convalescent Training Program이라고 개칭하였다.

1942년 군 의료를 연구하기 위해 만들어진 워드햄위원회Wadham Committee는 다양한 서비스를 갖춘 독립적인 요양센터를 만들려는 러스크의 바람을 지지했지만, 의무감은 일반 병원에 속한 요양 시설을 선호하였다. 이는 명백히 그가 환자 개인 주치의에 의한 자신의 통제력 상실을 우려했기 때문이다. 제1차 세계대전에서 의무감의 위치와 반대로, 군은 복귀하는 사람들(재생)에 대해서만 책임지길 원하였고 제대한 사람들은 보훈청(재활)의 몫이 되길 바랐다.[17] 백악관은 세번째 계획을 발표했는데, 이는 상이군인에 대한 책임을 보훈청에서 직업재활청Office of Vocational Rehabilitation으로 이관하는 것이었다.[18] 이런 입장은 제1차 세계대전 동안 민간 직업교육위원회에 책임을 맡기려 했던 백악관의 바람과 같은 맥락이었다.

이런 이해집단 간 분쟁은 백악관의 계획을 반영하는 라폴레 · 바든법의 실패로 촉발되었다. 이 법안은 보훈청과 참전용사단체들에 의해 완강히 거부되었다. 뿐만 아니라 학교 시설장과 맹인을 대변하는 주 이

---

17 U.S. Army ill World War II: The Medical Department: Hospitalization and Evacuation, Zone of the Interior, Washington, D.C.: Office of the Chief of Military History, 1956, pp. 117~118; The Medical Department, U.S. Army in World War II: Organization and Administration in World War II, Washington, D.C.: Office of the Surgeon General, 1963, pp. 213~214; Rusk, A World to Care For, pp. 86~90.
18 Russell J. N. Dean, New Life for Millions: Rehabilitation for America's Disabled, New York: Hastings House Publishers, 1972, p. 73.

익단체들과 같이 위협을 느낀 다른 조직들도 이를 반대하였다. 1943년 5월 통과된 한 법안(P.L. 16)은 전적으로 독립된 참전용사 프로그램을 보훈청이 관리하도록 함으로써 가장 큰 반대 집단을 해결하였다. 비슷하게 1943년 7월 통과된 보완적인 민법(P.L. 113)은 주 단위에서의 반대를 주정부가 해결하도록 넘기고 맹인을 위한 독자적인 프로그램을 제공함으로써 해결하였다.[19] 1943년 중반까지 전쟁 부상자들의 재활과 노동력 부족에 대응하여 민간 인력 동원을 위한 관료적 체계를 만드는 데 필요한 법적 단계들이 밟아졌다.

　민간 재활 프로그램의 성장은 이 법안으로 거슬러 올라갈 수 있다. 특히 중요한 것은 1943년 직업재활법이었는데, 여기에는 의료 서비스가 포함되었다. 비록 몇몇 의사들이 이 법이 '사회의료보장제도'를 위한 눈가림이라고 두려워했음에도, 그런 저항은 극복되었고 나아가 전후에 물리의학이 민간 재활에까지 확장될 수 있는 문호를 개방해 주었다.[20]

　직업재활에 속한 사람들은 필요에 부합하고 재활 프로그램에 대한 교육전문가들의 통제 때문에 이전에는 억눌려 있던 그들 자신의 직업적 염원을 발전시키는 의료서비스의 포함을 환영했다. 의료서비스의 포함은 그들이 자신의 업무의 교육적 개념으로부터 분리되어 서비스의 개별적 그리고 치료적 성격을 강조할 수 있게 하였다. 1943년 9월 직업재활과의 설치는 직업재활을 교육전문가의 통제로부터 분리시키는 것을 관철해 나갈 수 있는 방법이고 하나의 상징이었다.[21]

19　Esco Obermann, *A History of Vocational Rehabilitation in America*, Minneapolis: T. S. Denison and Co., 1965, pp. 279~290.

20　Dean, *New Life for Millions*, pp. 78~79.

21　Obermann, *A History of Vocational Rehabilitation*, pp. 274~290.

군에서 공법 113에 의해 군과 보훈청 모두 원하던 군에 의한 '재생'과 보훈청에 의한 '재활' 사이의 법적 구분이 설정되었다. 전쟁 동안 그 구분은 전혀 현실화되지 않았다. 왜냐하면 보훈청이 다시 군으로 돌아가지 않는 사람들이 필요로 하는 재활의 필요를 해소할 수 있는 적정한 프로그램을 개발하는 데 실패하였기 때문이다.[22] 이런 사건들의 한 관찰자는 보훈청의 실패의 정확한 원인들은 아마 결코 이해되지 못할 것이라고 말했다. 하지만 그것들은 아마도 보훈청 대표들의 보수성뿐만 아니라 이해단체들 간의 분쟁일 것이라고 했다. 시력을 잃은 병사들에 관해서, 이 관찰자는 "이해당사자들과 자선가들 간의 지속된 실랑이는 결국 의회에 의해 '맹인 참전용사를 위한 센터'가 허가가 났음에도 지원금을 받지 못한 곤란한 상황을 일으켰다"고 말했다.[23]

보훈청의 실패는 러스크와 다른 이들에게 프로그램 개발을 지속할 수 있는 기회를 주었다. 비록 그들에게 그런 프로그램을 제작할 수 있는 어떤 법적 권한도 없었고, 공군에 대한 권한을 가진 의무감의 반대에 부딪혔음에도, 이런 일이 일어났다. 보훈청 프로그램들은 전쟁이 끝날 때까지 조직화되지 못했기 때문에 군 재활에 개입해 있던 많은 사람들이 장애인들에 대한 보훈청의 접근방식을 발전시키는 데에 중요한 역할을 하였다. 이는 군과 전후 보훈청 프로그램 간의 연계성을 만들어 주었다.

1943년 동안 그리고 1944년의 대부분 육군과 공군은 군 재활의 성격을 놓고 계속 다툼을 벌였다. 이에 기기가 부족하고 전반적으로 부적절한 기관들의 다른 유형들 간에 조합이 만들어지게 되었다.[24] 그동안

---

22 *The Medical Department*, pp. 213~214.

23 C. Warren Bledsoe, "From Valley Forge to Hines: Truth Old Enough to Tell", American Association of Workers for the Blind, Inc.(reprint from *Blindness*, 1969).

러스크는 불구와 장애 연구소Institute for Crippled and Disabled 등 중요한 기관의 연계들을 통해 그의 프로그램을 계속적으로 만들어 나갔다. 그는 또한 군 내 재활 프로그램의 확장을 위한 압력을 행사할 수 있는 권력자들과의 인맥의 도움을 받았다. 특히, 그는 대통령과 가까운 두 사람의 지원을 받았는데, 엘리너 루스벨트Eleanor Roosvelt와 버나드 바루크Bernard Baruch였다.

아버지가 수중치료의 초기 옹호자였던 바루크는 1943년에 한 위원회에 자금을 주었는데, 이는 물리치료 의사들의 염원에 더 다가가는 중요한 메커니즘이 되었다. 바루크 위원회의 회원으로서, 러스크는 바루크가 대통령에게 가서 군 재활 프로그램을 위해 그가 지원할 수 있도록 해 달라고 설득했다. 백악관은 초창기에 군으로 복귀하지 않는 병사들을 위한 민간 재활을 선호했지만, 이제 바루크의 군 프로그램 옹호에 따라 돌아섰다. 바루크 계획에 대한 대통령의 호의는 육군장관에 의해 모든 군인은 제대하기 전에 "물리적·정신적 재활과 직업 소개, 직업 전훈련, 재사회화"를 받아야 한다는 명령을 이끌어 냈다.[25] 의무감은 계속 회피해 왔지만, 필요한 자원과 권한이 마침내 전쟁 마지막 해 동안 재활 프로그램을 창설하는 걸 가능하게 하였다.

2) 확장과 새로운 명칭

이런 법적·조직적 발전이 1942년부터 1944년 사이에 일어나고 있었지만, 미국물리치료협의회는 여전히 정치적으로 개입하지 않고 있었다.

---

24 *U.S. Army in World War II*, pp. 119~120, 189~190.
25 *Ibid.*, pp. 189~190; *The Medical Department*, p. 214; Rusk, *A World to Care For*, pp. 89~90.

대신, 물리치료 문헌들이 다른 의료 영역으로 물리치료 기술이 전파될 거라는 일반적인 긍정론을 표현하였고 의료행위의 보다 넓은 범위에서 물리치료 의사의 전문성을 인정하라고 주장했다.[26] 그들의 계속된 주변적인 지위로 인해, 물리치료 의사들의 주안점이 이렇게 제한된 목표에 있다는 것은 그리 놀라운 일은 아니었다. 그들은 보다 큰 이슈들에 대해 영향을 줄 힘이 없었던 것이다. 비록 그들은 재활에 있어서 증가하는 자신들의 참여에 대해 관심을 표하였지만, 아직 자신들의 성패를 요양 환자를 다루는 데에 결부시키지는 않았다. 1945년이 되어서야, 군 재활 프로그램이 급속히 확장되었고, 재활이 그들 이익의 중심이 되었다.

1941년『물리치료연보』사설은 향후 이 분야의 발전 요건을 분명히 표현하였다. 조직적 지원, 연구에 대한 관심 증대, 그리고 대학에 물리의학을 위한 "규모가 있는" 기관의 설립이 그것이다.[27] 한 해가 지나, 연례 학회의 회장 연설에서 비슷한 주제에 대해 목소리를 내며, 기초와 임상연구에 대한 요청과 함께 다음과 같이 물리의학이 전문과들을 "침략"하고 있다고 말했다. "여러 해 동안 물리의학은 정형외과의 하녀였습니다. 하지만 이제 우리는 물리의학이 신경과와 정신과, 피부과, 내과, 소아과, 비뇨기과, 외과, 이비인후과, 그리고 무려 안과에서까지 활용이 증가하는 것을 볼 수 있습니다."[28]

---

26 예를 들어 *Archives of Physical Therapy*에 실린 글: "A New Specialty of Physical Medicine", vol. 24, 1943, p. 682; "The Future Development of Physical Medicine", vol. 25, 1944, pp. 455~460; "New Horizons in Physical Medicine", vol. 25, pp. 525~528; "Physical Medicine Comes into Its Own", vol. 25, p. 721를 보라.

27 "Physical Therapy in Education and Research", *Archives of Physical Therapy*, vol. 22, 1941, pp. 619~620.

28 Fred B. Moor, "The Future of Physical Medicine", *Archives of Physical Therapy*, vol. 23, pp. 588~591.

바루크 물리의학 위원회의 설립은 그들 목표의 현실화에 중대한 일이었다. 그 위원회는 물리의학의 과학적 근거를 향상시키고 의료계에서 그들의 인정을 요구하기 위해 노력했다. 1944년 초반에 출판된 위원회의 첫번째 보고서는 "지난 전쟁이 정형외과를 하나의 인정받은 전문과로 확립시켰다고 한다. 이번 전쟁은 물리의학에 같은 일을 할지도 모른다".[29] 위원회 회원은 그 영역의 넓은 범위에 대해 다음과 같이 칭찬했다. "의료의 광범위한 영역은 빛, 열, 냉, 물, 전기, 마사지, 수기manipulation, 운동 그리고 물리치료와 작업치료의 기계적 도구들의 물리적 그리고 다른 효과적인 성질들을 질병의 진단과 치료를 위해 사용하는 것을 포함한다." 물리의학은 또한 관절과 근육 문제와 같은 특정 질환에 있어 예방적인 방법으로 묘사되었으며, 그 사용은 산업의학, 노인학 그리고 류머티즘 질환과 혈관 및 신경계 질환의 치료에 추천되었다.[30]

그 위원회는 물리의학이 마주하고 있는 3가지 주요 필요를 찾아냈다. 첫번째로 물리치료 의사의 "적정한 공급"이 필요하다고 하였다. 위원회는 연구 장학금 제도를 설립하고, 이른바 "순회 목사"를 만들어 학교들이 프로그램을 마련하는 데 자문을 제공하며, "안목 있는 매스컴의 주목"을 통해 그 영역의 "적절한 인식"을 촉진하기 위한 홍보를 추천하였다.[31] 두번째 필요는 기초와 임상 연구를 증가시킴으로써 그 영역의 지위를 발전시키는 것이다.[32] 이 연구는 생명물리학에 뿌리를 두어야 하며, 그렇게 함으로써 그 분과의 진단과 치료적 기술의 과학적 바탕을 제

---

29 *Report of the Baruch Committee on Physical Medicine*, April 1944, p. 1.
30 *Ibid.*, p. 2.
31 *Ibid.*, pp. 3~14.
32 *Ibid.*, p. 42.

공하는 것이다.[33] 세번째로 위원회는 물리의학을 전쟁에서 사용할 것을 애기하였고 전후 민간 상황과의 연계를 제공하였다.[34] 한 군의관은 위원회에 보낸 편지에서 다음과 같이 썼다. "만약 군대에서 재활이 의사의 지도하에 있다면, 이는 제대로 되어 있는 것이며, 지금 민간 생활에 있는 의사는 사례에 의해 이익을 볼 것이고 동원 해제된 이 과정들에 있어 경험으로 훈련된 많은 수의 남자들이 민간인 삶으로 돌아갈 것이고 일을 계속할 것으로 기대할 수 있다."[35]

바루크 위원회는 여전히 재활을 물리의학의 많은 것들 중 하나의 업무 영역으로 생각하였다. 하지만 다른 사람들은 동의하지 않았다. 가장 극단적인 사람은 러스크와 같은 이들이었는데, 재활이 독립된 전문 영역이 되어야만 한다고 믿었다. 또 다른 학파는 재활이 그런 업무를 감독할 수 있는 필요한 전문성을 가진 물리의학 내 의사들의 영역이 되어야 한다고 했다. 세번째 그룹은 재활이 한 전문과의 특권이 아닌 모든 의료에 있어 한 부분이 되어야 한다고 주장하였다. 그들의 의견불일치가 무엇이든 간에, 주요 이익단체들은 다음과 같은 바루크 위원회의 입장에 모두 동의하였다. 이는 재활에 있어 의료적 감독이 큰 위험에 처해 있다는 점만 제외하면 없앨 수 없다. 재활은 반드시 분명한 의료적 통제 아래 남아 있어야 한다.[36]

한 해가 지나고 바루크 위원회는 그 성과를 보고했다. 정보 센터와 연구비 분배기관 역할을 하는 중앙 본부가 설치되었고, 컬럼비아 대학

33 *Ibid.*, pp. 2, 42~48.
34 *Ibid.*, pp. 2~4; *Journal of Rehabilitation*, vol. 11, 1945, p. 30.
35 *Ibid.*, pp. 94~95.
36 *Ibid.*, pp. 56~57.

과 뉴욕 대학, 버지니아 의대의 모델 사업이 지원을 받았다. 그리고 다른 의대에서 진행된 연구와 교육이 연구비를 받았다. 위원회는 또한 컬럼비아 사범대학에서 벨뷰 병원 물리치료부서로 물리치료와 작업치료의 성공적인 이전을 가능하게 했다.[37] 비슷하게, 바루크 위원회는 일리노이의대가 물리치료와 작업치료의 권한을 가진 새로운 물리의학과를 만드는 데 일조하였다.[38]

바루크 위원회는 물리의학의 중요성이 확대되는 것의 상징이자 그 조직의 입장과 이해를 나아가게 하는 강력한 메커니즘이었다. 이 영역의 원로 대표가 최근에 코멘트를 남기길, 위원회가 "분투 중인 그리고 이제까지 낙심해 있던 의료 영역에 활력과 새로운 생명과 힘을 불어넣어" 주는 역할을 하였다.[39] 연구나 홍보와 같은 자금지원 활동을 통해 이를 달성하였다. 위원회는 또한 물리치료 의사의 업무를 합법화하고 버나드 바루크를 통해 권력자와의 다리를 놓아 줌으로써 정치적 역량을 제공하였다. 바루크 위원회에 의해 만들어진 제도적 구조는 인정을 받고 전후 시대에 확장하기 위한 지속적인 노력을 가능하게 하였다.

이런 제도적 개선은 물리의학의 개념이 '과학적' 진단과 치료를 통해 재생과 재활로 넓어지는 것에 신빙성을 더해 주었다. "요양의 과학적인 조직체"로서 재생의 사례들은 1945년 학회지에서 만들어졌다. 이

37 *Annual Report of the Baruch Committee on Physical Medicine*, April 1, 1944~March 31, 1945, pp. 6~7, 18.

38 H. Worley Kendell, "An Early Progress Report on the Development of the Department of Physical Medicine at the University of Illinois College of Medicine", *Archives of Physical Medicine*, vol. 28, 1947, p. 174.

39 Frank H. Krusen, "Historical Development of Physical Medicine and Rehabilitation During the Last Forty Years", *Archives of Physical Medicine and Rehabilitation*, vol. 50, 1969, pp. 2~3.

는 "재활에서" 수입의 회복과는 별개의 것이었다. 전쟁 동안의 경험은 "잘 조직된 재생 프로그램의 주요 성질이 자동적으로 물리의료과의 확장된 영역에 포함된다"는 것을 보여 주었다.[40] 요양의 관리에 대한 권리를 주장함에 있어서 요양 기간 중에 처방되는 치료로서 휴식에 의존하던 기존 방식을 공격하는 것이 필요했다. 이런 공격은 전쟁이 끝나면서 시작되었다. 한 저자는 치료 도구로서 휴식의 가치가 너무 오랫동안 격찬되어 왔기 때문에, "이 일반적인 치료법 때문에 직접적으로 발생할 수 있는 어떤 유해한 효과를 서술하는 것은 거의 이단취급을 받는다".[41] 하지만 다른 저자가 지적하길, 활동의 사용은 진정 새로운 것이 아니다. 1899년 이후로 수술 후의 활동과 조기 거동을 추천하는 의사들이 존재해 왔다.[42]

바루크 위원회의 조언에 따라 물리의학은 "분명한 보살핌과 생산성 있는 노동으로 돌아갈 수 있는 능력 사이의 죽어 있는 공간과 재훈련과 재생을 위한 체계와 의학과 그 환경, 직업, 사회적 지위 등과의 관계"를 차지하였다. 물리의학은 "일반의가 우려하는 선까지만 새로운 개념"이었다.[43] 위원회는 또한 전체 의료계가 "그들 지식의 상당 부분을 의료의 사회적 인식을 넓혀야 한다는 요구로 재조정해야 할 필요성"을 인식했다고 말했다. "정신과 신체적 건강의 지평은 지금까지 다른 전문직에 배타적으로 속해 있다고 여겨지던 영역으로 확장하고 있다."[44]

40 Henry B. Gwynn, "Reconditioning in Civilian Hospitals", *Archives of Physical Medicine*, vol. 26, 1945, p. 276; "Reconditioning of Civilian Patients", *Ibid.*, p. 300.
41 Robert Elman, "Physical Medicine in Surgical Convalescence", *Archives of Physical Medicine*, vol. 27, 1946, p. 197.
42 "Early Mobilization in the Postoperative Care of Surgical Patients", *Ibid.*, p. 513.
43 "The Baruch Committee on Physical Medicine", *Journal of Rehabilitation*, vol. 11, p. 32.
44 *Ibid.*, p. 31.

물리치료 의사의 개선되는 상황은 또한 이 시기의 내부적 발전이 반영되었다. 그들의 영역을 재개념화한 것은 그들의 영역에 맞는 새로운 명칭을 생각하게 하였다. 한 연보 사설은 물리치료 의사를 그들의 전문과를 "외부" 또는 "두정頭頂 의학", "재활" 또는 "물리의학"으로 개명하자고 제안하였다.[45] 이 사설에 이어 "물리생리학"이란 이름을 추천하는 한 의사로부터 편지가 올라왔는데, 왜냐하면 "물리학"과 "생리학"과의 연관성을 보여 주는 단어였기 때문이었다.[46] 뒤이어, "생리의학"과 "물리의학" 등의 명칭을 다른 이들이 추천하였다.[47]

1944년, 그들의 이름은 미국물리치료협의회의 연례학회에서 결의서를 통해 물리의학으로 바뀌었다.[48] 이 영역의 새 명칭은 "물리적 요소들의 의료적 사용에 있어 과학적이고 진단적인 근거"를 강조하는 것으로 홍보되었다. 더욱이, 새로운 이름은 "그 시술자들에게 더 큰 존엄성을 주는" 것으로 생각되었고, "의사와 기술자 모두에 의해 사용된 '물리치료사'라는 명칭의 불분명한 사용에 의한 혼란의 상당 부분을 극복"하는 데 도움을 주었다.[49] 그들의 진단 기술의 합법화는 "의학적 물리학"[50]의 과학적 기반을 주장하는 것과 환자 케어 위계관계 내에서 그들의 위치를 강화해 주었다.

물리의학 의사들은 그들 스스로를 무엇이라 불러야 하는지에 대해 관심을 쏟았다. 2년간의 심사숙고 후에, 미국물리의학회의 회원들은

45 "A New Specialty of Physical Medicine", *Archives of Physical Therapy*, vol. 24, p. 682.
46 *Ibid.*, p. 683.
47 *Archives of Physical Therapy*, vol. 25, pp. 52, 177, 230.
48 "A Memorable Annual Meeting", *Ibid.*, pp. 557~558.
49 "Physical Medicine in the United States", pp. 39~40.
50 Ibid., p. 40.

'physiatrist'[이하 재활의학과 전문의—옮긴이]라는 명칭을 선택했는데 이는, 그리스어 physis(자연)와 iatrea(치료)의 조합이었다. 비록 그들이 이 명칭이 "처음 사용할 때 이상하게 들릴" 수 있을 거라는 걸 인정했지만, 의사뿐만 아니라 대중들도 익숙해질 것이라고 믿었다.[51] 이 명칭은, 오늘날에도 여전히 쓰이고 있는데, 물리의학위원회에 의해 허가가 난 후 1946년에야 공식적으로 받아들여졌다.

마지막으로, 바루크 위원회와 물리의학위원회는 과학의회위원회가 미국의사협회 내에 영구적인 분과를 만들도록 요구하고 미국물리의학위원회American Board of Physical Medicine를 만들어 인증을 관리하도록 함으로써 전문과 인정을 추진했다.[52] 이런 노력은 1947년 미국물리의학위원회가 처음으로 자격시험을 시행했을 때 정점에 달했다.[53]

1947년에 이르러 재활의학 전문의들은 미국의사협회의 전문의 인정을 받았다. 그들은 전쟁 기회를 활용해 물리적 요소들의 진단적, 치료적 사용에 있어, 그리고 의료기사의 감독과 조직화에 있어 주장된 전문성을 바탕으로 공식 전문의 자격을 얻어 내게 되었다. 그들은 또한 그들의 초점을 급성기 치료에서 요양과 만성질환들의 치료로 초점을 바꾸었다. 동시에, 그들은 활동제한과 휴식보다는 활동과 운동에 기반을 둔 치료기법을 분명히 표현하기 시작했다.

---

51 "Physiatrist", *Archives of Physical Medicine*, vol. 27, p. 287.
52 *Annual Report of the Baruch Committee*, April 1, 1945 ~ December 31, 1946, p. 3.
53 "American Board of Physical Medicine", *Archives of Physical Medicine*, vol. 28, 1947, p. 531.

전쟁 중의 의료기사

1) 물리치료사

물리치료 기술자들은 두 세계대전 사이에 군 간호부대와 동등한 군에서의 지위를 얻기 위해 분투했다. 그들은 4개월에서 1년으로 수련기간을 늘렸으며, 1930년대 후반에는 수련 지망생들에게 신체 교육에 관한 학사학위를 요구했다. 원래 짧은 코스도 받아 왔지만, "물리치료 관점"을 가진 사람들을 모집하기 위해 이는 중단되었다.[54] 제2차 세계대전 직전, 물리치료 기술자들은 군사적 지위를 갖지 못했었다. 비록 그들이 민간 서비스 인정은 받고 있었지만 말이다. 하지만 인사위원회Civil Service Commission에서 그들의 비전문가적 지위 때문에 위원회가 의료기사들의 표준을 정하는 권한을 가지고 있었다. 특별히 의료기사에게 유해했던 것은 교육 요건으로 경험을 대체함으로써 인력 수요를 맞추는 위원회의 정책이었다.[55]

전쟁이 개시되었을 때, 기술자들은 "어떤 특정한 기준도 없는 상업적 학교들의 광고와 매년 많은 숫자로 배출될, 준비가 부족한 기술자들"에 의한 경쟁을 걱정하였지만, "승인된 학교를 졸업한 학생들의 급격한 부족이 있었다".[56] 미국물리요법협회의 고민은 수요가 공급을 초과했을 때 기준을 낮춰야만 하는 만일의 사태에 대한 것이었다.[57]

---

54 *Army Medical Specialists' Corps*, Washington, D. C.: Office of the Surgeon General, 1968, pp. 56~59.

55 *Ibid.*, pp. 57, 114~117.

56 Ida May Hazenhyer, "A History of the American Physiotherapy Association", *Physiotherapy Review*, vol. 26, 1946, p. 177(*JAMA*, March 11, 1939에서 발췌).

57 Ibid.

수요에 맞춰 공급하기 위해, 미국물리요법협회와 미국의사협회 물리치료위원회와 의학교육과병원위원회는 연합하여 민간 서비스 순위에서 '견습 물리치료 보조사'가 되는 기술자들을 배출하기 위한 고속 코스를 만들었다. 이들 보조사와 충분히 인증된 치료사 간의 차이는 단지 그들이 임상 업무를 덜한다는 것뿐이었다. 강조점은 새로운 수련자들과 전쟁 이전의 더 높은 민간 요건들을 만족시킨 사람들 간의 구별에 의해 가능한 높은 기준을 유지하는 것에 있었다. 『물리요법리뷰』 *Phisiotherapy Review*의 사설은 이 기준들의 존엄성을 반영하였다. "현재의 높은 수준의 교육은 그냥 만들어진 게 아니다. 오늘날 그것들은 당연하게 여겨지지만 우리 중 많은 이들은 이 기준들을 올리기 위한 긴 싸움을 기억할 것이다."[58] 두 미국의사협회 위원회와 합의한 사항은 그들이 전쟁이 끝난 후에 원래 표준으로 되돌리는 것을 이해한다는 것이었다.

미국물리요법협회는 이전 회원과 활동하지 않는 회원들에게 "응급 상황을 이용할 수 있는 가짜 치료사들로부터 본진을 지키기 위해" 복무하러 가는 민간인들을 대신하자고 하였다. 이런 민간인 경쟁자들에게 밀려날지 모른다는 두려움은 군에서 학생들을 빼돌리기 위한 "경쟁"이 아닌 "필요한 모든 사람에게 물리치료를 제공할 수 있게 하기 위한 모든 걱정들 중 일부로서 진정 어린 열망"으로 받아들였다.[59] 민간 학교에 지급되는 육군성 보조금을 통해 기술자를 늘리려는 제안서는 의무감에 의해 거절되었다.[60]

---

58 Ibid., pp. 177~178.
59 Ibid., p. 178.
60 Emma E. Vogel, "The History of Physical Therapists, United States Army", *Fourth Mary McMillan Lecture*, APTA, 1967, p. 9.

1940년 미국물리요법협회는 관계위원회Relation Committee를 만들어 지역 지부와의 연계를 강화하고 미국물리요법협회 대표들을 위원회와 관계 조직들의 프로그램에 배치시키려 하였다. 그런 노력들을 통해 미국물리요법협회는 미국 건강·신체교육·오락위원회American Association for Health, Physical Education and Recreation, 국립소아마비재단 자문위원회Advisory committee of the National Foundation for Infantile Paralysis, 바루크 위원회의 임상연구 하위위원회Subcommittee on Clinical Research of the Baruch Committee, 재활부서의 연방 안보기관의 자문위원회Advisory Board, Federal Security Agency, Rehabilitation Division, 그리고 국가재활위원회National Council on Rehabilitation(미국물리요법협회가 1942년 창립에 도움을 줌)를 대표하게 되었다. 추가적으로, 미국물리요법협회는 바루크 위원회와 국립소아마비재단뿐만 아니라 켈로그&로젠버그재단Kellogg and Rosenberg foundation으로부터 교부금을 받았다. 이 돈의 일부는 특별히 미국물리요법협회에서 사람을 고용하고 홍보를 통해 "물리치료의 대중화를 추진하는" 목적으로 사용되었다.[61]

이런 새로운 소통 네트워크는 미국물리요법협회가 물리치료 기술자의 군대 내 지위를 향상시키라고 의원들에게 압력을 넣을 수 있게 하였다. 미국물리요법협회는 회원들이 의원들에게 그들의 수련 기간, 그들 협회의 높은 기준 그리고 그들이 이런 표준에 대해 미국의사협회와 협력하고 있다는 것을 강조하여 의원들에게 편지를 쓰도록 하였다.[62] 그

---

61 Hazenhyer, "A History of the American Physiotherapy Association", pp. 175~179; *Memorandum*, American Physical Therapy Association Files, October 26, 1940, and September 25, 1941.
62 *Memorandum*, APTA Files, October 26, 1940.

리하여, 그들의 기준과 미국의사협회와의 관계를 바탕으로 기술자들은 인사위원회가 아닌 의무감 아래에서 모든 군사적 지위를 주장하였다.

기술자들에게 '계급'을 부여하는 법안이 1942년 통과되었다. 2년 후 그들은 장교를 달게 되었고 견습 물리치료 보조사는 하사관이 되었다. 이런 기존의 전문직 명칭을 군이 받아들인 것은 새로이 등장하는 직업적 경계를 공식화하는 역할을 하였다.[63] 새로운 제복이 지급되고 '보조사'라는 단어가 빠지면서 중요한 상징적 변화가 생겼다. 의사들이 '물리의학'이란 용어를 받아들이면서 의료기사들은 그들 스스로를 물리치료사라고 부를 수 있는 자유가 생겼다.[64] 일반 군인으로서, 물리치료사들은 인사위원회 규정으로부터 빠져나와 의무감 산하로 들어오게 되었다. 민간 물리치료사들은 전쟁이 끝난 후에도 인사위원회의 통제 하에 남아 있었다.[65]

변경된 통제의 위치는 의무감이 교육 요건을 무시하려는 인사위원회의 시도로부터 의료기사들을 지켰기 때문에 중요한 일이었다. 위원회는 여전히 1944년의 참전용사선호법안을 들어 그런 지원 자격을 피해 갈 수 있었다. 이 법안은 그들이 '비전문적인' 영역으로 참전용사들을 포기할 수 있도록 만들어 주었다. 한 예를 들면, 위원회는 영양사들의 학력 조건을 없애려 하였지만, 의무감이 반대하였고 위원회는 이 문제를 포기하였다.[66]

63 Rosemary Stevens, *American Medicine and the Public Interest*, New Haven: Yale University Press, 1971, pp. 114, 256, 277~285.

64 Hazenhyer, "A History of the American Physiotherapy Association", pp. 180~181.

65 *Army Medical Specialists' Corps*, pp. 105~106, 114~115; Hazenhyer, "A History of the American Physiotherapy Association", p. 181.

66 *Army Medical Specialists' Corps*, pp. 114~117, 171~172.

이전에 인사위원회와 적십자의 의무였던 물리치료사의 공급은 1943년에 보다 효율적인 미군 장교조달청의 책임이 되었다. 이 기관의 국가적 홍보 네트워크는 고등학교와 대학들까지 닿았고, "전국의 모든 사람들이 '물리치료사'라는 단어를 알게 되었다".[67] 모두 합쳐 전쟁 동안 배출된 1,600명의 물리치료사 중 절반 이상이 군사 프로그램에서 수련을 받았다.[68]

비록 지위와 숫자, 그리고 인지도의 이러한 변화에도 물리치료사는 의사에게 복종하였다. 위에서 기술하였듯이, 물리치료사들은 전시수련 프로그램의 허가를 받고 자신들의 기준을 유지하기 위하여 미국의사 협회의 의학교육과병원위원회와 긴밀하게 일하였다. 의사들은 1945년 위원회의 '물리치료기술자학교 인정 필수요건'에 물리치료사가 의사의 지시 하에서 일할 것을 요구함으로써 물리치료에 대한 지배를 강화하였다.[69] 대개의 경우, 물리치료사들은 의사와의 이런 관계에 반대하지 않았다.

여러 해 전에 뉴욕의료행위법(1926년)은 물리치료사에게 의사의 감독을 조건으로 자신의 치료소를 운영할 수 있는 자격을 주었다. 1943 년까지, 미국물리요법협회와 협력하지 않은 '자격증이 있는 물리치료 사들'은 어떠한 의료적 감독 없이 치료할 수 있도록 하는 뉴욕의 법안을 지지했다. 하지만 의사들의 보호 아래 남고자 미국물리요법협회 뉴욕 지부는 이 법안을 폐기하기 위해 의사들과 힘을 합쳤다.[70] 여기에서, 비

67 Vogel, "The History of Physical Therapists, United States Army", p. 8.
68 Ibid., p. 10.
69 "Recommended Change in Essentials of an Acceptable School for Physical Therapy Technicians", *JAMA*, vol. 129, 1945, p. 463; *Archives of Physical Medicine*, vol. 26, p. 659.
70 Hazenhyer, "A History of the American Physiotherapy Association", p. 177.

숫하게는 메릴랜드에서, 미국물리요법협회는 그 지부에게 물리치료사의 "최고의 동맹"인 의사 사회와 함께 일하라고 조언하였다.[71]

물리의료분과는 특히 이런 '의료행위'를 하려는 시도에 대해 우려하였다. "공중보건의 관점에서 부당하고 위험한 이런 요구를 물리치기 위해 의사들이 끝없이 시간과 에너지를 낭비해야 하는 상황에 처해 있다." 그 의사들과 동조하는 물리치료사들은 입법을 위한 막후활동이라는 본질적으로 소용없는 노력들과 시간 낭비에 관여하기보다는 "의사들의 호의"에 의존했다. 몇몇 주에서 "입법 열의"에 의해 일어난 문제들을 극복하기 위하여 국가적 기준을 제시할 것으로서 미국물리치료협의회가 운영하는 미국물리치료기술자등록협회가 지목되었다.[72]

내부 소통에 있어서 미국물리요법협회는 자격을 얻은 물리치료사들의 활동을 뉴욕의 "노조 문제"라고 언급했다. 자격증 문제는 1944년 전국회의에서 안건상정이 되었으나 거의 논의되지 않았고, 어떤 결론에도 도달하지 않았다.[73] 분명히 자율권 획득에 대한 관심은 지역 상황에 따라 달랐다. 뉴욕에서의 노력이 의사로부터 독립하려는 대대적 추진을 대표하지는 않았다. 물리치료 기술자에게 자격증을 주고자 하는 입법의 문제는 전쟁 후에 점점 중요해질 것이었다.

다른 조직들과의 마찰이 종종 군의 재생과 재활 프로그램 안에서 일어났다. 한 분쟁은 절단환자를 놓고 물리치료사와 작업치료사, 의지·보조기기사 간에 발생했다. 의무감은 물리치료사에게는 의지(인공 사지)를 맞추기 전에 환자를 맡을 권한을 줌으로써 이를 해결하였다. 맞추

---

71 *Memorandum*, APTA Files, December 17, 1947.
72 "Physical Therapy Technicians", *Archives of Physical Therapy*, vol. 24, p. 408.
73 *Memorandum*, APTA Files, May 17, 1944.

고 난 후에는, 상지절단환자는 작업치료사가 맡고, 하지절단은 물리치료사가 담당하기로 하였다.[74] 의지·보조기기사가 의지를 물리치료부서로 가져오면, 의족을 실제적으로 맞추는 것은 물리치료사가 참여했을 때만 이루어지도록 하였다.

반면, 작업치료사는 하지절단이 전체 절단 중 80퍼센트를 차지했기 때문에 여기에 있어 더 큰 역할을 원하였다. 이 환자들에게 자신들의 일이 주로 "기분전환용"이라는 것을 인정하면서도, 작업치료사들은 환자에게 의족 사용법을 가르치거나 취업 전 훈련에 있어 물리치료사의 "보조" 역할을 하길 바랐다.[75] 하지만 상지와 하지에 따른 노동의 분업은 유지되었고 이는 많은 민간기관뿐만 아니라 보훈청에서도 계속되었다. 지금에 와서는 초기 전후 기간 때보다는 덜 중요해졌다.[76]

물리치료와 의사 간의 연계가 강화된 것처럼 물리의학과의 관계도 그러하였다. 후자의 관계는 양쪽 두 집단 모두에게 점점 더 바람직한 일이 되었다. 이는 물리의학이 자신의 팽창하는 '제국'에 대한 지배를 공고히 하도록 도와주었고, 물리치료가 상품 지위 및 서비스 수요를 향상시키는 데 도움이 되었다. 1946년 육군의 새로운 물리의료자문가부서 Physical Medicine Consultants' Division 아래 물리치료, 작업치료, 신체재생이 배치되었을 때, 이런 이익단체들이 한데 모이게 되었다.[77]

전쟁이 끝난 후 물리치료사들은 의료시장의 한 부분에 대한 지배를

---

74 Barbara White(Editor, *Physical Therapy*), personal communication, June 19, 1974; Vogel, "The History of Physical Therapists, United States Army", p. 11.

75 *Army Medical Specialists' Corps*, pp. 290~291.

76 Jack Hofkosh(Director of Physical Therapy, Institute of Rehabilitation Medicine), personal communication, November 8, 1974.

77 *Army Medical Specialists' Corps*, p. 287.

강화하였고 그들의 전문가 지위를 상승시켰다. 그들은 특히 인사위원회 내에서 물리치료사에게 부여된 비전문가 등급에 대해 우려했다. 이 등급은 미국물리요법협회가 제시한 교육 조건을 피해 갈 수 있도록 해주었다. 전쟁 중에 낮아졌던 기준들은 간호와 신체 교육과 자신들을 더욱 구분하기 위해 높아졌다. 그들은 무려 4년제 물리치료 교육프로그램을 개설하려는 생각까지 하였다.[78] 재활서비스 수요에 대한 국가 보조금을 구하는 한편, 미국물리요법협회는 주와 국가적 계획에 영향을 미치고 보다 널리 그들의 조직과 단체의 가치를 입증하기를 원하였다. 이런 목표들은 지역과 국가 단위에서 법안 개발에 밀접하게 따라가면서 추구되었다.[79]

2) 작업치료사

비록 1930년대 후반 작업치료사가 의사와의 관계 회복을 시작했음에도, 양 세계대전 사이의 기간은 그들에게 힘겨운 시간이었다. 군 안에서 그들은 보다 장기간의 수련 프로그램을 요청했고 1924년 6개월 프로그램에 대한 허가를 얻어 냈다. 이는 1932년 9개월로 연장되었지만, 11개월 과정은 거절되었다. 1933년 군은 작업치료사와 물리치료사, 영양사의 수련을 중단했다. 뒤의 두 직업의 수련은 곧 다시 재개되었지만, 작업치료의 경우는 아니었다. 1939년에는 십여 명도 되지 않는 작업치료사만이 군복무를 하고 있었다.[80]

물리치료 기술자와 영양사가 군내 계급을 받고 의사 바로 밑에 배

---

78 Hazenhyer, "A History of the American Physiotherapy Association", pp. 177~178.

79 *Memorandum*, APTA Files, November 1, 1945.

80 *Army Medical Specialists' Corps*, pp. 4, 85~93; *U.S. Army in World War II*, p. 251.

치된 데 반해, 작업치료사들은 인사위원회의 일부로 계속 남아 있었다. 의무감은 작업치료를 의료적으로 '필수적인' 급성환자 치료 서비스라기보다는 기분전환용 활동으로 계속 인식하고 있었다.[81] 치료사의 관점에서, 위원회가 인력수요를 맞추는 데 있어 교육 요건을 무시하기 때문에 군내 계급을 얻는 데 실패한 것은 원치 않는 일이었다.[82]

미국작업치료사협회는 작업치료와국방위원회Committe on Occupational Therapy and National Defense와 참전위원회War Service Committee를 만듦으로써 군내 계급을 위한 캠페인을 시작했다.[83] 동시에 대중교육위원회Public Education Committee는 작업치료를 홍보하고 "의학적 치료"로서 그 가치를 보여 주기 위한 "전국적인 운동"에 착수했다.[84] 이 위원회들은 의사들이 신경정신분야와 정형외과분야를 나누어서 작업치료사들을 감독하고 작업치료사들이 적십자와 레크리에이션 강사들을 감독하는 것을 장려하였다.[85]

이런 구분된 분과들을 장려한 것은 작업치료사들이 아직 의료 노동의 분업 내에서 자신들의 위치를 물리의학의 권한 밑으로 떨어진 것으로 생각하지 않았다는 것을 의미하며, 물리의학을 정형외과 업무의 일환으로 여전히 바라보았다. 이런 권고들은 또한 그들의 업무에 '치료'가 아닌 '오락'이라는 딱지가 붙어 있는 자원봉사자와 레크리에이션 강사들의 활용에 대한 작업치료사의 우려를 보여 준다. 특히 문제가 되는 것

---

81 *Army Medical Specialists' Corps*, pp. 6~7, 101~102.

82 *Ibid.*, pp. 101~103 **참조**.

83 *Army Medical Specialists' Corps*, pp. 104~105; *American Occupational Therapy Newsletter*, vol. 3, November 1941, p. 1; vol. 5, July 1943, p. 2.

84 *American Occupational Therapy Newsletter*, vol. 3, March 1942, p. 2.

85 *Army Medical Specialists' Corps*, p. 105.

은 전쟁터에 일반 작업치료사들이 없다는 것이었다. 대신, 일에 능숙한 자원봉사자 또는 사병에 의해 운영되는 프로그램이 종종 '작업치료'로 불렸다. 다른 프로그램들은 간호사에 의해 운영이 되었고 쉽게 무시되지 못하였다. 이것들은 환자 개인의 상황에 대해 불충분한 주의를 기울인다는 것으로 비판되었다.[86]

권고를 이행하기 위하여 미국작업치료사협회는 주와 국가 차원에서 압력을 넣었고 공감하는 의사들의 도움을 요청했는데, 그들 중 일부는 미국작업치료사협회의 대표들이었다. 그 결과 작업치료사들에게 여군부대 내 장교직 제안이 들어왔으나, 그들은 이를 거절했다.[87] 그들이 원한 것은 물리치료사와 영양사가 받은 것과 비슷한 군 의료프로그램 내의 장교직이었다.

작업치료사의 상황에 있어 큰 개선이 일어난 것은 국립연구회의 내의과학과가 작업치료학회를 만들고 의사 감독 하에 있는 군내 계급을 주창하였을 때였다. 미국작업치료사협회의 참전위원회는 이 학회에 대표를 파견했고 학회와 미육군성, 인사위원회의 연석회의에 참여했다. 참전위원회와 작업치료학회의 한 가지 목표는 작업치료의 공직 분류를 '상공업'에서 '의업'으로 전환하는 것이었다.[88]

그들이 인사위원회의 권한 아래 남아 있었지만, 군 의무부서는 작업치료사의 "전문가적" 기준을 위협하는 것에 반대하였다. 의무감은 작업치료사의 조달에 "도움"을 주었고, 미국작업치료사협회 기준에 맞는 전문적 교육을 요구하였으며, 위원회가 보낸 치료사들을 "자격이 없다"

86 Ibid., p. 102.
87 Ibid., pp. 103~104.
88 American Occupational Therapy Newsletter, vol. 5, p. 2; vol. 6, May 1944, p. 2.

며 거절하였다. 마지막 전략이 실패하였을 때, 그 사람은 신체 또는 학력 기준 미달을 이유로 나중에 자격이 박탈되었다.[89] 그런 방식으로 작업치료사의 모집과 배치에 관한 인사위원회의 권한은 의무감에 의해 약화되었고, 의무감은 군 의료 활동의 모든 영역에서 자신의 권한을 유지하려 행동했다.

조직적으로, 작업치료사들은 정형외과 또는 신경정신과 중 하나의 권한 아래에 있었다. 1943년 그들은 작업치료에 호의적인 의사가 관장하는 새로이 조직된 재생 부서로 이전되었고 전쟁 기간 동안 그들은 그 부서에 남아 있었다.[90] 동정적인 부서장을 가진 것은 중요한 일이었는데, 작업치료사 임용이 미국작업치료사협회에 등록된 자나 인증된 학교 졸업생에게만 한정되었기 때문이다.

1944년 중반 미육군성은 마침내 작업치료사를 훈련하기 위한 긴급 전시코스를 시작했다. 이는 군 의료로 인정받았다는 상징이었고 치료사 공급의 증가를 위한 매우 중요한 발전이었다.[91] 전쟁이 끝날 때쯤 군 의료 시스템 내에는 447명의 물리치료 졸업생과 452명의 견습생이 있었다.[92]

자신들의 노동에 치료적 성질을 다시금 강조함으로써 작업치료사들은 의료계의 보호와 주도권 아래로 더욱 안정적으로 옮겨 왔다. 더욱 중요한 것은 재활의 재발견은 의사들이 작업치료를 더 인식하게 했는데, 재활에 있어 신체적인 면과 직업적인 면을 연결해 줄 가능성이 이들

89 *Army Medical Specialists' Corps*, p. 172.
90 *Ibid.*, pp. 106~107, 287.
91 *American Occupational Therapy Newsletter*, vol. 6, p. 2.
92 *U.S. Army in World War II*, p. 252.

에게 있었기 때문이었다.

물리치료 의사들은 특히 작업치료의 역할이 확장되는 것에 관심을 보였다. 『물리의료에 관한 바루크 위원회 보고서』*Report of Baruch Committee on Physical Medicine*는 작업치료가 성장하지 못한 탓을 그들이 바구니 세공과 직조와 같은 "예술적인" 것을 추구하는 데에 "무익하게 몰입"하고 있는 점으로 돌렸다. "작업치료는 그에 합당한 영역 중 극히 제한적인 부분만을 담당하고 있고, [……] 마땅히 속해 있어야 할 [……] 의료와의 접촉을 더 많이 했어야 했다."[93] 이득을 더욱 공고히 하고 확대하기 위해 재활의학과 전문의는 이제 작업치료를 신경정신과 혹은 정형외과의 일부가 아닌 "물리의료의 한 과정"으로 보게 되었다.[94]

대부분의 작업치료사들은 의료 모델의 적용을 환영하였고 의료계에 대한 종속도를 높였다. 하지만 몇몇은 물리의료와의 보다 가까운 관계에 의문을 품었고 모든 전문과의 일차 의료인과의 접촉을 지속해야 한다고 주장했다. 향후 몇 년 동안 물리치료사들은 물리의료와의 보다 밀접한 연계에서 거의 이득을 보지 못하였다고 점점 더 인식하게 되었다. 대신, 치료사들은 이 관계를 물리의료 제국의 홍보를 위한 수단으로 바라보기 시작하였다.[95]

작업치료사들은 또한 의료와 재활에 더 깊이 관여하게 되면서 다른 직업들과의 영역분쟁을 마주하게 되었다. 분쟁의 소지가 작업치료사들이 새로운 가능성들을 맡아 가면서 증가하게 되었다. 이런 과업 중 몇몇

---

93 *Report of the Baruch Committee on Physical Medicine*, April 1944, pp. 53, 77.
94 "Occupational Therapy a Part of Physical Medicine", *Archives of Physical Therapy*, vol. 25, p. 230.
95 Wilma West(Former President, AOTA), personal communication, June 25, 1974.

은 의지 훈련 및 보조기 제작, 일상생활 훈련, 점진적 저항운동, 직업평가 및 훈련, 자기치유, 무의식적 요구 다루기, 그룹치료, 환자의 공예활동을 바탕으로 정신역동학 만들기 등을 포함한다.[96] 의지보조기기사와 교정치료사, 재활상담사, 미술치료사, 사회복지사를 포함한 현대적 재활 노동의 분업 내의 사실상 모든 직업과 잠재적인 분쟁 가능성이 존재하였다. 1940년대 작업치료와 물리치료, 그리고 직업재활 사이에 실제적 문제가 존재했다. 이 싸움은 개별 노동 상황에서 직업 간 협동과 분쟁 해결을 요청하는 것에 비춰졌다.[97] 간단히 말해, 작업치료가 확장하는 그리고 점점 복잡해지는 재활 노동의 분업의 일부가 되었다는 것이다.

전후 초기

전쟁이 끝난 직후, 물리치료의 영역은 군 의료부서의 재편과 군에서 만들어진 아이디어와 프로그램들이 다른 기관으로, 특히 보훈청으로 퍼지면서 정점에 도달했다. 물리의학은 1946년 육군에 물리의학자문단 부서가 설치되면서 마침내 군 재활에 대한 지배를 획득했다. 물리치료와 확장된 작업치료, 신체재생 서비스들이 물리의학의 지휘 아래에 놓였다.[98] 이 재편은 초창기에 750병상 이상의 병원에 적용되었다. 보다 작은 병원들에는, 물리치료가 정형외과 아래에 있었고, 작업치료와 재생

---

96 Anne Cronin Mosey, "Involvement in the Rehabilitation Movement—1942-1960", *American Journal of Occupational Therapy*, vol. 25, p. 235.

97 T. Arthur Turner, "The Relationship of Public and Private Agencies", *Journal of Rehabilitation*, vol. 11, p. 17.

98 "Physical Medicine Service Established in Army Hospitals of More than 750 Beds", *Archives of Physical Medicine*, vol. 28, p. 47.

은 재생부서 밑에 놓여 있었다. 또한, 요양서비스부서는 "비전문적인 기능", 예를 들면 오락과 교육을 맡도록 조직되었다. 이 과정에서 병원 내각 과의 수장을 맡고 있던 물리치료사들은 재활의학과 전문의들로 교체되었다.[99] 대체는 물리치료사들이 다른 병원 서비스의 장들과 직접적으로 관계가 있거나 병원 직원회의에 참여하고 있는 경우에는 특히 어려웠다.

일반적으로, 물리치료사와 작업치료사 모두 자신들의 행정적인 그리고 전문적인 일에 대한 통제권한 일부를 잃었다. 재활의학과 전문의들은 이제 다른 의사로부터의 의뢰를 검토하고 환자에게 물리치료와 작업치료를 처방할 수 있었다.[100] 이런 배치는 민간영역에서 모방될 때한때 찬양받았다. "민간 병원들은 물리의학에 자격을 갖춘 전문의의 지휘 아래 물리치료와 작업치료 그리고 재활의 보다 나은 협력관계를 보여 주는 군 병원들의 사례를 따라야 한다."[101] 물리의학의 이런 확장은 대체된 물리치료사들의 불만이 일어나게 했고[102] 보다 일반적인 수준에서 성장하는 의료기사들 사이에 부정적인 반응을 불러일으켰다. 그들의 지위와 안정성이 향상됨에 따라, 의료기사들은 점점 자신들의 노동과 전문가적 활동에 대한 물리의학의 지배에 저항하였다.

1) 보훈청

전쟁 후 보훈청에서 의료재활의 발전은 향후 노동분업에 지대한 영향

99 Benjamin Strickland, "Physical Medicine in the Army", *Ibid.*, pp. 233~234.
100 Alfred Ebel(Physical Medicine Department, Montefiore Hospital), personal communication, March 4, 1974.
101 Strickland, "Physical Medicine in the Army", p. 232.
102 *Army Medical Specialists' Corps*, pp. 135~136.

을 미쳤다. 1940년대 보훈청 의료프로그램은 보훈청 의무부서의 "황금기"로 불렸고,[103] 뿐만 아니라 "제국 건설"의 시기였다.[104] 이는 재활 프로그램에서 특히 사실이었고 물리의학에 있어서 더욱 그러하였다. 이후 20여 년에 걸쳐 여러 경우에 있어 보훈청의 재활의학부서는 다음과 같은 직종들을 포함하였다 — 물리치료, 작업치료, 교정치료, 공예치료, 산업치료, 교육치료, 오락치료, 농아 및 맹인 치료. 서로 간의 그리고 재활의학과 전문의 및 보훈청 의료 계급 사이의 분쟁은 전쟁이 끝난 직후 시작되어 오늘날까지 이어지고 있다.

전쟁 관련 의료 및 재활 서비스 수요는 보훈청을 재편하기 위한 입법적·행정적 활동들을 촉발하였다. 이런 활동들은 보훈청을 제국 건설의 경기장으로 들어오게 했다. 전쟁의 끝 무렵, 오마르 브래들리Omar Bradley 장군은 보훈청장이 되었고 그와 함께 복무했던 폴 홀리Paul Hawley 장군이 의무부장이 되었다. 그들은 새로운 보훈청 의무부서를 만들 의회 권한을 얻었고 "브래들리 장군의 청소"에 착수했다.[105] 흥미롭게도 버나드 바루크는 브래들리의 친구였다. 보훈청 의료프로그램 계획을 짜는 동안 브래들리는 소문에 따르면 바루크와 접촉을 하였고 바루크 위원회 물리의료 보고서들에 의존하였다.

폴 매그너슨Paul Magnuson 이후에 홀리의 뒤를 이을 정형외과 의사는 '학장위원회 시스템'을 구축하여 지역 의대와 보훈청 병원을 연결시켰다. 이 '시스템'은 의대교수들을 활용할 수 있는 방안, 특히 군 의료프

---

103 Magnuson, *Ring the Night Bell*, p. 318.
104 Benjamin Welis(Former Deputy Chief Medical Director, Veterans Administration), personal communication, May 20, 1974.
105 Bledsoe, "From Valley Forge to Hines", p. 97; Dean, *New Life for Millions*, pp. 92~93.

로그램에 중요한 의사들의 도움을 확보할 수 있는 방안을 제공해 주었다. 그 해, 도널드 코발트Donald Covalt가 재활의학과 과장으로 임용되었고, 러스크와 크루젠이 프로그램 자문위원으로 활동하였다.[106]

러스크는 자서전에서, 트루먼 대통령으로부터 보훈청 프로그램을 재조직하는 데 도움을 달라고 요청받았다고 서술하였다. 마지막 부분에는 그가 보훈청을 맡게 될 브래들리에게 영향을 끼치기 위하여 회의 참가자 중 한 사람의 주치의로 근무하는 것처럼 가장하여 포츠담 회담에 참석하였다.[107] 러스크가 의료재활의 자문위원인 반면 크루젠은 물리의료에 대해 자문을 해 주었다. 크루젠은 물리의학의 자연스러운 부분으로서 재활의 새로운 작업들을 수용하였지만, 그는 물리의학이 전문과의 주요 과업이 되어야 한다는 입장을 견지하였다.[108]

인사위원회의 인사정책 결정 권한은 이 의사들이 군에 존재했던 프로그램들을 재창조하고 확장하는 것을 방해하였다. 하지만 강력한 참전용사 단체의 지원을 받아 보훈청 의료과는 공법 293조의 로비에 성공하였고, 이로써 위원회의 권한을 없애 버렸다.[109] 이 법은 물리의학의 의사들이 노동분업을 창조하고 지배할 수 있는 길을 열어 주었다.

물론 그들은 여전히 이런 목표들을 달성하는 데 제약을 받고 있었다. 진행 중인 분쟁은 의사직과 직업재활 간의 문제였다. 직업재활의 수장은 소문에 따르면 재활 과업들을 의료과와 공유하는 것에 저항하였

---

106 *Medical Care of Veterans*, Washington, D. C. : U.S. Government Printing Office, 1967, p. 193.

107 Rusk, *A World to Care For*, p. 91; Dean, *New Life for Millions*, pp. 92~94.

108 James Garrett(Assistant Administrator of Research and Training, Rehabilitation Services Administration), personal communication, April 15, 1974; Donald Covalt, "Physical Medicine and Rehabilitation in the V.A.", *Archives of Physical Medicine*, vol. 28, p. 327.

109 Magnuson, *Ring the Night Bell*, pp. 278~288.

다.[110] 또한 브래들리의 후임인 칼 그레이Carl Gray 장군은 의무과장인 매 그녀슨이 원한 전문직 통제를 대가로 행정적 특혜를 증가시켜 주고자 하였다. 그레이는 보훈청 내에서 의사의 권한을 줄이려 시도하였다. 이에 이어진 싸움은 의회 소위원회 청문회가 열리도록 만들었고, 이는 의사의 통제를 권고하였다. 매그녀슨이 답하길, "보훈청 내에서는, 의사가 집주인이다".[111]

2) 재활의학 서비스

'의료재활'이라 불리는 의료의 '제3시기' 개념의 수용은 보훈청에서 처음 등장했다. 소문에 의하면 몇몇 의사 집단이 '의료재활'이라는 단어가 사회주의 의료제도를 향한 움직임을 의미한다는 두려움을 가지고 있어서 이 분야의 명칭이 결국 '물리의료와 재활'로 결정되었다고 한다.[112] 의료재활 서비스는 원래 몇 개의 분야로 구성되어 있었는데 여기에는 물리의학, 산업의학, 청각재활과 시각재활이 포함되었다.[113] 이런 구성은 물리의학을 물리치료와 작업치료 그리고 후에 교정치료라고 불릴 교정 신체훈련의 새로운 영역의 직접적 지배 아래 두었다.

처음에 의료재활은 조직적으로 산업치료와 구분되었다. 하지만 교육과 직업 재훈련 작업을 의료적 치료의 한 형태로서 재정의한 것은 교육치료와 공예치료의 영역을 생기게 하였다. 그들의 일차적인 책임은

---

110 Dean, *New Life for Millions*, pp. 95~96.
111 Magnuson, *Ring the Night Bell*, pp. 323~350.
112 C. Warren Bledsoe(Division for the Blind, Rehabilitation Services Administration), personal communication, April 15, 1974.
113 "Trends in Training in Physical Medicine", *Archives of Physical Medicine*, vol. 28, p. 301; Covalt, "Physical Medicine and Rehabilitation in the V.A.", p. 328.

치료를 제공하는 것이었고 이차적으로 지식과 술기를 가두는 것이었다. 비록 한 명의 전문지식이 없는 행정관이 비-의료적인 감독 책임을 맡고 있었지만 이런 직업들의 업무는 재활의학과 전문의의 처방에 의해 이루어졌다.[114] 두 조직에 대한 물리의학의 권한은 그들의 업무가 치료행위로서 재정의되고 의사의 감독 아래에 있는 보훈청의 확장하는 의료영역에 포함될 때까지 애매모호했다. 여러 해가 지난 후 교육과 직업훈련 작업으로의 침투 시도는 다음과 같은 말로 정당화되었다. "보훈청은 제대자의 의료적 건강과 직업적 미래에 대한 책임이 있기 때문에 의료 지도 아래 가능한 서비스를 교육과 직업적 활동까지 확장하는 것이 필요하다."[115]

물리의학과 시청각 및 언어장애를 다루는 영역 간의 관계는 더욱 모호하였다. 맹인을 위한 프로그램은 일반적으로 자율성을 누렸다. 예를 들면 맹인을 위한 주위원회는 자주 다른 재활 위원회와 분리되었다. 보훈청 의료시스템 안에서 그런 상대적 자율성은 직업적 힘이라기보다 조직권력 기반의 결과였다.

시각장애인을 위한 주요 집단은 현재 '보행전문가'라고 불리는 사람들에 의해 보훈청 안에서 만들어졌다. 시각장애인을 위한 프로그램을 만들고자 노력했던 그들은 완전히 재활에 책임을 지는, 하지만 다른 위원회로부터는 독립한 보훈청 직원들을 개발하려고 하였다. 재활의학과에 기존에 있던 의료기사들은 새로운 직업의 발달에 저항하였다. 교

114 William H. Redkey, "Bringing Rehabilitation to the Hospital", *Journal of Rehabilitation*, vol. 14, February 1948, pp. 10~12.
115 H. D. Bowman, "Medical Rehabilitation in the Veterans Administration", unpublished report, March 1972, p. 21.

정치료사들이 가장 심하게 반대하였는데, 그들은 "이것을 그들이 발전시키고 있는 영역에 속한 것으로 여겼다". 일단 이런 저항이 극복되자, 교정치료사들의 수장은 그 밑의 치료사들 일부를 보행전문가의 핵이 될 수 있도록 파견하였다. 이런 전문가들은 보훈청 내에서 조직화하고 성장하였으며, 결국 1950년대에 민간 의료시장으로 퍼져 나갔다.[116]

1950년대에 정부와 민간단체, 재단 그리고 보행전문가 대표들이 참여한 회의에서 향후 발전방향을 논의하였다. 보행전문가가 되기 위해서는 적어도 1년간의 졸업 후 수련과정이 필요하며 이는 직업재활청 Office of Vocational Rehabilitation을 통해 지원하는 것으로 결정하였다. 이 영역의 민간에서의 발달로 지금은 "자립"하였지만 그 당시에는 정부의 자금지원에 크게 의존했었다. 현재는 석사학위가 필요하여 주 자격증 법안통과를 위한 시도가 이루어지고 있다.[117] 보훈청에서, 그들은 재활의학과 전문의에 대한 자신들의 자율성을 유지하고 있다. 특정 병원에서는 물리의학의 권한 아래로 들어가 있는 경우가 종종 있지만, 보행전문가는 워싱턴 중앙 사무실에서는 물리의료의 통제로부터 자유롭다.

언어와 청각 장애를 다루는 사람들은 또한 어떤 직업들보다도 큰 자율성을 유지하고 있다. 이 경우에 직업단체의 힘이 중요한 요소였다. 한 관찰자의 기록에 따르면, 언어치료사들은 대부분 박사급이었는데, 물리의학에 속하지도 않았고 "다른 어떤 곳에도 넣을 데가 없었다".[118] 보훈청에서, 언어병리학자는 1965년까지 재활의학과에 속해 있었다.

116 Bledsoe, "From Valley Forge to Hines", p. 125.
117 Bledsoe, personal communication, April 15, 1974; Donald Blasch, "Orientation and Mobility Fans Out", *Blindness 1971*, pp. 910.
118 Florence Linduff Knowles(Former Chief of Physical Therapy, Veterans Administration), personal communication, May 14, 1974.

하지만 의사의 직접적 감독 아래 일할 의무는 없었다. 재활의학 전문의들은 언어병리학자들의 작업을 처방하는 데에 성공적이지 않았고 물리치료사의 것과 비슷한 등록 명부를 만들지도 못했다. 언어병리학자들은 물리의학의 통제로부터 여전히 자유로우며, 이는 보훈청과 민간영역에서 모두 그러하다.

또한, 보훈청의 언어병리학자들은 병원의 재활의학과에 속해 있을 수 있지만, 중앙사무소에서는 물리의학의 권위 밖에 남아 있다. 민간 병원에서는 그들이 재활의학과에 속해 있을 수 있지만 상당한 자율성을 유지하고 있는 것으로 보인다. 예를 들어, 뉴욕 몬티피오리 병원에서 언어청각장애부서는 의료재활 아래에 있다. 모든 환자는 재활의학과 전문의가 처음 진찰을 하지만 그들은 평가를 요청할 수 있지 특정한 언어치료서비스를 처방할 수는 없다.[119]

물리의학은 1960년대에 언어청각치료자들에 대한 통제를 강화하려 움직였다. 이들 치료사들의 물리의료와의 더 밀접한 동맹에 대한 관심이 없는 것을 반영하듯, 미국언어청각협회American Speech and Hearing Association(ASHA)는 1961년에 국가인증위원회National Commission on Accreditation(NCA)에 수련 프로그램의 승인체가 되어 달라고 요청하였다. 국가인증위원회는 미국의사협회의 의견을 조회하였고 의사협회는 "의료적 지도가 위치하는 지점이" 어디인지 분명하지 않다는 근거로 그런 승인에 반대하였다. 대신, 미국의사협회는 협력 프로그램을 구상하였고 재미있게도 가능한 협력자로 재활의학과가 아닌 정

---

119 Neil Sheldon(Chief, Speech and Hearing Department, Montefiore Hospital and Medical Center), personal communication, July 24, 1973.

신과와 이비인후과를 언급하였다. 제국 건설이라는 것을 부인하면서, 미국의사협회는 그 영역과 예를 들어 간호사와 벌어졌던 "불편한 상황"을 피하고자 하는 욕구 간의 밀접한 관계로부터 도출된 우려를 언급했다.[120]

미국언어청각협회는 그 회원들이 독특한 원칙을 가지고 있다고 답변하였다. 이는 "응급구조사"와는 다른 것이며 그들의 노동은 "정신교육적"이며 소통기술의 발달을 포함하고 있지 "의학적 치료"를 제공하는 것이 아니라고 하였다.[121] 그들은 물리의학과가 "중요한 오해"를 하고 있다고 불만을 표했는데, 이런 요구는 언어치료에 대한 완벽한 이해가 없는 것으로 보였다. 언어병리학자들은 그들의 업무를 다른 의료기사들이 가진 수준의 의료행위로 정의하려 하지 않았다. 1920년대와 1930년대 동안 국가언어교사협회로부터 분리되어 나오면서, 그들은 의사들의 인정을 받으려 하였지만 그들의 교육자로서의 뿌리를 결코 거부하지 않았다. 그들이 의사로부터 인정을 받으려는 노력은 1930년대 후반에 그들 협회의 대표를 의사에 의존했던 것과 언어병리학자와 의사 사이의 보다 밀접한 협력을 요구하는 논문들을 포함한다.[122]

물리의학은 언어병리학자에 대한 요구를 지속했다. 1972년 보훈청의 의료재활에 대한 보고서는 언어치료를 의료재활의 "필수적인 부분"이라고 언급하였다. 이 보고서는 "언어치료사에 의해 행해지는 발성근육들의 재교육과 물리치료사에 의한 다른 신체 근육들의 재교육에는

---

120 *Memorandum*, AMA Files, January 1962.
121 Letter from ASHA to NCA, AMA Files, June 1962.
122 Max Goldstein, "The Otologist and the Speech Pathologist", *Journal of Speech Disorders*, vol. 3, 1938, p. 231; Sidney Weissman, "Speech Pathology in Medical Colleges", *Ibid.*, pp. 215~216.

근본적인 유사점이 존재한다"고 하였다. 결론적으로, 이 보고서는 전체 의료재활 프로그램은 "현재 언어치료가 빠져 있는 통일화된 의료 지도 아래 들어가야 한다"고 하였다.[123]

몇몇 회의 이후에, 미국언어청각협회는 미국의사협회의 의료교육과병원위원회로부터 온 두 대표들을 수련기관의 필요조건을 구성하고 적용하는 승인 주체에 포함하기로 하였다. 또한 의사들이 모든 기관에 방문하는 것을 허락했다.[124] 그렇게 미국언어청각협회는 언어병리학자에 대한 지배를 다시 주장하고 확장하려는 재활의학과의 노력을 피했지만 국가인증위원회의 인정을 받기 위한 인증 활동에 미국의사협회의 참여를 받아들였다. 간단히 말해, 미국언어청각협회는 부분적인 자율성의 기반을 만들었다.

3) 의료기사

노동분업 안에서 의료기사 단체 간의 다툼은 그들의 물리의료와의 관계보다 더 문제가 심하였다. 물리의료의 재활의료팀의 조율과 요양의 과학적 관리에 대한 요구는 그들의 의료기사에 대한 권한에 근거한다. 이런 직업 간의 분쟁은 재활의료팀의 수장으로서 물리의료의 요구를 위험에 빠지게 하였다.

물리치료와 교정치료 간에, 그리고 작업치료와 공예치료 및 교육치료 간에 중대한 중복이 발생했다. 이 단체들 간에 조율을 하기 위한 시도는 중앙의료부서가 교육치료와 공예치료를 작업치료와 통합하라고

---

123 Bowman, "Medical Rehabilitation in the Veterans Administration", p. 52.
124 *Memorandum*, AMA Files, September 1963 and December 1963.

명령을 내린 1949년에 이루어졌다. 큰 저항에 부딪혀 이 명령은 결국 1952년에 철회되었다.[125] 재활의학과에서 직업적 이해단체들이 서로 맞물리는 것은 재조직을 방해했는데 왜냐면 이것이 이 두 직업의 생존을 위협했기 때문이다.

더욱 직접적인 분쟁은 민간영역에 더 큰 영향을 주었는데 물리치료사와 교정치료사 간에 발생했다. 교정치료사들은 물리치료사의 부족에 의해 전쟁 중에 발생되었다.[126] 초창기에는 신체 교사들이 모집되었고 '운동치료'를 군내 정신과 환자들에게 제공하도록 훈련되었다. 후에 그들은 전쟁 부상자들과 일하게 되었고 전쟁 중에 그들과 일한 러스크와 같은 의사들에 의해 보훈청에 오게 되었다.[127]

교정치료사들이 남자이고 물리치료사들이 대부분 여자라는 사실은 이 분쟁에 영향을 미쳤다. 군과 보훈청은 남자들이 신체적 운동을 다루는 것을 선호하였는데, 이는 교정치료사들의 주요 과업이 되었다. 당시 여성에 의해 관장되는 재생 작업은 만연한 성역할 고정관념에 거스르는 것이었다. 교정치료사들에 의해 시작된 이데올로기적 공격은 여성 물리치료사들이 사지마비 환자를 다루기에는 충분히 강하지 않다는 내용이었다.[128]

전쟁 당시 군에서 물리치료사와 교정치료사 간의 유일한 분쟁은 절단환자의 보행 프로그램에 대한 논쟁이었다. 의무감으로부터 내려온

125 *Physical Medicine and Rehabilitation Service* (unpublished report of Medical Director's Advisory Committee of Hospital Directors, January 1972), p. 2.
126 Warren Smith(Chief, Corrective Therapy, Veterans Administration), personal communication, June 21, 1974.
127 Ibid.; Hofkosh, personal communication, November 8, 1974.
128 Knowles, personal communication, May 14, 1974.

지시는 물리치료사에게 모든 책임을 부여하라는 것이었다.[129] 하지만 이 두 조직을 보훈청 안에 함께 둔 것은 곧 과열된 다툼을 불러일으켰다. 그들의 업무를 나누기 위하여, 물리치료사는 신체의 손상된 부분에 집중하고 교정치료사는 그렇지 않은 부분을 다루라는 것이었다. 즉, 한쪽은 수동적이고 다른 한쪽은 능동적인 것이다.[130] 이런 구분은 문제를 전혀 완화시키지 못하였다. 물리치료사는 교정치료사를 불필요하게 자신들의 기능을 복제한 것이고, 반면 교정치료사들은 재활 노동분업 안에서 자리를 잡기 위해 싸웠다.

비록 보훈청 내의 몇몇 재활의학과 전문의들이 교정치료사를 지지했지만, 미국물리의학위원회는 민간 영역에서는 물리치료와 매우 유사한 직업에 대한 수요가 없다고 주장하였다. 학회지의 사설은 "수련과 시술에 있어 단순한 확장 과정을 통해 물리치료가 성공적으로 현재 교정신체재활[교정치료]이 하고 있는 일들을 대체할 수 있을 것이다"라고 하였다.[131] 하지만 물리치료사들은 그들의 교육과 시술에서 '치료적 운동'을 무시하는 것으로 보아 그들의 초점을 바꾸길 원하지 않았다.

물리의학은 작업치료가 민간 영역으로 확장하는 것에 저항하였다. 왜냐하면 기존의 작업치료와의 관계 및 약속이 있었고 교정치료사가 의료지식이 없다는 것도 걱정이었기 때문이다. 재활의학과 전문의는 직업의 기준을 높여 오는 데 있어서 물리치료와의 오랜 관계를 지적했고 교정치료를 민간 시장에서 포함하는 것은 이 기준에 위협을 가할 것

129 "Trends in Training in Physical Medicine", p. 302.
130 Ibid., p. 301.
131 Ibid., p. 302.

이라고 생각했다.[132] 더욱이, 민간 영역에서 재활의학과 전문의는 교정치료사에 대한 통제를 거의 하지 못하였다. 잠재적인 경제적 경쟁과 노동분업상의 협업 관점에서 재활의학과 전문의는 교정치료사의 전문화를 돕고 물리의료 통제를 유지하기 위한 메커니즘을 발전시켰어야 했을 것이다. 한 재활의학과 전문의가 말하길, 어떤 점에서 "우리는 곧 또 하나의 의료 전문가 단체, 이를 신체 훈련이나 재생 또는 뭐라고 부르든지 간에 여기에 찬성하는 몇몇의 꽤 강한 운동을 발견하게 될 것이다. 그리고 나는 이것이 경제적 혹은 전문적 관점에서 바람직하고 필요한 일이라고 전혀 생각하지 않는다"라고 하였다.[133] 보훈청에서 경제적 경쟁은 이슈가 아니었고, 관료주의적인 통제가 협업을 가능하게 했다. 하지만 우리가 봐 왔듯이 이 통제는 협력을 보장할 수는 없었다.

교정치료사의 역할에 대한 재활의학과 전문의 사이의 의견 불일치는 미래 그들의 전문과의 갈 길에 대한 서로 다른 분과의 관점을 반영하였다. 즉, 재생과 재활에 있어 자신들의 업무 개념이 더 넓은 것을 좋아하는 사람 대 전문과의 주요 과업으로서 물리의료 시행에 집중하는 사람 간의 차이였다. 교정치료의 확장에 반대하는 사람이 우세했다.

1950년대 초, 교정치료사들은 매사추세츠와 뉴욕, 뿐만 아니라 다른 몇 개의 주에서 일상생활과 보행 훈련을 포함하는 자격증 법안을 추진했다. 물리치료사들은 곧 저항하였고 "법적 인정은 보통 전문직이 발전하는 마지막 단계이다. 반면 지금까지는 그 첫 단계인 교육의 표준을 구성하는 것도 교정치료사들은 밟지 못했다"고 하였다.[134] 그들은 의사

---

132 Ibid., p. 302; Harry Etter, "Physical Medicine in the Navy", *Archives of Physical Medicine*, vol. 28, p. 537; John Coulter, "History and Development of Physical Medicine", *Ibid.*, p. 602.
133 Etter, "Physical Medicine in the Navy", p. 537.

와 입법자들에게 교정치료사들이 주장하는 기능들이 물리치료에 포함된다는 것을 납득시키려 시도하면서 반격을 가했다. 물리치료사들은 자신들의 회원과 다른 단체들로부터 이 캠페인의 지원을 얻어 냈고,[135] 이런 노력과 미국의사협회와 미국물리의학위원회 지원의 부재로 교정치료사들의 자격증 법안은 폐기되었다.

1950년대에 자격증 법안을 획득하면서, 물리치료사들은 교정치료사들이 민간 시장에서 발 디딜 곳을 만드는 것을 효과적으로 방해하였다. 예를 들어, 교정치료사의 불확실한 법적 상황은 러스크가 그의 재활의학기구에서 그 조직을 활용하지 못하게 막았다.[136] 물리치료 법안이 약한 뉴멕시코와 미네소타에서만 교정치료사들이 중요한 민간 시술을 발전시킬 수 있었다.[137]

이어지는 시간 동안 교정치료사들은 미국물리의학협의회[138]와 미국의사협회[139]에 자신들을 인정해 주고 인증 메커니즘을 만들어 달라는 요구를 성공적으로 호소하지 못하였다. 하지만 미국의사협회는 교정치료에 대한 문호를 완전히 닫아 버리진 않았다. 만약 교정치료 커리큘럼에 병리학 과정을 포함한다면 인가를 줄 수 있을지도 모른다고 하였다. 이는 교정치료사들 내부에서 의료 또는 신체 교육과의 연관을 강조해야 하는지에 대해 내분을 일으켰다.[140] 미국의사협회의 인증이 없다는

---

134 *Memorandum*, APTA Files, March 6, 1952.

135 *Memorandum*, APTA Files, September, 1953.

136 Howard Rusk, personal communication, November 8, 1974.

137 Smith, personal communication, June 21, 1974.

138 Creston Herold(Executive Director, American Congress of Rehabilitation Medicine), personal communication, July 29, 1974.

139 *Correspondence*, AMA Files, February 15, 1971.

140 Smith, personal communication, June 21, 1974.

것은 교정치료사들에게 그들의 시장을 구축할 수 있는 강한 인증 메커니즘과 국가인증위원회와 교육청과 같은 단체들로부터 인정을 받을 수 있는 정당성을 놓치는 것이었다. 추가적으로, 교정치료사들은 메디케어 보험 청구인 자격에 들지 못하였다.[141]

보훈청에서 교정치료사들은 몇 번 생존의 위협을 경험했다. 다른 직업과의 합병이 제안되기도 했다. 비록 그들은 계속 불안한 위치에 있었으나, 교정치료사들은 그들의 독립적인 직업적 존재를 보훈청 안에서 단체와 잡지를 만들어서, 뿐만 아니라 참전용사 단체의 정치적 지원을 바탕으로 유지하고 있었다.[142] 그들은 또한 일반적으로 보훈청 안에서 재활의학과 전문의들의 지지를 얻었는데, 그들은 자신들의 영역 안에서 의료기사들의 통합하려는 노력에 저항해 왔다. 1970년에 보훈청 안에는 480명의 교정치료사와 497명의 물리치료사가 있었다. 하지만 298명의 물리치료 보조사가 있었던 반면 교정치료는 단지 39명밖에 갖지 못하였다.[143]

사실, 재활의학과 안에서 "중첩된 기능적 책임"을 해결하려는 시도가 있었으나 성공적이지 못했다. 1966년 각 직업의 기능을 상세히 열거하려는 행정적 규정들이 53개 기능을 정하였는데, 그 중 22개가 두 개 이상의 직업들에 중복되어 있었다.[144] 1965년에 중앙사무소의 재조직이 모든 의료기사들의 배제라는 결과를 가져왔다. 이는 의료기사와 참전용사 단체들로부터 막대한 반대를 겪었다.[145] 1970년대 초, 주요 의료기

141 *Personal Qualifications for Medicare Personnel*, Washington, D.C.: DHEW, 1968, ch. 5.

142 White, personal communication, June 20, 1974.

143 *Physical Medicine and Rehabilitation Service*, p. 3.

144 *Department of Medicine and Surgery Supplement*, M-2, pt. VIII, Washington, D. C.: Veterans Administration, 1966, ch. 4.

사직의 대표들이 다시 한번 중앙사무소에 자리를 잡게 되었다. 1974년 이 대표들은 물리치료와 작업치료 그리고 교정치료에서 온 사람들이었으며 다른 사람들이 추가될 가능성도 있었다. 이런 중앙사무소 직위는 중요했다. 왜냐하면 보훈청 안팎에서 그/그녀의 단체들을 홍보할 수 있게 되었기 때문이다. 간단히 말해, 직업들을 통합하거나 "일반 치료사"들을 만들려는 노력은 기존의 노동분업을 눈에 띄게 바꿔 놓지 못했다. 한 번 만들어지면, 그 직업은 그들의 독립적 존재를 위협하는 행정적인 도전들에 저항하게 된다.

세기 중엽의 재활의학과

전후 초기에, 특히 보훈청 내에서 물리의학의 힘과 특권은 정점에 올랐다. 당연히 이 말이 그들이 엄청난 권력 또는 혜택을 다른 전문과에 비해 누렸다는 것은 아니다. 여러 해 동안 그들은 인정을 받기 위해 노력했다. 물리의학은 10년 전에 주변부 분과로서 진입하여 정식으로 인정받은 전문과이자 물리적 방법뿐만 아니라 직업재활과 교육적 그리고 사회적인 방법을 통해 재활 서비스를 제공하는 노동자들의 '과학적 관리'에 전문성을 주장하는 과로 나아가게 되었다. 재활 노동은 전쟁 상황과 그 후유증에 있어 핵심 과업으로 포함되었다. 이 기간 동안 몇몇 의사들은 독립된 전공의 프로그램을 요구했지만 이는 미국의사협회 물리의학위원회와 의학교육과병원위원회가 받아들일 수 없는 것이었다. 대

145 Knowles, personal communication, May 14, 1974; Wells, personal communication, May 20, 1974.

신 물리의학에서 이 일의 중요성은 1949년에 일부 기관에서 이 전문과를 나타내는 이름에 '재활'을 추가하는 것으로 나타났다.[146]

재활의학과 의사들은 또한 문제의 '과학적' 진단, 특히 근전도와 같은 전기적 기술들을 통해 그들의 전문성을 강조하기 시작했다. 이런 요구들은 의료 노동분업 내에서 재활의학과 전문의의 변화하는 역할과 지위를 반영하고 있다. 이 새로운 역할에서 재활의학과 전문의는 보통 치료를 제공하지는 않았다. 치료에 있어 물리적 방법의 실제적인 시행은 '힘든 일'의 기운을 풍겼다. 대신, 재활의학과 전문의들은 환자의 지병을 진단하고 그의 지배 아래에 있는 의료기사들에 의해 수행되는 치료방법을 처방하였다.[147] 이런 과학적 진단과 관리에 바탕을 둔 요구의 변화는 재활의학과 의사들이 그들을 전략적으로 다른 의사와 의료기사들 사이에 위치시키려는 노력과 주로 연관되어 있었다. 재활의학 전문의들은 재활에 있어 자신들의 전문성과 "전인적" 치료라는 개념을 통해 장애인과 만성질환자 또는 의학의 "제3시기"에 대한 자신들의 완전한 권위를 주장하였다.[148]

병원 노동분업에서 이 새로운 전략적 위치의 부산물은 재활의학과가 점점 다른 의사들로부터 고립되었다는 점이었는데, 타 의사들로부터의 인정은 자신들이 여전히 원하는 것이었다. 이런 고립은 몇몇 사람들에게 "소통의 부재" 때문에 재활의학과의 문제가 악화된 결과라고 여

---

146 "Physical Medicine and Rehabilitation", *Archives of Physical Medicine*, vol. 30, 1949, pp. 107~108; "Physical Medicine and Rehabilitation at the Annual Meeting of the American Medical Association", *Ibid.*, p. 459.

147 *Ibid.*, pp. 533, 595.

148 예를 들어 Howard Rusk, "The Broadening Horizons of Rehabilitation and Physical Medicine", *Ibid.*, pp. 26~28; Otto Eisert, "Rehabilitation of the Chronically Medically Ill", *Ibid.*, p. 441 등을 참조.

겨졌다.[149] 이런 고립과 재활의학과 전문의의 전문성에 대한 지속적인 의문 때문에 재활의학의 지위는 1950년대에 약해지기 시작하였다.

물리치료와 작업치료에 있어서, 이 10년은 의료 노동분업 내에서 의사의 권한 아래에 있는 그들의 지위가 급속히 성장하고 공고화하는 시기였다. 전쟁이 끝난 후 물리치료사들은 주에서 법적 인정을 받기 위한 캠페인을 시작했다. 그 이유는 "문제들이 조용할 때 글로 된 법"을 만드는 것이 좋겠다는 것이었다.[150] 1950년 물리치료사협회는 물리치료가 오직 "처방과 감독 그리고 의사 면허를 가진 사람의 지도 하에서"만 하겠다는 내용을 유지한 모델 법안의 초안을 만들었다.[151] 법적으로 정의된 의사의 권한을 받아들이고자 한 것은 교정치료사와의 경쟁과 독립적인 뉴욕의 물리치료사들에 대한 우려를 반영한 것이다.[152] 주 관심사는 의사의 주도권이 아닌 "광신도와 돌팔이 그리고 '장사꾼'들과의 문제"였다.[153] 1950년대 동안 대부분의 주에서 이런 경쟁자들을 심각하게 제한하는 법들이 통과되었다.

그들의 자격증을 위한 캠페인에 대한 한 설명은 이것이 부분적으로 의사들로부터 자율성을 얻고자 하는 소망에 의해 동기부여가 된 일이라는 것이다. 이런 불만의 유일한 지표는 물리치료사들이 의료 영역에만 오롯이 한정되지 않아야 한다고 주장한 내용이다. 또한 의료 영역 밖에서 기회들을 찾아야 한다는 제안이었다. 예를 들어, 한 제안은 미국

---

149 James Folsom(Medical Director, Physical Medicine and Rehabilitation, Veterans Administration), personal communication, May 20, 1974.
150 *Memorandum*, APTA Files, April 15, 1949; December 3, 1949.
151 *Model Law*, APTA Files, November 1950.
152 *Ibid.*, pp. 115~117 참조.
153 *Memorandum*, APTA Files, April 15, 1949.

물리치료사협회 회장과 교육의 기회에 대해 접촉해 봐야 한다는 것이었다.[154] 이 영역의 많은 사람들이 현재 주장하길 그 시기에 통과된 법들이 물리치료사를 의사와 더 단단히 연결해 주었다는 것은 의사들로부터의 자율성이 그들의 원래 목적이 아니었다는 것을 의미한다는 것이었다.

그런 법들이 경쟁자들을 몰아내는 데 도움을 주었지만 반면 그들의 걱정은 전략적 오류가 되었다. '광신도와 돌팔이들'과의 경쟁은 전쟁 전만큼 큰 문제는 아니었을 수 있다. 의사와 법적으로 정의된 관계를 구축하면서, 그들은 자율성의 어떤 방법을 구축하려는 시도로서 아주 중요한 이슈가 될 것에 관하여 어려운 위치에 그들 자신을 위치시켰다.

이 기간 동안 미국물리치료사협회는 "공고한 홍보 재단"을 자격증 입법과정과 연계시켰다. 그 조직은 국가부활절봉랍협회National Easter Seal Society와 공동모금회Community Chest와 같은 모금 단체들과의 접촉을 늘렸다. 왜냐하면 그들은 "지역사회에 물리치료에 대해 이야기할 수 있는 이상적인 기회들"을 제공해 주었기 때문이다.[155] 예를 들어, 소아마비구제모금운동March of Dimes은 신문에 사용되는 모든 사진에 미국물리치료사협회 엠블럼을 입고 있는 자격 있는 물리치료사들을 포함해 줄 것을 요청받았다.[156] 또한 미국물리치료사협회의 전문직 간 관계 위원회는 다른 전문직 의료계 단체들과의 연계를 구축하고 홍보캠페인을 수행하라는 명령을 받았다.[157] 입법 경기장에서 "상호 협력"을 제공하

---

154 Ibid., January 1951.
155 Ibid., January 1951.
156 Ibid., March 1952.
157 Ibid., September 1951.

기 위해 그들은 다른 의료기사 단체와 더 밀접한 관계를 맺을 필요성을 강조했다.[158] 이런 활동들을 통해 물리치료사는 자신들의 목표를 추구할 수 있는 메커니즘을 만들었다.

비록 작업치료사들이 홍보위원회와 공무 및 입법위원회를 조직하여 자신들의 "이미지"와 법적인 상황을 개선하려 하였지만,[159] 그들은 물리치료사들의 열정을 따라가지 못하였다. 그들은 법적인 인정을 받기 위한 자원들이 없을 뿐만 아니라 그들 협회의 자율성을 유지하려 했기 때문이다. 비록 작업치료사가 의사들과 종속관계가 되길 원치 않았지만, 자신들의 서비스를 의료시장과 연관시키길 진심으로 원하였다. 그들은 자신들 업무의 치료적 성격을 강하게 주장하였고, 이전의 "예술과 공예" 이미지로부터 자신들을 분리하려고 노력하였다. 사실 미국작업치료사협회는 더 흔히 사용되는 "예술과 공예"를 "창조적이고 손으로 하는 기술"이라는 용어로 바꾸기를 추천하였다.[160]

의료계에 종속적으로 되기보다는 작업치료사들은 남자 의사로 협회의 대표직을 채우는 전통을 단절함으로써 그들의 단체를 통제하려 하였다. 1947년 미국작업치료사협회의 회장으로 작업치료사를 임명하면서 이 전통은 깨지게 되었다. 같은 해 그들은 "진짜 대표학회지 없이는 전문가 지위를 협회가 얻을 가능성은 거의 없다"[161]는 신념 아래 자신들의 학회지인 『미국작업치료저널』*American Journal of Occupational Therapy*를 발간하였다. 기존의 잡지인 『작업치료와 재활』*Occupational*

---

158 *Ibid.*, March 1952.
159 *American Occupational Therapy Newsletter*, vol. 6, p. 1.
160 *Ibid.*, 10 July, 1951, p. 7.
161 Charlotte Bone, "Origin of the American Journal of Occupational Therapy", *American Occupational Therapy Association*, 1971, pp. 8~10.

*Therapy and Rehabilitation*은 닥터 시드니 리스트Sidney Licht가 편집장을 맡아 계속 발간되었다. 하지만 그 초점은 재활의학과 전문의가 관심을 갖는 기술 영역에 맞추어져 있었고 그 잡지의 제목은 결국 『미국물리의학저널』*American Journal of Physical Medicine*로 이름을 바꾸었다.

그들의 전문적 활동에 대한 지배권을 확립하기 위하여, 작업치료사들은 내부 문제에 집중하였다. 하지만 그들은 국가장애아협회를 통해 홍보에 진정 노력을 기울였으며 그들의 교육 프로그램을 향상시키기 위한 모금활동을 진행하였다. 가장 중요한 것은 그들이 자신들의 일과 단체에 지배력을 확장하려는 물리의학의 시도에 저항했다는 것이다. 예를 들어, 그들은 작업치료가 반드시 재활의학과 전문의에 의해 처방되어야 한다는 제안에 "화나는 일"이라고 표현하였다.[162] 그리고 작업치료 학교들에 의사 출신 교장들이 임명되는 것에 반대하였다. 작업치료사들은 자문 위원회를 통한 기존의 의료적 지도 방식을 선호하였으며, 단일 의료 전문과에 의해 통제되는 것을 두려워하였다.[163]

물리의학의 지배에 대한 그들의 저항 정도가 지나치게 과장되어서는 안 된다. 작업치료사들은 그들의 업무에 있어야 할 물리의학의 통제 정도에 대해 의문을 가졌지만 다른 의료기사들과 마찬가지로 그들의 역사 중 그 어느 때보다 재활의학과 의사의 권한 아래 더욱 견고히 존재하고 있었다. 의사 처방의 중요성뿐만 아니라 작업치료사의 수련에 있어 미국의사협회의 역할에는 이의가 제기되지 않았고, "보조적인, 거의 하느님의 하녀와 같은 역할을 기꺼이 받아들인 것처럼 보인다".[164]

---

162 *American Occupational Therapy Association Newsletter*, vol. 11, August 1952, p. 8.
163 *Ibid.*, vol. 8, November 1949, p. 2.
164 Mosey, "Involvement in the Rehabilitation Movement—1942-1960", p. 235.

20세기 중반에, 재활의학과 의사들은 직업적으로 조직된 노동분업의 최상층에 위치했다. 그들의 권한은 의료 서비스 시장의 일부로 인정을 받기 위한 그들의 오랜 투쟁에서 만들어진 상호 연관된 관계들의 복합체로부터 나오는 것이었다. 이런 관계들이 그 이후 심각히 도전받았고 결국 변하였지만, 여전히 재활 업무의 조직에 영향을 미치고 있다.

6장 / 분업구조의 재편, 1950~1980

1950년대까지 의료기사들은 의사와의 종속적인 관계가 자신들에게 득이 되고 필요한 것이라고 인식했기 때문에 이를 순순히 받아들였다. 척추지압사와 같은 단체들의 직업화와 교정치료사와 같은 새로운 '치료' 노동자들의 급증에 따라 물리치료사들은 그들의 영역을 지키기 위해 의사직이 제공하는 것보다 더 강력한 보호책이 필요했다. 물리치료사들이 자기보호를 위해 주정부에 의지하여 자격증의 법제화를 추진한 데 반해, 작업치료사들은 여러 가지 이유로 그렇게 하지 않았다.

1950년대 중반부터 의료기사 단체들은 물리의학과 의사직으로부터 자신들의 자율성을 향상시키기 위하여 노력해 왔다. 1960년대에 걸쳐 보건 분야에 있어 연방정부의 역할이 확대되면서 보다 경쟁적인 시장 환경이 조성되었다. 메디케어Medicare와 메디케이드Medicaid 같은 프로그램들과 1966년 제정된 의료기사법Allied Health Act이 의료계 종사자들의 수련을 지원하고 병원과 요양원, 가정간호 안에 새로운 서비스 시장을 만들어 줌에 따라 그들은 자율성을 얻기 위한 운동에 박차를 가하기 시작했다.

하지만 1970년대 초 의사직과 주정부, 그리고 민간부문에 속한 다양한 세력들은 이 이상의 분열fragmentation은 막아야 한다는 이유를 들어 의료기사가 자율성을 확대하려는 것을 막았다. 그럼에도 불구하고 물리치료사들은 이 싸움에서 승리를 거두었고 1980년대에 들어 그들의 치료서비스를 위한 상당한 규모의 안정적인 시장을 갖게 되었다. 실제로 그들은 의료 시장에서 정말 성공적이었기에 어떻게 물리치료사들이 이런 성취를 이루었는지 다른 직업들이 미국물리치료사협회에 물어볼 정도였다. 반면 작업치료사들은 제2차 세계대전 이래로 수많은 시장 실수들을 저지르면서 자율성 추구에 있어 훨씬 덜 성공적이었다.

재활영역 노동의 분업 내에서 의료기사, 특히 물리치료사의 부상은 제2차 세계대전 이후 이 영역의 지배적인 전문과인 재활의학의 추락과 함께 일어났다. 의사에게 의지하지 않고 치료와 진단에 있어 더 많은 책무를 맡으려는 물리치료사의 움직임에 재활의학과 전문의들이 제대로 대응하지 못하였다. 물리의학에 대한 다른 전문과목 전문의들의 공격은 재활의학과 전문의의 기반과 재활관련 노동에 대한 지배력을 더욱 약화시켰다. 재활의학과 전문의는 지난 30여 년 동안 의료시장에서 주로 방어적인 태도를 취해 왔고 의료 전문과목으로서의 종말까지는 아니었지만 노동분업에서 그들이 배제되는 것을 막을 수 있었을지도 모를 시장접근을 발전시키지는 못하였다.

자율성의 추구

1) 물리치료사의 약진

1946년 초 미국물리치료사협회는 물리치료사들에게 법률에 따라 자격증과 등록증을 발급할 수 있는 물리치료 시술 관련법을 발효함으로써 물리치료사직을 법적으로 인정받게 하였다. 협회는 주 단위 지부들에게 입법 활동에 관한 자문과 안내를 제공해 주었고, 회원들이 주 자격증 취득에 있어서 "적극적이고 정보가 잘 제공된 흥미"를 가질 수 있도록 노력했다.[1] 1951년 미국물리치료사협회 회장은 "향후 입법 활동을 위한 견고한 지지기반"은 물리치료사들이 "끊임없이 자신들의 시간과 에너지를 아낌없이 나누어 줄 때"에만 가능할 것이며, "물리치료가 앞으로 나아가기 위해 보호 입법Protective legislation이 반드시 필요하다!"고 목소리를 높였다.[2]

공인된 자격을 얻으려는 주 지부들은 접골사나 척추지압사, 마사지사와 같은 오랜 경쟁자들뿐만 아니라 자연요법사naturopath나 반사요법사reflexologist, 허브 판매상, 각종 미용사들과 같은 새로운 경쟁자들의 반대에 직면했다. 이런 반대에 대항하기 위하여 그리고 주 의회가 그들 법안을 통과시킬 가능성을 높이기 위하여 물리치료사들은 주 의사회와 간호사협회, 뿐만 아니라 국가소아마비재단National Foundation for Infantile Paralysis과 뇌성마비협회Cerebral Palsy Association와 같은 민간 재단이라는 더 강력한 압력단체의 지원을 얻어 내고자 하였다. 나아가 몇몇 주 지부에 속한 물리치료사들은 로비스트로 등록하였고, 몇몇 주에서는 물리치료사 자격증 법안을 후원하기 위해 의원 겸직 변호사들을 고용하기도 하였다.[3]

---

1 Editorial, *Physical Therapy Review*, vol. 31, 1951, p. 194; Barbara Oak Robinson, "The Physical Therapy Profession and the Political Process", *Physical Therapy Review*, vol. 36, 1956, p. 393.

2 "President's Report, 1950-51", *Physical Therapy Review*, vol. 31, 1951, pp. 378~379.

3 Robinson, "The Physical Therapy Profession and the Political Process", p. 396.

1954년 물리치료사들은 의료인시험실시위원회medical examiners board에 자신들의 대표를 위한 자리를 요구했고 그 위원회에 특정 의사 전문의가 있어야 한다는 조항을 없애 달라고 했다.[4] 첫번째 요구는 의료에 대한 영향력을 얻고자 하는 열망을 보여 준 것이고 두번째 요구는 재활의학과의 지배에서 벗어나고자 하는 바람을 나타낸 것이었다. 1957년 미국물리치료사협회는 지역 단체들에게 두 명의 물리치료사와 한 명의 의사로 구성된 '물리치료사시험실시위원회'Boards of Physical Therapy Examiner를 만들도록 하는 주 법안을 요구하라고 주문하였다. 만약 이 일이 저항을 받는다면 미국물리치료사협회는 물리치료사들의 자문단 수준에서 만족할 의향도 있었다.[5]

1959년에 이르러 31개 주에서 물리치료사 자격증 법안이 통과되었다.[6] 13개 주에는 물리치료위원회Board of Physical Therapy가 있었는데 이 중 8개 위원회는 전부 물리치료사로만 구성되어 있었다. 그리고 나머지 18개 주에는 의료인시험실시위원회Board of Medical Examiners가 있었는데 이 중 13개는 물리치료사 자문위원회를 갖추고 있었다. 총 15개 주에서 협회가 제시하는 요구사항을 갖추지 못하면 어느 누구도 '물리치료사'란 명칭을 사용하지 못하게 금지하는 '의무적' 법률이 제정되었다. 나머지 16개 주는 다른 시술자들이 그 명칭을 사용해도 이를 제재하지 않는 "관대한" 법을 갖고 있었다.[7] 오직 한 개의 주에서만 의사의 처방이나 감독 없이 물리치료 시술이 가능하였다.

4 APTA Files, July 1954.
5 Ibid., "Recommendations for State Laws", 1957.
6 Ibid., "Letter to Dr. Raymond McKeown", 1959.
7 Ibid., May 1958.

미국의사협회는 이런 자격증 신설 추세에 대해 반대하면서 자발적으로 등록하는 제도를 찬성하였다. 그들에 따르면 자격증 제도는 의사단체의 승인을 받고 관련 단체들과 함께 개발해야만 추진할 수 있는 것이었다.[8] 따라서 미국의사협회는 의료 관련 준-의료영역 연구를 위한 합동 위원회Joint Committee to Study Para-Medical Areas in Relation to Medicine를 창설하였다.[9] 후에 이 이름은 의료기사직 및 서비스와 의료와의 관계 연구를 위한 위원회Committee to Study the Relationships of Medicine with Allied Health Professions and Services로 개칭되었고 의료기사와 서비스 부서Department of Allied Medical Professions and Services로 영구적인 지위가 부여되었다. 이 위원회는 의사와 의료기사 간의 관계 변화에 대해 연구하고 제언하였다. 첫 회의에서 위원회는 미국작업치료사협회에게 등록절차를 통해 그들 나름의 치료 표준을 마련하라고 요구함으로써 미국의사협회의 반자격증 정책에 대한 지지를 명확히 하였다.[10]

물리치료사들은 미국의사협회가 "의료기사들이 독립적으로 시술을 하기 시작하는 것에 대해 우려하는 것은 마땅한 일이다"라고 말하였다. 그리고 물리치료사들은 그런 의료기사에 속하지 않는다고 하였다. 미국물리치료사협회는 물리치료사가 의사직으로부터 떨어져 나가 행위별수가제 시장에서 의사들과 경쟁하려는 것이 아니라고 강조하였다. 점점 복잡해지는 의사단체와의 관계를 지적하면서 의사직의 지원이 없

---

8 Ibid., Memorandum (confidential), 1959.
9 Ibid., "Statement for the AMA Joint Committee to Study Paramedical Areas in Relation to Medicine", 1959.
10 *American Journal of Occupational Therapy*, vol. 16, 1962, p. 102.

이는 "척추지압사들과 그들의 강력한 로비스트들의 자비"에 내맡겨질 수밖에 없다는 믿음을 내비쳤다.[11]

1950년대 미국물리치료사협회의 윤리헌장은 "적절하고 구체적인 의료적 지시가 없는" 물리치료사들의 독립적인 치료행위를 허락하지 않았다. 미국물리치료사협회 회장은 "독자적으로" 치료를 시행하는 자는 "진단을 내릴 준비가 되지 않았고 환자가 받아야 할 치료가 무엇인지 결정할 역량이 없기 때문에 환자의 안녕에 해가 된다"고 말했다.[12] 이 원칙을 무시한 치료사는 협회로부터 제명될 수 있었다. 주 법률상 의사의 의뢰 없이 치료하는 행위가 금지되어 있지 않는 이상 협회로부터의 방출은 거의 의미가 없었으며, 실제로 모든 주가 이를 금지하지 않았다. 게다가 협회는 "환자를 의뢰하는 의사들과 가까운 관계"를 유지하는 한 독립적인 치료사들을 "윤리적인 자영업" 물리치료사와 차별하는 데에 조심스러워했다.[13]

비록 1950년대에 미국물리치료사협회가 어느 정도 물리의학의 지배를 약화시켰지만, 대부분 자격증 관련법들은 의사의 처방을 요구했고 따라서 행위별수가제 시장으로의 진입은 막혀 있었다. 이때 물리치료사들은 개방 시장에서 의사들과 직접 경쟁하기보다는 신경과나 소아과와 같은 다른 전문과에게 자신들을 "필수적"인 존재로 만들려고 노력하였다.[14] 따라서 1960년대 초반에 걸쳐 미국물리치료사협회는 의사에

---

11 APTA Files, July 1960.
12 Agnes Snyder, Editorial, "Licensure and Independent Practice", *Physical Therapy Review*, vol. 40, 1960, pp. 530~531.
13 *Ibid.*, p. 530.
14 Eleanor Flanagan and Helen Kaiser, "The Challenge to Physical Therapy in Present Day Medicine", *Journal of the American Physical Therapy Association*, vol. 42, 1962, pp. 402~404.

게 물리치료를 종속시키는 관계를 계속 유지하였다. 하지만 협회의 공식적인 정책에도 불구하고 일부 물리치료사들은 자신들의 노동을 의사에게 "직접적으로 감독"받아야 하냐며 단독 개업의 가능성을 제기하기 시작하였다. 그 결과 두 개의 라이벌 단체가 조직되었는데 하나는 국가물리치료사자격인협회National Association of Licensed Physical Therapists와 미국독립물리치료사협회American Association of Independent Physical Therapists였다. 두 단체 모두 영업 관련법이 없는 주에서 개인 개업을 홍보하였다.

재활의학과 전문의들은 이런 경향에 대해 우려하면서 "일부 물리치료사들이 의사의 감독이 왜 필요한지 이해하지 못해 억울해하고 있다"고 지적하였다. "그들의 수련과정과 환자 진료에 대한 이해도가 자신들의 한계를 인식하기에 충분치 않다"고 하였다.[15] 재활의학과 전문의들은 오히려 의사의 의뢰를 통해 환자를 받는 "자영업" 물리치료사들도 의원에 속해 있는 물리치료사들처럼 반드시 의사에게 직접 감독을 받아야 한다고 강조하였다.[16] 1953년 미국물리의학과재활협의회American Congress of Physical Medicine and Rehabilitation와 미국재활의학연합회American Society of Physical Medicine and Rehabilitation는 "의사의 지도에 따르기보다 자신의 지식으로 환자에게 처방을 내리고 치료하는 치료사는 누구든지 독립적으로 의료행위를 하기 위한 의학적 판단을 내린 걸로 간주한다"는 정책을 공식적으로 채택했다. 즉 재활의학과 전문의들

---

15 Editorial, "Medical Supervision of Physical Therapy", *Archives of Physical Medicine and Rehabilitation*, vol. 34, 1953, p. 502.

16 Editorial, "Direct Medical Supervision of Physical Therapy", *Archives of Physical Medicine and Rehabilitation*, vol. 35, 1954, p. 99.

에 따르면 의사들의 치료 의뢰를 통해 물리치료사에게 환자 치료에 대한 책임을 맡기는 것이 "진통제"를 위해 의뢰된 환자에게 약사가 진통제를 주는 것 이상을 의미하지 않는다는 것이다.[17]

하지만 이와 같은 정책 발표는 독립 진료를 위한 물리치료사 내부 움직임이 활발해지는 것에 아무런 영향을 미치지 못했다. 일부 물리치료사들이 "재활의료팀의 지도자 역할을 맡게" 되면서 재활의학과 전문의들이 가진 "재활의료팀의 고유한 리더"라는 지위를 성공적으로 위협하고 있었다. 학회지 사설은 이어 말했다.

> 의사들이 의료기사직의 자문가 역할을 맡아 온 것이 잘못이었다. [……]
> 독립 단독 개업을 승인받기 위해 개인의 위상을 세우고 의사직의 인정을 받으려는 열망 속에서 그들은 진정 장애 환자를 돕기 위해 기능하는 잘 구성된 팀의 일원으로서 적절한 역할을 망각해 버렸다.[18]

1958년 협의회 회장 연설에서 도널드 로즈Donald Rose는 물리치료에 있어 "직업정신의 가파른 상승"에 대해 언급하면서 "저는 명확히 나타나는 일련의 사건들이 우리와 관련하여 가지는 궁극적인 의미에 대해 깊은 의혹을 품고 있다"고 말했다.[19] 로즈는 의료기사에게 의료행위를 "넘겨주지" 말라고 동료들에게 호소하면서 연설을 마쳤다.[20] 다른 재

---

17 Ibid., p. 100.

18 Editorial, "Teamwork in Medicine", *Archives of Physical Medicine and Rehabilitation*, vol. 36, 1955, pp. 43~45.

19 Donald L. Rose, "The Practice of Physical Medicine and Rehabilitation", *Archives of Physical Medicine and Rehabilitation*, vol. 40, 1959, p. 3.

20 Ibid., p. 4.

활의학과 전문의들은 로즈의 경고가 너무 늦은 것 같다고 생각했다. 그들 생각엔 물리치료사와 같은 단체들이 "'치료의 예술'을 행하거나 기타 등등에 대해 뜨거운 열정을 갖고 있으며 몇몇 경우 사실상 성공"하고 있다고 말했다.[21]

물리치료사에 대한 그들의 지배력을 재확인하기 위해 재활의학과 전문의들은 '필수조건'Essentials에 적혀 있듯이 그들의 물리치료학교에 대한 지도의 범위와 성격을 명확히 하기로 하였다. 그들은 "물리치료사 교육생들이 수련과정 중에 실제로 의료지도medical direction를 경험하지 않으면 의료행위와의 관계와 의료지도의 필요성을 인식하기 어렵기" 때문에 의료감독은 학생들과 매일매일 직접적으로 접촉해야 한다고 주장하였다. 재활의학과 전문의들은 또한 일 년에 몇 번 모이지도 않은 채 "의료지도"를 수련 프로그램에 하는 여러 전문과목 전문의 대표들로 구성된 자문위원회로 감독을 대체하는 일부 학교들의 행위에 반대하였다.[22]

재활의학과 전문의들의 이런 움직임은 별 효과가 없었다. 새로운 두 라이벌 물리치료사 단체들의 압력과 메디케이드와 메디케어를 통한 연방보험금 청구 및 지급을 통해 치료사들은 1970년대에 개업시장으로 진입하기 시작하였다. 의사와 공식적인 관계는 유지하면서 물리치료사들은 더 큰 자율성을 허용하는 새로운 치료에 관한 주 법안을 통과시키기 위해 노력하였다. 예를 들어 뉴욕 주의 법은 1974년에 성공적으로 개

21 Joseph G. Benton, "Physical Medicine and Rehabilitation Retrospect and Prospect", *Archives of Physical Medicine and Rehabilitation*, vol. 44, 1963, p. 150.
22 Editorial, "Medical Direction for Physical Therapy Schools", *Archives of Physical Medicine and Rehabilitation*, vol. 41, 1960, pp. 166~168.

정되어 물리치료사들은 의사로부터 구두 진단만 받아도 이를 근거로 치료를 할 수 있도록 허가되었다. 이 법은 기존에 서면 처방전이 있어야 한다는 내용이었으나, 1971년에 이미 구두 처방으로 바뀐 상태였다. 캘리포니아에서는 의사와 물리치료사 간의 관계에 대해 법적으로 규정된 바가 없었기 때문에 물리치료사들은 행위별수가제 시장으로 뛰어들어 의사들과 직접 경쟁하였다.[23]

의사들은 처방 없이 치료행위를 하는 물리치료사들의 움직임에 대해 심각하게 우려했다. "이는 오직 의사만이 질병과 통증, 손상 또는 기형을 위한 치료법을 처방할 수 있다고 명시한 법적 요건을 직접적으로 위배하는 것이다"라고 한 재활의학과 전문의가 말했다. 그는 덧붙이길 물리치료사들이 처방전 작성에 대한 허가를 얻기 위해 싸우고자 한다면, "그들은 지금까지 당연히 피해 왔던 치료 효과에 대한 책임도 마땅히 함께 져야 한다. 이는 다른 사람이 내린 진단을 바탕으로 어느 누구든지 현명한 처방을 내릴 수 있다는 것을 의미하기 때문이다".[24] 이에 물리치료사들은 의사들이 의료행위에 대해 "뭐든지 다 알고 있다는 태도"를 가지고 치료사의 능력을 인정하지 않으려 한다며 거칠게 반박했다.[25]

1982년 미국물리치료사협회는 공식적으로 물리치료사의 치료행위가 의사의 의뢰로부터 독립한다는 정책을 추진하였다.[26] 그들은 펜실

---

23 Patricia Evans(Director of the Department of Educational Affairs, APTA), personal communication, June 19, 1974.

24 Laurence W. Friedmann, "Medicine, Nursing, and Physical Therapy", *Archives of Physical Medicine and Rehabilitation*, vol. 52, pp. 405~406.

25 Katherine A. Sawner, "Physical Therapy, Medicine, and Occupational Therapy", *Ibid.*, p. 409.

26 APTA, "Evolution of Physical Therapy as a Profession and Its Curriculum", APTA, Department of Education, 1982.

베이니아 주 피츠버그에서 주 지부가 자격증 관련법을 변경하는 데 도움을 주기 위해 법률사무소를 고용하기까지 했다. 1980년대 초 6개 주가 의사의 의뢰 없이도 물리치료사가 치료할 수 있다고 허용해 주는 새 법안을 통과시켰다. 이제 치료사들이 법적으로 특정 주에서 독립적인 치료를 할 수 있게 되었다곤 하지만 거의 모든 경우 의사의 의뢰가 있어야 치료행위에 대한 보험금 지급을 청구할 수 있었다. 1980년대 물리치료사들의 주요 목표는 보험사를 압박하여 의사의 의뢰가 필요하다는 조건을 없애는 것이었다.[27]

자격증과 함께 미국물리치료사협회는 자신들의 노동시장을 개선하기 위한 다른 메커니즘을 개발하였다. 1955년 병원 내 물리치료부서 인증을 위한 가이드라인을 개정하고 물리치료에 대한 의료지도 이슈를 검토하기 위한 합동위원회를 미국병원협회와 함께 구성하였다.[28] 물리치료사들은 이 합동위원회에 작업치료사가 참여하는 것에 반대하였는데, 이는 그들이 미국병원협회와의 관계를 얼마나 중요하게 생각하는지 보여 준다. 미국물리치료사협회는 작업치료사들을 위한 위원회가 별개로 구성되길 원했지만 미국병원협회는 이를 거절하였다.[29] 미국작업치료사협회는 이런 득이 될 만한 관계를 8년 동안 거부하다가, 1963년이 되어서야 그런 위원회를 구성하였다.

이 합동위원회를 통해 물리치료사들은 병원들이 완전히 자격을 갖춘 물리치료사만을 고용해야 하고 이에 따라 행정 및 인사 규정을 개편

---

27 Ray Siegelman(Executive Director, Massachusetts Chapter, APTA), personal communication, June 22, 1983.

28 Minutes of the Joint Committee of the AHA and APTA, June 4, 1955.

29 Ibid., June 4, 1955; December 2, 1958; January 16, 1959.

해야 한다고 주장했다.[30] 미국병원협회가 이런 정책과 절차들 중 일부는 시행할 수 있었지만 일부 개정된 '필수조건들'에 대해서는 병원인증합동위원회Joint Committee on the Accreditation of Hospitals(JCAH)가 승인하고 시행해야 할 필요가 있었다. 따라서 미국물리치료사협회는 그 위원회에게 병원의 물리치료와 관계된 기준들을 개정하라고 압력을 행사하였다. 변화 가능성은 1968년 JCAH가 그 기준을 개정하기 위한 활동을 하기 시작하면서 희망이 보였다. 두 미국물리치료사협회 회원이 신체재건서비스자문위원회Physical Restorative Service Advisory Committee가 병원의 '신채재건서비스'의 기준을 논의하는 일에 참여하라는 요청을 받았다. 13명으로 구성된 위원회에서 다른 모든 회원들은 의사였고 그 중 8명이 재활의학과 전문의였다.[31]

논의는 18개월 동안 지속되었고, 물리치료서비스에 대한 의료지도 관련 해석과 행정적 책임, 물리치료 처방과 의뢰의 원천을 중심으로 논쟁이 벌어졌다. 물리치료에 관한 기준을 다룬 위원회의 첫번째 초안이 '물리치료서비스'Physical Therapy Service라는 제목으로 쓰였지만, JCAH에 의해 받아들여진 최종안은 '물리의학서비스'Physical Medicine Service라는 제목을 달게 되었다.

미국물리치료사협회 사무국장은 물리치료의 라벨을 잘못 붙였다고 항의하는 "강경한 어조의 편지"를 JCAH로 보냈다.[32] 미국물리치료사협회는 물리의학이라는 단어가 기존에 인증받은 의료 전문과목을 나타내며, 자신들이 오직 재활의학과 전문의와 함께만 인식되거나 물리

---

30 Ibid., February 21, 1958; December 2, 1958; March 21, 1958.
31 "House Adopts Position Paper on JCAH Standards", *Progress Report*, vol. 1, July 1972, p. 3.
32 Ibid.

의료의 "부수적인 부분"으로 보이는 것을 원치 않는다고 주장하였다. 그 대신 미국물리치료사협회는 물리치료가 다양한 전문과목에서 사용할 수 있는 서비스라고 주장하였다. 그들은 또한 JCAH가 1971년 병원 인증 매뉴얼에서 '물리치료서비스'를 '물리의학서비스'로 변경한 것은 대부분의 병원들이 물리의학과를 보유하고 있지 않다는 사실을 완전히 무시한 처사라고 지적하였다.[33]

간단히 말해 미국물리치료사협회는 JCAH의 행동을 "물리치료사와 환자의뢰를 하는 다른 의사들 중간에 재활의학과 전문의를 끼워 두려는" 공개적인 시도로 생각했다. 즉 JCAH는 재활의학과에 의한 병원 내 모든 재활서비스의 "자율적 의료 통제라는 철학"을 지지하고 있었다.[34] 한 미국물리치료사협회 회장은 JCAH가 "물리치료서비스에 대한 재활의학과의 주도와 지배를 밀어붙이려고 노력해 왔다"고 주장하였다.[35] 미국물리치료사협회는 병원 내에서 물리치료사에 대한 재활의학 전문의의 지배를 강화하기 위해 위원회가 노력했다는 추가적인 증거로 1972년 표준의 추가 개정을 논의하기 위해 JCAH에 의해 창설된 물리의학서비스자문위원회Physical Medicine Services Advisory Committee의 구성을 들었다. 29명의 재활의학과 전문의와 8명의 타과 전문의(이들은 주로 정형외과였다) 그리고 3명의 물리치료사와 1명의 작업치료사로 위원회가 구성되었다. 수적으로 너무 역부족이었으며 미국물리치료사협회와 미국작업치료사협회의 대표들은 공식 위원회 회원으로 제대로 대

---

33 "Revised JCAH Standards Implemented", *Progress Report*, vol. 1, May 1972, p. 5.
34 "House Adopts Position Paper on JCAH", p. 3.
35 Robert C. Bartlett, "The 1977 Presidential Address", *Physical Therapy*, vol. 57, 1977, p. 1251.

접받지 못하였다.[36] 1977년 미국물리치료사협회는 여전히 JCAH의 물리치료 표준 수립과정에 영향을 미치지 못하였다.

물리치료사들은 또한 미국물리의학협의회가 1935년에 신설한 등록제도의 사용을 중단시키려고 하였는데 물리치료 시장으로 들어오는 진입로를 통제하기 위함이었다. 재활의학과 전문의는 이런 움직임에 대해 반대하였고 등록제도는 "선견지명이 있고 윤리적인 치료사들에 의해 인정되고 강화된 것이며 이 등록제도가 그들을 전문가 수준으로 위상을 높여 주었기 때문"이라고 주장하였다.[37] 이는 1958년 미국물리치료사협회와 미국물리의학과재활협의회American Congress of Physical Medicine and Rehabilitation, 미국물리치료등록협회American Registry for Physical Therapy를 대표하는 임시위원회가 구성되도록 하였다. 임시위원회가 등록제도의 사용을 유지시키는 데 실패한 후 영구적인 연락위원회가 미국물리치료사협회와 미국병원협회, 미국물리의학과재활협의회, 미국재활의학회(전 미국재활의학연합회) 사이에 생겼다.[38] 1965년 협의회가 물리치료사 대상 등록제도의 사용을 부활시키기 위해 미국의사협회 의학교육과병원위원회로부터 도움을 받고자 했지만 위원회는 이 문제에 관여하지 않겠다고 거절하였다.[39] 사실 위원회는 그때까지 분쟁 중인 단체들을 한데 모으기 위해 노력했지만 실패해 왔다.[40] 자격증 법안이 대부분의 주에서 통과된 다음에는 물리치료사들에게 더 이상 물

---

36 Charles Magistro, "The 1975 Presidential Address", *Physical Therapy*, vol. 55, 1975, pp. 1204~1205.

37 Walter M. Solomon, "The American Congress of Physical Medicine and Rehabilitation: Its Significance and Purpose", *Archives of Physical Medicine and Rehabilitation*, vol. 34, p. 604.

38 Minutes of the Joint Committee of the AHA and APTA, July 2, 1961.

39 AMA Files, October 1965.

40 Minutes of the Joint Committee of the AHA and APTA, June 22, 1962.

리의학계의 등록제도가 필요하지 않았다.

물리치료사들은 그 다음으로 미국의사협회 의학교육과병원위원회로부터 인증을 받는 과정에 대한 지배권을 놓고 다투기 시작했다. 1955년 '물리치료학교 인증의 필수요건'Essentials of an Acceptable School Of Physical Therapy의 개정에 있어 절충안이 미국물리치료사협회와 미국의사협회 산하 의학교육위원회Council on Medical Education와 재활의학위원회Council on Physical Medicine and Rehabilitation에 의해 도출되었다. 1960년 인증의 "상호협력" 절차가 시작되면서 인증기관에 미국물리치료사협회 대표를 위한 자리를 마련해 주었다.[41] 하지만 의학교육위원회는 미국물리치료사협회를 상호협력 인증과정에 있어서 미국의사협회와 동등한 관계로 대우하지는 않았다. 미국의사협회가 인증의 주체로 인식되었고 미국물리치료사협회는 단지 협력기관이었다. 따라서 미국물리치료사협회가 인증기관에 대표는 파견할 수 있었지만 1955년 개정된 '필수요건'에 따라 여전히 미국의사협회가 거의 모든 면에 있어서 물리치료 교육프로그램에 대한 일방적인 의사결정권한을 가지고 있었다.

1967년 미국물리치료사협회는 독립적인 인증 지위를 NCA에 요청해 보았지만 실패했다. NCA는 인증기관들의 비정부 기구이며 중등이후교육과정 인증을 위한 위원회Commission on Postsecondary Accreditation(COPA)의 전신이다. 1971년 NCA는 선택된 건강교육프로그램의 인증에 관한 연구(SASHEP)가 완료될 때까지 인증기관의 추가적인 파편화를 막기 위하여 새로운 기관의 인증을 일시적으로 유보하

---

41 Magistro, "The 1975 Presidential Address", p. 1202.

기로 한 참이었다. SASHEP 위원회는 1972년 발간한 보고서에서 국가 인증 위원회의 설립을 권고했다. 의료기사 단체가 이를 강하게 찬성한 반면 의사들은 미국의사협회 인증 절차가 감시받을 수 있다는 이유로 이에 반대하였다.[42] 미국물리치료사협회는 또한 미국교육청U.S Office of Education(USOE)에게 인증 지위를 승인받는 데 실패하였다.[43]

1974년 새로이 '필수요건'이 개정될 때 미국물리치료사협회는 물리치료사와 물리치료보조사 교육프로그램에 대한 독립적인 인증기관 지위를 얻으려 재차 시도했지만 실패했다. 미국의사협회는 개정안이 물리치료 교육프로그램에 의사의 지도를 포함하지 않았고 물리치료 행위의 한계를 언급하지 않았다는 이유로 그들의 요구를 받아들이지 않았다. 더욱이 일부 물리치료 커리큘럼이 근전도를 포함하고 있었기 때문에 승인되지 않았다. 한 미국의사협회 관계자는 미국물리치료사협회가 내놓은 '필수요건' 개정안을 거부하였는데, 그의 생각에 이게 통과되면 의사의 감독 없이 물리치료사가 독립적인 의료행위를 하는 것을 용납하게 될 것이기 때문이었다. 다른 미국의사협회 대표도 이것이 "미래의 척추지압사"를 만들어 낼 것이라는 이유를 들며 반대하였다.[44]

찰스 마지스트로Charles Magistro는 1975년 회장연설에서 이런 공격에 대한 입장을 표명하였다. 그는 의사가 아닌 물리치료사가 물리치료 교육프로그램을 감독해야 하는데 왜냐하면 그들이 이 분야의 전문

42 Patricia R. Evans, "Accreditation — Vehicle for Change, Part II", *Physical Therapy*, vol. 58, 1978, p. 443.
43 AMA Files, "Meeting of Office of Education, the APTA, and the AMA", December 8, 1972; "Meeting of Representatives of the APTA and AMA Division of Medical Education", January 4, 1973.
44 Magistro, "The 1975 Presidential Address", pp. 1203~1204.

가이기 때문이라고 주장하였다. 그는 최신 '필수요건'이 물리치료 행위의 한계를 명시하지 않았다는 지적에 대해서는 간단히 말해 각 주의 자격증 관련법들이 치료 행위들을 규정하고 있기 때문에 근거 없는 공격이라고 주장하였다. 물리치료 커리큘럼 안에 근전도가 포함된 것에 대한 미국의사협회의 우려에 대해 마지스트로는 이 술기가 '필수요건'에 들어 있지도 않으며, 이 시술 행위에 대한 책임은 각 주의 의료인시험실시위원회가 갖고 있음을 지적하였다.[45]

1975년에 미국의사협회가 제시한 개정안을 미국물리치료사협회는 받아들일 수 없었는데 교육 기준을 통해 물리치료행위를 계속 통제하려는 시도라고 생각했기 때문이었다. 동시에 USOE와 COPA가 물리치료 교육프로그램을 인증 주체로서 미국의사협회 의학교육과병원위원회의 권리를 재확인해 주었다. 인증 권한을 가져오려는 시도가 거듭실패한 데 좌절하여 미국물리치료사협회 회원들은 적어도 인증에 있어서는 미국의사협회와 "영주-농노 관계"로 남아 있자고 요구하기 시작하였다.[46] 1976년 미국물리치료사협회는 회장 연설을 통해 협회가 그냥일방적으로 미국의사협회와의 협력관계를 끊을 가능성마저 있다고 얘기하였다.[47]

1977년 초 미국물리치료사협회는 다시 한번 COPA와 USOE에게독립적인 인증 지위를 승인해 달라고 요청했다. 그들은 임시로 두 인증기관을 모두 인정하기로 했는데, 하나는 미국물리치료사협회의 것이었고 다른 하나는 미국의사협회의 것이었다. 미국물리치료사협회는 이

---

45 Ibid., p. 1203.
46 Grant C. Snarr, Letter to the Editor, *Physical Therapy*, vol. 56, 1976, p. 734.
47 Charles M. Magistro, "The 1976 Presidential Address", *Ibid.*, pp. 1235~1236.

를 반쪽짜리 성공으로 여기고 이제 협회의 목표를 물리치료에 있어 유일한 인증기관이 되는 것으로 바꾸었다. 하치만 치료사들은 미국물리치료사협회의 인증활동을 제한하려고 하는 미국의사협회의 "지속적인 압박"을 두려워했다.[48] 미국병원협회와 미국의료기사연합회(ASAHP)의 지원을 얻은 미국의사협회는 미국물리치료사협회의 인정에 반대하였고, 그들이 새로이 시행하는 인증제도의 신뢰도를 떨어트리려고 하였다.[49] 하지만 미국의사협회는 이 일에 실패했을 뿐만 아니라 1979년에는 물리치료 수련프로그램의 인증기관으로서 USOE의 승인마저 잃게 되었다. 미국의사협회는 자발적 단체인 COPA에게는 계속 인정을 받아 인증 과정에 계속 참여는 하였지만 더 이상 미국물리치료사협회와 협력을 하지는 않았다.

의료기사직들은 이제 "알아채기 힘든 교묘함과 공공연한 의사진행 방해 모두를 동원하여 우리가 잠자코 있게 만드는 활동에 동조하고 있음"을 알아챘다.[50] 그래서 미국물리치료사협회는 1979년에 ASAHP, COPA, USOE, 의료인력과Bureau of Health Manpower가 공동 후원하는 의료기사교육인증현안회의Conference to Consider Issues in the Accreditation of Allied Health Education에 대해 '우려'를 표명했다. 회의 운영위원회에 의료기사 영역에서 고작 두 명만 참여하고 있고 물리치료는 전무하다는 점을 언급하면서 미국물리치료사협회 회장은 운영위원회 측에 대표자의 범위를 확대해 달라는 서신을 보냈다.[51] 그리고 적

48 Bartlett, "The 1977 Presidential Address", pp. 1250~1251.
49 Robert C. Bartlett, "The 1978 Presidential Address", *Physical Therapy*, vol. 58, 1978, p. 1329.
50 Helen J. Hislop, "Of Professional Bondage", *Archives of Physical Medicine and Rehabilitation*, vol. 59, 1978, p. 107.

어도 교육프로그램 인증에 있어서 물리치료사들은 더 이상 의료계의 "가부장적인" 접근법을 용납하지 않았다. 1983년 COPA에서 미국의사협회가 제외되면서 마지막 연결고리가 끊어졌다. 의사가 인증을 위한 기관방문팀에 계속 들어가긴 했지만, 미국물리치료사협회의 요청 하에 이루어지는 것이었다.[52]

의료기사 영역에 있던 많은 이들에게 미국물리치료사협회가 미국의사협회와 협력관계를 끊었다는 것은 미국의사협회가 의료기사직을 지배해 온 오랜 역사가 종식되었음을 상징했다. 물리치료사들은 이제 재활의학과 전문의라는 재활관련 노동분업의 지배자를 폐위시킬 수 있는 기반을 마련하게 되었다.

2) 작업치료사의 시장 실수

물리치료사들과 반대로 작업치료사들은 1970년대까지 자격증 관련법을 얻으려 하지 않았다. 대신에 그들은 의사직과 종속관계가 심해지는 것을 피하면서 진입을 통제하기 위한 전국단위의 강력한 내부검증 메커니즘을 발달시켰다. 실제로 1950년대에 미국작업치료사협회는 일부 물리치료사들의 자격증 법안이 작업치료사들을 함께 재활의학과 전문의의 지배 아래로 끌고 들어갈까 걱정하였다. 예를 들어 코네티컷의 작업치료사들은 주 입법부에 제출된, 물리치료사들에게 자격증을 주기 위한 법안에 작업치료가 포함될까 봐 걱정했다. 코네티컷의 법안 도입부에 "물리의학은 물리치료와 작업치료로 구성되어 있다"고 작업치료

---

51 *Progress Report*, 8 January 1978, p. 3.
52 Hislop, "Of Professional Bondage", p. 107; Eugene Michaels(Executive Director, APTA), personal communication, July 5, 1983.

를 언급했기 때문이었다. 작업치료사들은 자신들의 영역에 대해 이처럼 짧게 서술해 놓은 것조차 그들을 자격제도 방향으로 끌고 갈 것이고 미국작업치료사협회 지역 지부가 아무것도 모른 채 입법부에 입안되었다고 주장하였다.[53] 주 지부의 법안 반대 활동을 지원하기 위해 미국작업치료사협회 중앙 지부는 그 해에 공식적으로 자격증제도에 반대하였다. 그리고 곧 그 법안은 폐기되었다.

작업치료사들은 1960년대까지 자격증제도에 반대하였다. 그들은 자격증이 "당신을 이등 시민으로 만드는 것"이며, 자발적인 인증제도가 자치를 수반하며[54] 의사에 더 이상 종속되는 것을 막아 주기 때문에[55] "세련된 방법"이라고 믿었다. 그들은 자격증이란 전기기술공이나 배관공, 미용사가 따는 것이지 발달된 전문직 종사자가 얻어 낼 무언가는 아니라고 말했다. 따라서 미국작업치료사협회는 미국물리치료사협회가 자격증에 관한 법률을 추진하는 것은 잘못되었다는 생각이 확고했다. 덧붙여서 작업치료사들은 주 자격증이 한 사람의 치료사가 다른 주에서 활동하는 것을 제재할 뿐이지 환자보호를 보장하는 것도 아니며, 압력단체들이 수정안에 영향을 가해 미국작업치료사협회의 기준을 낮출 수도 있는 상황을 막기 위한 방어막을 계속 필요로 할 것이라고 믿었다.[56]

자격증제도를 추진하기 위한 지역 내 정치적 기반을 마련하는 데

53 *American Journal of Occupational Therapy*, vol. 6, 1952, p. 48.
54 Clare McCarthy(Chief of Physical Therapy, Children's Hospital, Boston), personal communication, June 30, 1983.
55 Jack Hofkosh(Chief of Physical Therapy, Institute of Rehabilitation Medicine), personal communication, November 4, 1974.
56 Beatrice Wade, "From the Study of State Licensure", *American Journal of Occupational Therapy*, vol. 14, 1960, p. 90.

실패했기 때문에 작업치료사는 1960년대 후반에 생겨나는 기회를 활용하지 못하였다. 예를 들어, 물리치료사와 언어치료사가 자격증과 강력한 정치적 기반을 바탕으로 메디케어 법안에 영향을 준 반면 그들은 그렇게 하지 못했다.[57] 그 결과 메디케어는 물리치료와 언어치료, 간호가 일차적인 서비스로 있을 때에만 작업치료를 보험청구가 가능한 병원서비스로 인정해 주었다. 그 결과 작업치료사는 법적으로 서비스를 독자적으로 제공할 수 없게 되었고 보험금을 청구하는 데 있어 다른 치료사들에게 의존하게 되었다.[58]

미국작업치료사협회는 워싱턴에 자신들의 대표자를 두지 못해 1968년까지 연방정부의 역할 확대에 적절히 대응하지 못하였다.[59] 그때 이후로 미국작업치료사협회는 본부를 워싱턴으로 옮겼고 직원 중 작업치료사 여러 명을 홍보와 로비 전문가로 교체하였다. 남은 치료사들은 교육이나 인증과 같은 내부 문제들을 다루었다.[60] 미국작업치료사협회의 가장 중요한 행동은 법안활동을 감시하기 위한 정부대응부처를 만드는 것과 정치적 채널을 활용하기 위한 전략을 개발하는 것이었다. 미국물리치료의회활동위원회American Physical Therapy Congressional Action Committee(APTCAC)가 설립되고 나서 몇 년 후인 1976년에야 미국작업치료사협회는 정치활동위원회의 설치를 허가하고 1978년부터 자금을 지원하기 시작하였다.[61] APTCAC와 유사하게 미국작업치료정

57 Wilma West(Former President, AOTA), personal communication, June 25, 1974.
58 Cordelia Myers(Editor, *American Journal of Occupational Therapy*), personal communication, June 25, 1974.
59 "AOTA Gets Washington Consultant", *American Occupational Therapy Newsletter*, vol. 20, February, 1968, p. 2.
60 Fran Aquaviva(Coordinator of Special Projects, AOTA), personal communication, June 25, 1974.

치활동위원회(AOTPAC)는 작업치료사에게 호의적인 의료 법안을 지지하거나 힘을 실어 주는 후보자의 선거운동에 자발적으로 기부금을 직접 모아 주자고 회원들에게 요청하였다. 그 첫 해에 AOTPAC는 22개 주에서 29명의 연방기관 후보자들을 지원하였고 그 결과 "문 안으로 확실하게 발을" 들여놓게 되었다.[62]

미국작업치료사협회가 연방정부 역할의 확대에 대응을 하지 못한 또 하나의 이유는 정치인이나 보건전문가, 일반대중이 그들의 상품에 대해 모르거나 오해하고 있기 때문이었다. 1960년대 초 『미국작업치료 저널』의 사설은 스스로의 업무를 정의하는 데 "앞뒤로 갈팡질팡하는" 작업치료사들의 좌절과 곤란에 대해 자주 지적하였다.[63] "'도대체 작업치료사가 하는 일이 뭐죠?' 우리들 대부분이 너무나 자주 이런 종류의 질문들을 받고 있다. '지금 당장 설명하긴 너무 복잡하다'고 힘없이 한숨짓거나, 주의 깊게 준비해 온 논문으로 설명을 시작하거나 '당신도 알 듯이……'라고 애매하게 말하고 대화를 다른 주제로 돌려 버리지는 않는가?"라고 지적하였다.[64] 다른 사설은 "'작업치료 이미지'에 대해 어떻게 설명하든 일반적인 반응은 낮은 신음소리나 '아, 그만!'이라며 고통스럽게 소리치는 것뿐이다"라고 말했다.[65] 1963년 작업치료의 정의를 주요 목표로 삼은 미국작업치료사협회 임상위원회조차 이 과업을 달성하는 데 실패하였다.[66]

61 "Full Swing Into Political Action", *Occupational Therapy*, vol. 32, April, 1978, p. 1.
62 "AOTPAC", *Occupational Therapy*, vol. 33, April 1979, p. 7.
63 Editorial, *American Journal of Occupational Therapy*, vol. 17, 1963, p. 167.
64 Editorial, *American Journal of Occupational Therapy*, vol. 18, 1964, p. 65.
65 Mildred Sleeper, Guest Editorial, *Ibid.*, p. 114.
66 *American Journal of Occupational Therapy*, vol. 27, 1963, p. 79.

1965년 미국작업치료사협회 회장은 연설에서 이 정의의 문제에 대한 우려를 나타냈는데, 왜냐하면 이 문제 때문에 의사들이 작업치료를 잘 활용하지 않는다고 생각했기 때문이다.[67] 하지만 십여 년 후의 또 다른 미국작업치료사협회 회장도 비슷한 논평을 하였다. 그녀는 다음과 같이 말한 의사가 적어도 한 명은 있다면서, "당신도 아시듯이 의사들은 좀 멍청해요. 그들은 작업치료를 몰라요. 만약 당신이 병원 복도를 걸어 내려가면서 50명의 의사에게 작업치료가 뭐냐고 물어보면 아마 한 명 정도는 대답을 할 수 있을까요? 저는 그마저도 의심스럽네요"라는 얘기를 들었다고 했다.[68]

서비스의 수요를 증가시키고 "성공적으로 마케팅을 하기" 위해 작업치료사들은 자신들의 결과물을 더욱 명확하고 긍정적으로 인식되도록 만들어야 했다.[69] 이제 자신들의 노동이 가진 의미를 "인식 가능하고, 서술 가능하며, 인지 가능하고, 가치 있는 상품"으로 "변모"시키기 위해 노력하기 시작했다.[70] 미국작업치료사협회 대표자들은 일반적으로 새로운 상품들이 발달하고 마케팅이 되는 과정을 자신들과 비교해 보았고 회원들에게 "일관성 있는 대중 이미지를 구축하기 위해" 비지니스 세계의 접근법을 배워야 한다고 말하였다.[71]

67   Wilma L. West, "The President's Address", *American Journal of Occupational Therapy*, vol. 29, 1965, pp. 31~33.

68   Mae D. Hightower-Vandamm, "Presidential Address", *American Journal of Occupational Therapy*, vol. 32, 1978, pp. 551~552.

69   Jerry A. Johnson, "Occupational Therapy: A Model for the Future", *American Journal of Occupational Therapy*, vol. 27, p. 5.

70   Jerry A. Johnson, Nationally Speaking, *American Journal of Occupational Therapy*, vol. 28, 1974, p. 7.

71   Jerry A. Johnson, "Delegate Assembly Address, April 9, 1976", *American Journal of Occupational Therapy*, vol. 30, 1976, pp. 447~448.

따라서 일반 대중뿐만 아니라 의사들과 블루크로스Blue Cross나 홈 Home, 프루덴셜Prudential과 같은 보험회사에 초점을 맞춰 홍보하려 했다.[72] 일례로 1975년 작업치료사들이 타임지의 영화 리뷰에 나온 코멘트 때문에 모욕을 당한 일이 있다. 영화평론가인 제이 콕스Jay Cocks는 영화 프론트 페이지Front Page에 대한 그의 리뷰 마지막 줄에 "이 영화는 무관심과 함께 태어나 무관심으로 만들어졌다. 마치 작업치료처럼"이라고 썼다.[73] 미국작업치료사협회의 법률자문단은 타임지로 보낸 편지에서 이를 "경솔한 언행"이라고 비난했다.[74] 텔레비전과 라디오, 전국 잡지 광고, 옥외광고, 전단, 브로슈어 등을 이용해 대중과 전문가들을 교육하자는 5개년 "종합계획"이 1979년에 제안되기도 했다.[75]

그들의 상품 정의를 개선하기 위해 작업치료사들은 의료와의 관계를 되도록 강조하지 않는 방향으로 그들의 노동을 다시 규정하였다. 물론 둘 사이의 관련성이 완벽히 끝나지는 않았으며 아마 그렇게 되지도 않을 것이지만, 작업치료계의 대표들은 의료 모델과 의사들에 대한 의존성에 대해 비판하였다. 예를 들어 한 유명한 작업치료사는 작업치료영역이 "무비판적으로 의료와의 긴밀한 관계를 수용했다"고 서술했다.[76] 질병 중심 접근 방식을 받아들인 것에 대해 그녀는 "우리 치료방식에 잘 맞지 않으며 우리의 사고를 방해해 왔다. 아마 교육이 더 실용적인 모델을 제공해 줄 것"이라고 주장했다.[77] 비슷한 맥락으로 1973년 미

72 Hightower-Vandamm, "Presidential Address", pp. 551~552.

73 Jay Cocks, "Late, Late Edition", *Time*, vol. 104, December 23, 1974, p. 4.

74 "Spotlight on OT", *Occupational Therapy*, vol. 29, February 1975, p. 1.

75 American Journal of Occupational Therapy, vol. 33, 1979, p. 787.

76 Anne Cronin Mosey, "Involvement in the Rehabilitation Movement—1942-1960", *American Journal of Occupational Therapy*, vol. 25, 1971, p. 235.

국작업치료사협회 회장은 작업치료사가 환자의 "병리학적 과정"에 영향을 미치려고 할 때 "전인적인 시야를 놓치게" 되고 결국 "작업치료의 생존능력" 자체를 의심하게 만든다고 주장하였다.[78]

작업치료사들은 의료 그 자체로부터 완전히 분리되길 원하진 않았지만 자신들의 업무를 재정의함으로써 의사들의 지배에서 벗어나려 하였다.[79] 그들이 사용한 한 가지 방법은 "의학적으로 처방된" 것이라고 자신들의 노동을 정의했던 전통에 의문을 제기하는 것이었다. 1960년대 초반 정신과적 작업치료의 영역에 있던 치료사들이 의사 처방이 꼭 필요한 것은 아니라며 이 전통에 도전했다. "시대착오적"이라고 하면서 작업치료사들은 의사의 처방이 소통을 방해하고 치료사의 경험을 과도하게 단순화하며 작업치료사의 역할을 "기술조무사" 수준으로 제한한다고 주장했다.[80]

곧 작업치료사들은 정신과 이외의 영역에서도 처방의 필요성에 의문을 제기하였다. 치료 현장에서 종종 표면적으로나마 처방을 따르긴 했지만[81] 진정한 반대는 작업치료의 "전문가적 성장"을 처방이 제한해왔다는 점이었다.[82] 1962년 미국작업치료사협회 자료표Fact Sheet에 언급된 작업치료의 정의에서 "의학적으로 처방된"이라는 단어가 삭제되

---

77   Ibid.
78   Johnson, "Occupational Therapy: A Model for the Future", p. 1.
79   Hightower-Vandamm, "Presidential Address", p. 552.
80   June Mazer and Wells Goodrich, "The Prescription: An Anachronistic Procedure in Psychiatric Occupational Therapy", American Journal of Occupational Therapy, vol. 12, pt. I, 1958, pp. 165~170.
81   Vernon L. Nickel, "The Therapist and the Profession", Proceedings of the 1960 AOTA conference.
82   William R. Conte, "The Occupational Therapist as a Therapist", American Journal of Occupational Therapy, vol. 14, pp. 1~3, 12.

었다.[83] 이 삭제에 대한 코멘트에서 한 치료사는 미국작업치료사협회가 더 이상 자신들을 "의학적으로 처방된 활동들"을 사용하여 정의되길 원치 않는다는 것을 보여 준다고 하였다. 그녀는 처방전이 의사와 작업치료사 간의 "권위주의적인 관계"를 나타내는 "구체적인 상징"이었으며 그처럼 끝냈어야 할 일이었다고 말했다.[84] 반면 수년 동안 의사들은 작업치료의 서면 처방을 그만두자는 제안에 반대해 왔었다. 한 재활의학과 전문의는 서면 처방전은 "기본적이고 반드시 필요한 것"이며, 이를 따르지 않는 치료사들은 "잘못된 판단"을 정성들여 하는 셈일 뿐이라고 말했다.[85]

작업치료사들이 의사와의 관계의 중요성을 떨어트리기 위해 사용한 또 하나의 방법은 행동과학을 이용해 새로운 이론적 기반을 발달시키는 것이었다. 한 미국작업치료사협회 회장의 주장에 따르면, 작업치료사들이 의료에 뿌리를 둔 기반을 가지면서도 "의사에 굴종"하거나 병원에서만 일하도록 강요되지 않을 수 있었다.[86] 따라서 1970년대 후반 그들의 목표는 "의사와의 의존 관계에 얽매이지 않고 필요에 따른 관계"만을 취할 수 있는 이론적 기반을 발전시키는 것이었다.[87] 의료 및 재활로부터 부분적으로 분리됨으로써, 작업치료사들은 자기 자신

83 Gail S. Fidler, "The Prescription in Occupational Therapy", *American Journal of Occupational Therapy*, vol. 17, p. 122.

84 Ibid., pp. 122~123.

85 Felix Millan, Letter to the Editor, *American Journal of Occupational Therapy*, vol. 17, p. 209.

86 Jerry A. Johnson, "Mission Alpha: A New Beginning", *American Journal of Occupational Therapy*, vol. 31, 1977, pp. 147~148.

87 Jerry A. Johnson, "Commitment to Action", *American Journal of Occupational Therapy*, vol. 30, p. 137.

들을 위한 독특한 역할을 정의하려고 시도했다. 그들은 19세기의 '정신요법'moral treatment이라는 뿌리로 되돌아갔다.[88] 작업치료를 옹호하는 한 의사는 최근 "우리의 시대에 맞춰진 정신요법의 새로운 시대가 진정 요구되고 있다"고 언급하였다.[89] 현대 과학용어를 사용함으로써 그들은 이를 신경학, 생물학, 정신과학에 기초한 고차원적인 이론적 기반의 진화로 묘사하였다.[90] 의료적 모델로부터 분리되기 위하여 작업행동가occupational behaviorist, 작업과학자occupational scientist, 발달과학자developmental scientist, 생활기술전문가life skill specialist와 같은 새로운 이름들이 제안되기도 하였다.[91]

따라서 작업치료사들은 자신들의 업무를 정의함에 있어 다시 원점으로 돌아왔다. 명백하게 이런 정의의 변화는 그 영역의 자연적인 진화로부터 온 것이 아니라 작업치료사직이 맞닥뜨린 경쟁적인 시장 상황의 결과였다. 하지만 상품 정의를 향상시키기 위한 이런 시도들은 작업치료 서비스의 본질을 더 뒤죽박죽으로 만들어 놓을 뿐이었다. 다른 단체들과 그 전문성을 본질적으로 구분해 주는 것이 무엇인가에 대해서는 오늘날까지도 거의 합의를 이루지 못했으며 집단 내부에서조차 그런 상황이다.

더욱이 작업치료사들은 서비스의 정의를 명확히 하고 개선하기 위

---

88 H. Tristram Engelhardt, Jr., "Defining Occupational Therapy and the Virtues of Occupation", *American Journal of Occupational Therapy*, vol. 31, pp. 666~672.

89 J. Sanbourne Bockoven, "Legacy of Moral Treatment—1800's to 1910", *American Journal of Occupational Therapy*, vol. 25, p. 224.

90 "Task Force on Target Populations, Report 1", *American Journal of Occupational Therapy*, vol. 28, pp. 158~163; Anne Cronin Mosey, "An Alternative: The Biopsychosocial Model", *Ibid.*, p. 139.

91 "Task Force on Target Populations, Report I", p. 163.

한 노력의 초점을 그들이 제일 전문적으로 해 온 일에 맞추지 않았다. 대신 그들은 다양한 새로운 노동 환경을 넓게 포괄하려 했다. 몇몇 작업 치료사들은 자신들의 동료들이 가진 "내부의 집시성향 유전" 때문에 지나치게 확장하려는 게 아닌가 하는 우려를 제기했다.[92] 미국작업치료사협회 특별위원회가 제안한 이런 지나친 확장은 작업치료만의 어떤 "목적과 이론, 가치의 공통성"을 파괴하고 여러 전문가 그룹을 아우르는 포괄적 용어로 만들어 버린 것일지도 모른다.[93] 다른 이들은 그런 확장이 "유치원 교사에서 시작하여 결혼상담사까지, 나아가 종종 변호사가 할 일까지도 포함한 것"이기에 수많은 단체들이 침입할 수 있게 만들었다고 지적했다.[94]

작업치료의 새로운 이론적 기반은 작업치료사들이 책임지는 영역을 넓혀 주는 근거가 되어 주었다. 1970년대 초 그들은 병원이라는 기존의 시장 너머로 넘어가기 시작했다. 요양원과 학교, 환자 가정과 일터, 감옥, 지역건강기관, 그리고 주간보호센터 등이 진지하게 고려되거나 실제적으로 이동이 이루어진 새로운 무대였다.[95] 작업치료사들은 의료의 급성기 케어 모델이 가진 편협함을 비판함으로써 그들의 새로운 이론적 배경을 근거로 건강강좌와 예방적 돌봄, 말기환자 돌봄 그리고 "일반 지역사회 내 사회적 환경 중재"를 정당화하였다.[96]

92 Mae D. Hightower-Vandamm, "The Far-Reaching Impact of the Renaissance—Occupational Therapy 1979", *American Journal of Occupational Therapy*, vol. 33, p. 760.
93 "Task Force on Target Populations, Report II", *American Journal of Occupational Therapy*, vol. 28, p. 234.
94 Frank P. Grad, "Legal Alternatives to Certification", *American Journal of Occupational Therapy*, vol. 28, p. 39.
95 Cordelia Myers, Editorial, *American Journal of Occupational Therapy*, vol. 27, 1973, p. 343; Johnson, "Occupational Therapy: A Model for the Future", p. 4.

이런 확장은 작업치료사들이 그들을 사회사업이나 정신과, 간호 영역의 경쟁 조직과 미술과 춤, 음악의 사용을 강조하는 새로운 조직들로부터 차별화하는 데 도움이 되었다. 작업치료의 일종을 수행하는 것 같으면서 저임금을 받는 노동자들 때문에 심화된 경쟁 환경에서 지속적인 고용을 담보하기 위해서는 작업치료사들이 자신들의 전문성을 경쟁자들과 차별화하는 것이 중요했다. 하지만 작업치료사들은 이 점에 있어서 그다지 성공적이지 못했다. 예를 들어 일찍이 1962년부터 작업치료사들은 자신들의 업무가 활동 및 놀이 치료사activity and recreational therapist의 것과 중복되는 것에 대해 걱정했고, 그 차이를 명확히 하기 위한 시도를 종종 하였다. 특히 정신과와 노인에 대한 치료에서 활동 및 놀이 치료사들이 "기분전환 활동" 그리고 "레저 활동"을 제공하는데 이는 작업치료사의 서비스와 크게 중복되었다.[97] 한 작업치료사는 활동치료사가 "질 낮은 활동 프로그램"을 제공하는 반면 작업치료사는 "양질의 프로그램"을 가지고 있는 것이라고 주장하였다. 이런 구분을 자세히 설명하기 위해 그녀는 활동치료가 "참여를 독려하도록 디자인되긴 하였지만 특별히 자존감을 위해 설계되진 않았다"고 주장하였다. 그녀는 활동치료가 "행동의 자동적이고 학습된 패턴"에 호소하기 때문에 이는 "인간의 존엄성을 부정하고 병원 공동체 안에서 침묵하게 만들고 몰-

96 Frank Stein, "Occupational Therapy Services in the Prevention of Illness", *American Journal of Occupational Therapy*, vol. 31, 1977, pp. 225~226; Shelly Lane Gammage et al., "The Occupational Therapist and Terminal Illness: Learning to Cope with Death", *Ibid.*, vol. 30, pp. 294~299; Anne G. Morris, "Parent Education in Well-Baby Care: A New Role for the Occupational Therapist", *Ibid.*, vol. 32, pp. 75~76; "Task Force on Target Populations, Report I", p. 161.

97 June L. Mazer, Letter to the Editor, *American Journal of Occupational Therapy*, vol. 18, p. 29.

개성화하고 시설화하며 전반적으로 인간 본성을 저해"하는 경향이 있다고 주장하였다. 반면 작업치료는 "사람의 마음과 의지가 중추신경계의 활동을 통해 사용되고 사람은 의식적으로 문제해결과 창의적 활동에 참여해야 하고 할 수 있다고 가정한다"고 말했다.[98]

작업치료사들은 지속적으로 그들의 경쟁력을 활동 및 놀이 치료사들의 것과 차별화하려고 했다. 1960년대 말 작업치료사들은 메디케어 개정안에 반대를 하였는데 작업치료사가 기분전환과 놀이 활동을 지도해야 한다는 문구 때문이었다. 미국작업치료사협회 법제위원회는 이 표현을 "자격이 있는 작업치료사도 적합한 기분전환과 놀이 활동에 자문을 줄 수 있지만", 사회복지사나 간호사도 자문할 수 있다는 것으로 바꿔야 한다고 권고하였다. 위원회는 작업치료가 놀이가 아닌 의료서비스이기 때문에 기분전환용 프로그램의 지도가 작업치료사의 역할은 아니라고 설명하였다.[99]

미국작업치료사협회는 1970년대 초 시장 지위를 보다 호의적으로 바꾸고 그들의 정치적 영향력을 확대하기 위해 자격증제도를 다시금 고려하기 시작했다. 몇몇 미국작업치료사협회 지부들이 '작업치료사'라는 명칭의 사용을 제한할 자격증을 추진하자고 강력히 요구하기 시작했다. 그들은 메디케어뿐만 아니라 가능한 새로운 보험에도 청구할 수 있게 되길 원하였는데[100] 이는 오직 특정 과업을 작업치료사만 수행할 수 있도록 제한하고 연방기금을 받는 기관들에게 작업치료 서비스

---

98 Mary Reilly, "Occupational Therapy Can Be One of the Great Ideas of 20th Century Medicine", *American Journal of Occupational Therapy*, vol. 16, pp. 1~9.

99 Nationally Speaking, *American Journal of Occupational Therapy*, vol. 23, 1969, p. 209.

100 Edith Winston, "Motivation for Licensure", *American Journal of Occupational Therapy*, vol. 30, 1976, pp. 27~30.

들을 제공하라고 요구해야만 가능한 일이었다.

1968년 푸에르토리코는 작업치료사로 등록한 사람들과 작업치료 조무사로 인증받은 사람들을 위한 자격증 관련법을 갖게 된 첫번째 미국작업치료사협회 지부가 되었다. 한 관찰자의 의견에 따르면 푸에르토리코의 작업치료사들은 자격증을 "노인 인구를 위한 노동이 주요 관심 대상이자 대규모 자금 지원의 대상이 될 때 그 고용에 있어서 우선권과 안정성과 함께 물리치료사와 동등한 지위를 갖게 해 줄 수단"으로 바라보고 있었다.[101] 1972년 초 뉴욕과 플로리다의 작업치료사들이 자격증제도를 고려하기 시작했다.[102] 뉴욕 지부는 특히 최근에 이루어진 정신질환자를 위한 헌법적 최소 보장기준을 수립하기 위한 앨라배마 법원 재판 결과에서 자격증이 없다는 이유로 작업치료사가 자격이 있는 정신건강전문가집단에 포함되지 못한 사태에 대해 우려하였다. 더욱이 이 결정은 국가적 선례로 인용되었고 뉴욕뿐만 아니라 펜실베이니아, 캔자스 및 기타 지역의 작업치료사들에게 영향을 미치게 되었다.[103]

뉴욕과 같은 주 지부들이 자격증에 대한 미국작업치료사협회의 태도를 바꾸는 데 지대한 영향을 미쳤다. 1974년 자격증에 대한 미국작업치료사협회의 위치는 공식적으로 중립에서 지지로 바뀌었고, "자격증의 추구는 우선순위가 높은 목표로 격상되었다".[104] 이듬해 뉴욕과 플로

101   Marion W. Crampton, "Licensing of Occupational Therapists", *American Journal of Occupational Therapy*, vol. 25, p. 207.

102   Caroline R. Brayley, "Mobilization of Membership for Legislative Action", *American Journal of Occupational Therapy*, vol. 30, p. 31.

103   Edith Winston et al., Letter to the Editor, *American Journal of Occupational Therapy*, vol. 28, p. 241.

104   Jerry A. Johnson, "Licensure", *American Journal of Occupational Therapy*, vol. 29, p. 73; Jerry A. Johnson, "No More Waiting", *Ibid.*, p. 519.

리다는 작업치료자격증 관련 법안을 발효하였다.

1982년까지 단지 12개가 넘는 주와 컬럼비아 특별구만이 작업치료행위법을 발효할 수 있었다. 놀이 및 행동치료사와 같은 비자격 경쟁자들이 심하게 반대하며 들고일어났으며 좀 덜했지만 미술 및 음악 치료사들도 이에 반대하였다.[105] 비-자격 경쟁자들은 자신들이 "어떤 특권을 잃을" 수 있다는 공포 때문에 작업치료사에 반대하였다. 물리치료사와 같은 자격 경쟁자들도 일부 반대하였는데 작업치료행위법에 있는 자신들에 대한 "잠재적인 제약들" 때문이었다.[106] 더욱이 많은 주들이 자격증 관련 법안을 "입법하는 데 있어 부정적인 태도"를 갖기 시작했는데 HEW(보건복지부) 자격증 모라토리엄에 대한 지지가 높아졌기 때문이었다.[107] 작업치료사들의 문제를 더 악화시키는 것은 많은 주들이 새로이 들어오는 자격증 제안들을 검토하기 위해 설치한 위원회들이 일반적인 정치 영역 밖에 존재한다는 점이었다. 이런 위원회의 구성원들은 선출직이 아니었고, 따라서 입법자들과 같은 방식으로 정치적 압력을 행사할 수가 없었다.[108]

미국작업치료사협회는 정치적 영향력을 강화하고 상품 정의를 개선하기 위한 전반적인 노력의 일환으로 크게는 메디케어의 규칙을 바꾸는 것을 목표로 삼았으며, 세부적으로 보험료 청구에 있어서 작업치료를 다른 의료기사들에 의존하게 만드는 조항들을 고치려고 하였다.

---

105 Wilma West, "Problems in the Licensure of Occupational Therapists", *American Journal of Occupational Therapy*, vol. 30, p. 42.

106 Johnson, "Mission Alpha: A New Beginning", p. 145.

107 "Testing Waters for Licensure", *American Journal of Occupational Therapy*, vol. 29, p. 4.

108 Carolyn Manville Baum, "State Licensure for Occupational Therapists", *American Journal of Occupational Therapy*, vol. 36, 1982, p. 430.

그들은 미국의사협회와 미국병원협회, 미국부활절봉랍협회의 지원을 받아 작업치료사가 "물리치료의 곁가지 또는 하위 시스템"이 아닌 메디케어 법에 따른 독립적인 서비스가 되고자 하였다. 협회는 회원들에게 메디케어 프로그램 내에서 물리치료 아래에 작업치료를 "감추는", "그리하여 독립된 서비스로서 작업치료의 대중 인식을 일그러뜨리고 물리치료가 더 활용되고 반대로 작업치료가 덜 쓰이도록 왜곡하는" 메디케어 법조문을 바꾸기 위해 "공격적인 행동"을 하자고 촉구하였다.[109] 작업치료사들은 이 보험청구 기준에 좌절하였고 이를 차별이라고 생각했다. "이런 상황을 더 이상 참을 수 없다"고 한 치료사가 말했다. 그녀는 석사학위까지 있는 작업치료사가 법적으로 일차적 치료제공자로서의 능력이 없다고 여기는 것은 불공평하다고 말했다.[110]

메디케어 법에 자신들이 일차적 서비스 제공자가 되도록 바꾸려는 노력과 함께 작업치료사들은 자신들의 서비스 영역에 외래 환자까지 포함하는 확장을 꾀했다. 미국작업치료사협회 회장인 제리 존슨Jerry Johnson은 "작업치료 서비스의 보험청구에 있어 이런 심각한 문제를 해결하지 않는다면, 우리는 생존을 포기해야 한다"고 말하기까지 했다. 그 예로 그녀는 두 곳의 작업치료부서를 언급했다. 하나는 "서비스 비용을 회수할 방법이 없어서" 환자를 의뢰하지 않는 곳이고 다른 하나는 임금을 줄 수 없다는 이유로 작업치료사를 해고하는 곳이었다. 1976년 존슨은 "우리의 전문성을 보존하려면" 그녀의 협회가 정치인과 연방정부, 미국의사협회와 "매우 빠르고, 숙련된, 그리고 지속적인 협상"을 시작

---

109 *American Journal of Occupational Therapy*, vol. 28, p. 562.
110 Winston et al., Letter to the Editor, p. 241.

해야 한다고 말했다. 그녀는 "이미 너무 늦은 감이 있고 이미 자신들의 보험청구 자격에 대해 알고 안심하고 있는 다른 전문직들의 저항이 예상된다. 그들은 제한된 의료서비스 예산을 절대 공유하려 하지 않을 것"이라고 경고했다.[111]

존슨의 풀뿌리 캠페인을 통한 읍소와 정치인에게 압력을 가하기 위한 로비스트의 활용에도 불구하고[112] 미국작업치료사협회는 외래 환자에 대한 작업치료의 청구권을 확대하고 간호사 또는 물리치료사, 언어치료사가 있어야만 청구할 수 있다는 조건을 없앤 수정안을 통과시키는 데 다시금 실패했다. 하지만 작업치료사들은 청구를 하기 위해 작업치료를 위한 '일차적' 서비스들 중의 하나가 함께 진행되어야 한다는 기존 규칙의 변화를 달성했다. 이제 일차 서비스가 끝나더라도 작업치료가 단독 서비스로서 지속될 수 있게 되었다.

메디케어 법안에서 그들의 의존적인 상황을 없애는 데 실패한 작업치료사들은 닉슨 행정부에서 제안한 국가건강보험안에 특히 우려를 표했다. 왜냐하면 작업치료의 청구 및 보상에 있어 메디케어 프로그램의 선례를 따를 것이기 때문이었다.[113] 미국작업치료사협회는 곧 의회의 세 가지 국가건강보험법안에 대해 '부적절'하다고 천명하고 모든 국가건강보험이 작업치료를 병원이나 외래 환경 모두에서 일차적 서비스로서 포함하여야 한다고 주장하였다.[114] 협회는 곧 국가건강보험에 작업치료 서비스를 포함하는 것에 대해 국가부활절봉립협회와 미국재활의학위

111 Johnson, "Delegate Assembly Address, April 9, 1976", p. 445.
112 Johnson, "Commitment to Action", p. 144.
113 American Journal of Occupational Therapy, vol. 28, p. 553.
114 Jerry A. Johnson, Nationally Speaking, American Journal of Occupational Therapy, vol. 29, p. 11.

원회, 세계재활기구협회와 같은 단체들의 지지를 얻어 냈다.[115]

1970년대 말, 미국작업치료사협회는 사설 보험회사와 대형보험 가입자들에게 작업치료가 필요하고, 적절하며, 비용 대비 효과적인 의료 서비스라는 것을 설득함으로써 보험 청구권을 향상시키려고 노력하였다. 1977년 미국건강보험협회는 350개 회원 회사들에게 작업치료 서비스를 의사에 의해 의뢰된 경우라면 건강보장약관에 포함시키라고 권고했다.[116] 이 권고에 따라 1978년 미국작업치료사협회는 가장 큰 11개의 보험회사들과 작업치료 서비스의 보장성 향상을 위해 접촉하였다.[117]

작업치료사들의 시장 지위를 향상시키기 위한 일련의 움직임들은 물리치료사의 것보다 훨씬 성공적이지 못했다. 자격증 법안의 추구와 상품 정의의 실패로 인해 그들은 1960년대와 1970년대 초 확대된 연방의 역할을 활용하지 못하였다. 기존의 시장 실수들을 회복하기 위한 최근의 노력들은 기껏해야 조금 성공적일 뿐이었다. 그들의 상품은 여전히 불확실하고 1980년대의 작업치료사들 역시 "애매모호함이 군림하는 상황"에 대해 계속 고민하고 있다. 자격증 법안의 후발 주자들인 작업치료사들은 그들이 정치적으로 조직되어도 이겨 낼 수 없는 막강한 저항에 맞닥뜨렸다. 작업치료사들은 많은 주에서 여전히 자격이 인정되지 않고 자격제도가 있더라도 그들은 독립적으로 행위를 할 수 없다. 작업치료사들이 재활 시장에서 그들의 경로를 바꿀 수 없다면 그들은 여전히 노동분업 내에서 다른 조직들에게 종속되어 있을 것이다.

115 "OT Supported in House Hearings", *American Journal of Occupational Therapy*, vol. 29, p. 3.

116 "HIAA Supports OT Coverage", *American Journal of Occupational Therapy*, vol. 31, August 1977, p. 1.

117 *American Journal of Occupational Therapy*, vol. 32, p. 1.

권력 상실

1) 주변성과 공급 문제

재활의학과 전문의는 1950년대 초에 그 전성기에 도달했다. 바루크 위원회가 1951년에 목표를 달성했기에 해산한다고 공표했다. 전문과로의 유입을 통제하는 미국의사협회 내 재활의학분과 및 미국재활의학위원회의 창설을 통해 재활의학과가 전문과목으로서 공인받는 것이 그 목표였다. 임상강사제도뿐만 아니라 대학에 주요 수련연구센터가 자금지원을 받음으로써 재활의학과는 학술적 존재감을 갖게 되었다. 학술센터 외부의 수요 또한 지역재활센터의 설립을 통해 촉진되었다. 그리고 여기에 재활의학과 전문의들의 연구와 출판을 지원함으로써 과학적 바탕을 구축하였다.[118]

크루젠과 같은 재활의학과 전문의들은 전문과목의 발전을 격려하며 다음과 같이 말하였다. "분명한 것은 우리의 새로운 의학적 지식 분야의 영역이 광대하며 우리 과의 미래가 유망하다는 것입니다. 최근에 이룬 우리의 발전은 진심으로 경이로운 것이고 우리 영역은 '물리학의 시대'에 새로운 위상을 얻을 것입니다."[119] 다른 재활의학과 전문의들은 전후 시기를 "물리의학의 르네상스"라고 불렀다.[120]

비록 재활의학과 전문의들이 재활의 수요를 창출하였지만, 전문과

118 "Special Report: The Baruch Committee on Physical Medicine and Rehabilitation", *Archives of Physical Medicine and Rehabilitation*, vol. 32, 1951, pp. 421~422.

119 Frank Krusen, Editorial, "New Section of Physical Medicine and Rehabilitation of the AMA Is Launched", *Archives of Physical Medicine*, vol. 31, 1950, p. 464.

120 Editorial, "Is Physical Medicine Oversold?" *Archives of Physical Medicine*, vol. 33, 1952, p. 299.

목의 주변부적 이미지를 바꿀 수는 없었다. "전체적으로 의료계는 실망스럽게도 여전히 이 영역에 거의 관심을 보이지 않고 있다." 1952년 학회지 사설에서 위와 같은 주장이 나왔다.[121] 물리의학의 전성기 동안에 조차 러스크 정도의 지명도를 가진 재활의학과 전문의가 토론의 주제로 재활에 관한 내용을 들고 나왔을 때는 청중을 모으기 어려웠다. 러스크는 제목에 '재활'이란 단어가 있을 경우 그 강연에 참석하는 의사가 12명이나 되었다면 그건 행운이라 말할 수 있었다고 회상했다. "이들은 대개 주최 측에 의해 회의에 앞선 저녁만찬에 초청된 '자리를 채우는' 청중들이거나 달리 갈 곳이 없어 참석한 사람들이었다." 더 많은 이들을 끌어모으기 위해 그는 그의 강연을 '만성질환의 역학적 치료법'이라고 제목을 다시 달았다. 그러면 많은 의사들이 "새로운 종류의 비타민 또는 주사제를 내가 개발했다고 생각하거나 초창기부터 관여하길 원하기 때문에" 올 것이었다.[122] 의사들이 재활의학에 대한 "전문가적 열정"을 계속 갖지 않는 것은[123] 『현대 의과대학의 구조와 기능』*Functions and Structure of Modern Medical School*이라는 책에서도 볼 수 있다.[124] 미국의 사협회의 의학교육과병원위원회가 1957년에 발간한 이 책자에는 '재활의학'이라는 용어 또는 의학교육에 있어서 그 위상에 대한 어떤 언급도 없었다. 비슷하게 재활의학과는 케네디 대통령의 1962년 정신지체 패널에 대표자로서 인정받지 못했다. 재활 환경에 있는 많은 정신적으

---

121 Ibid.

122 Howard A. Rusk, "Tomorrow Is Not Yesterday", *Archives of Physical Medicine and Rehabilitation*, vol. 47, 1966, p. 5.

123 George M. Piersol, Editorial, "The Doctor Shortage in Physical Medicine", *American Journal of Physical Medicine*, vol. 35, 1956, p. 8.

124 Donald L. Rose, "The Practice of Physical Medicine and Rehabilitation", *Archives of Physical Medicine and Rehabilitation*, vol. 40, p. 5.

로 지체된 환자들이 재활의학과 의사들에게 신경근육 문제들을 치료받고 있음에도 불구하고 그러하였다.[125]

주변성은 계속 문제가 되었다. 1978년 백악관 장애인 고용을 위한 회의에서도 재활의학의 이미지가 "진단적으로 어렵지 않은 영역, 오랜 기간의 치료를 필요로 하는 반면 거의 성공하지 못하는 것"으로 강조되었다.[126] 최근 『미국의사협회지』 사설은 재활의학을 25개 전문과와 세부 전문과에 포함하지 않았다.[127] 한 재활의학 전문의는 1980년대 자신의 전문과가 가진 "생존 능력"을 평가하면서 슬픈 어조로 다음과 같이 말하였다.

사실대로 말하자면, 학계 동료들과 의대생들에게 스포츠 의학이나 근육병에 의한 보행 장애 환자의 진단과 관리의 전문가로 비춰지고 인정받는 것이 같은 환자에 대한 재활의학 서비스의 관리자로서 받아들여지는 것보다 훨씬 쉬울 것이다.[128]

재활의학의 주변성은 끊임없이 계속되는 노동력의 공급 부족이라는 결과를 낳았다. 1955년에 이르기까지 고작 300명의 인증된 재활의

125 Joseph G. Benton, "Physical Medicine and Rehabilitation Retrospect and Prospect", *Archives of Physical Medicine and Rehabilitation*, vol. 44, pp. 150~151.

126 President's Committee on Employment of the Handicapped, *National Health Care Policies for the Handicapped, Report to the President by National Health Care Policies for the Handicapped Workers' Group*, Washington, D.C.: The White House, 1978.

127 M. T. Southgate, Editorial, "This Is the Decade that Is", *JAMA*, vol. 243, 1980, pp. 2177~2216.

128 William M. Fowler, Jr., "Viability of Physical Medicine and Rehabilitation in the 1980's", *Archives of Physical Medicine and Rehabilitation*, vol. 63, 1982, p. 4.

학과 전문의가 배출되었다는 것은 "이 영역에 대한 관심이 지체되었다는 것뿐만 아니라 전문의를 모집하는 일이 긴박하다는 것을 강력히 시사하고 있었다".[129] 더 많은 의사들을 재활의학과로 모집하려는 시도들은 계속 실패했다. 예를 들어 1949년 레지던트 프로그램에 들어가는 의사들 중 고작 0.35%가 재활의학을 선택하였다. 1950년대 중반에는 모든 수련 프로그램이 80%의 정원을 채운 것과 비교하여, 재활의학 수련 프로그램은 고작 48%만이 정원을 채웠으며, 물리의학 과정은 다른 전문과의 것보다 학생이 훨씬 적었다.[130] 미국의사협회 조사에 따르면, 물리의학은 1952~55년 사이에 의사 출석시간과 제공된 총 강의시간에서 의료의 모든 영역 중에서 가장 낮은 점수를 받았다. 이 기간 동안 설문에 응한 모든 의사들의 0.6%만이 재활의학 강의에 관심을 보였다.[131] 1957년 이 전문과는 졸업생의 0.5%만을 끌어들였으며, 여전히 1년차 레지던트의 0.43%만 수련하는 항문외과 다음으로 가장 인기가 없는 전문과였다.[132]

1960년대와 1970년대 재활의학의 학계 내 존재감은 1950년대의 빈약한 위치에서 더 아래로 추락했다. 1960년대 중반 많은 4년제 의과대학교가 물리의학에 관한 승인받은 전문의 수련 프로그램을 갖추지 않았을 뿐만 아니라, 의과대학교의 4분의 1 이상이 아예 하나의 전문과 프로그램조차 갖고 있지 않았다.[133] 승인된 전공의의 숫자가 1963년 115

129 Ibid., p. 8.
130 Piersol, "The Doctor Shortage in Physical Medicine", p. 7; "Is Physical Medicine Oversold?", p. 300.
131 Piersol, "The Doctor Shortage in Physical Medicine", p. 7.
132 *Directory of Medical Specialists*, Chicago: Marquis, vols. IV, V, VI, VIII, 1949, 1951, 1953, 1957.

명을 최고점으로 하여 감소하여 10년 뒤 69명으로 줄었고 1970년대까지 이 수준에서 머물렀다.[134] 같은 시기에 전문과의 위상과 인기의 반비례 지표인 대학연계 프로그램에 의한 외국 의대 졸업생의 비율이 29%에서 62%로 증가했다. 이 기간 동안 재활의학의 모든 수련의 프로그램을 조사해 보았을 때 외국 의대 졸업생의 비율이 360%나 증가한 것이었다.[135]

1970년대 재활의학과 전문의는 여전히 비인기과로 남아 있었다. 1976년 전공의 1년차 21,145명 중에서 오직 166명만이 물리의학 수련을 받았다.[136] 이 숫자는 1980년대에 90명까지 감소하였다.[137] 전후 기간 동안 이런 모집 부족의 영향으로 대학교나 대학교 밖에서 진료하는 의사 중 인증받은 재활의학과 전문의는 거의 없다. 특히, 모든 전문의들 중에 0.5%만이 즉, 18만 명 중 900여 명이 재활의학 전문의이다.[138] 따라서 인력 충원 면에 있어서 재활의학과 전문의는 스스로 만들어 낸 수요를 맞출 수 없었다.

133   Donald J. Erikson, "Current Problems and Implications of the Future in Physical Medicine and Rehabilitation", *Archives of Physical Medicine and Rehabilitation*, vol. 44, p. 76.

134   Henry Wechsler, *Handbook of Medical Specialties*, New York: Human Sciences Press, 1976, p. 286.

135   H. J. Lemer, *Manpower Issues and Voluntary Regulation in the Medical Specialty System*, New York: Prodist, 1974, p. 69.

136   E. W. Johnson, "Maturation of a Specialty, Message for the American Board of Physical Medicine and Rehabilitation", *Archives of Physical Medicine and Rehabilitation*, vol. 59, pp. 153~155.

137   Joseph C. Honet, "Diagnosis: A Physiatric Tool for Recruitment", *Archives of Physical Medicine and Rehabilitation*, vol. 62, 1981, p. 6.

138   Frederic J. Kottke, "Future Focus of Rehabilitation Medicine", *Archives of Physical Medicine and Rehabilitation*, vol. 61, 1980, p. 1.

2) 시장 도전

자신들의 주변성을 극복하기 위해 재활의학과 전문의들은 다른 의사들에게 자신들의 치료법이 임상적으로 효과적이고 자신들의 의료행위가 지식적으로나 경제적으로 보상이 된다는 점을 납득시키려 노력했다. 하지만 이런 자세는 재활의학과 전문의들이 특정한 지식체體와 기술 세트가 자신들만의 것이라는 일종의 폐쇄성을 얻을 수 없게 만들었다. 재활의학과 전문의들은 그런 폐쇄성 없이 다른 의사들에게 재활의학과가 가진 방법과 임무가 전문의 지위의 가치가 있다는 것을 설득하기 어렵다는 것을 알게 되었다. 더하여 이런 전략은 자신들의 경계에서 다른 전문과에게 재활의학의 영역을 열어 주기만 할 뿐이었다.

재활의학과 전문의가 주장하는 전문영역에 대한 가장 큰 침입자는 정형외과 의사였다. 1950년대 중반 정형외과 의사들은 '재활'에 대한 권리를 주장했고 물리치료사와 작업치료사가 다른 의사들에 의해 활용되는 것을 통제하려는 재활의학과의 욕심을 미연에 방지했다. 정형외과 의사들은 1953년 미국의사협회 하원에 '재활'이라는 단어의 사용을 제한하고 재활의학과 전문의들이 물리치료사와 작업치료사의 기준을 개발하는 의학교육 및 병원 위원회에 자문가로 참여하지 못하게 해야 한다는 결의안을 제출했다.[139] 정형외과 의사들은 자신들이야말로 이 치료사들의 발전에 책임이 있고 따라서 교육의 기준이나 치료행위의 원칙을 설정하는 데 관여해야 한다는 입장을 견지했다. 이 문제를 연구하도록 구성된 위원회에 의해 2년간 회의를 거친 후, 물리의학과 재활위원회는 '재활위원회'가 되었고, 모든 관심 있는 전문과가 다 참여하

---

139 *JAMA*, vol. 153, 1953, pp. 1552~1553.

였다. '재활'이란 단어는 물리의학과 재활분과에서 삭제되었다. 명분은 물리의학 분과와 정형외과 분과가 함께 재활에 관한 합동회의체를 만들어야 한다는 것이었다. 변형된 위원회를 대체하기 위하여 오직 의료기기의 표준화와 인증과정을 맡을 새로운 의료물리학위원회가 만들어졌다.[140]

윌리엄 벤험 스노 학회 이사장과 같은 재활의학과 전문의들은 이 "관할권분쟁"을 "의미론적 문제"라고 서술하였다.[141] 만약 재활의학과 전문의들에게 이 "불행한 사건"의 책임이 모두 돌아온다면, 이는 오직 그들의 "열정과 목표에 대한 몰입, 활력" 때문일 것이라고 스노는 주장했다. 1954년 그는 "우리의 가장 가까운 관계"로부터 받은 "도전"이 곧 지나갈 것이라고 예상했다.[142]

정형외과와의 이 논쟁은 스노의 예상보다 더 심각하고 오래가는 것임이 드러났다. 이삼 년 안에 재활의학과 의사들은 정형외과 의사와의 논쟁을 "전쟁"이라고 부르게 되었다.[143] 그들은 정형외과 의사가 자신들의 전문가적 역할을 뺏으려 한다고 주장했다. 물리의학계의 대표가 말하길 "많은 정형외과 의사들이 재활의학과 의사보다 병원에서 환자들에게 운동을 처방함에 있어 자신들이 더 적합하다고 생각한다".[144]

정형외과 의사들은 재활영역으로 들어가기 시작했다. 1950년대 재

140 *Proceedings of the House of Delegates, 1952-1955*, Chicago: AMA, 1958.

141 William Benham Snow, Editorial, "A Message from the President", *Archives of Physical Medicine and Rehabilitation*, vol. 34, 1953, p. 699.

142 William Benham Snow, "The Physiatrist: His Problems, Perceptions and Prospects", *Archives of Physical Medicine and Rehabilitation*, vol. 35, p. 621.

143 Sidney Licht, Editorial, "Specialty Respectability", *American Journal of Physical Medicine*, vol. 35, p. 204.

144 Ibid.

활의학과 전문의에게 환자를 빼앗긴다고 인식했던 것에 불안감을 느낀 정형외과 의사들은 그들의 전문과목 내에 물리의학을 포함하는 재활 과정을 개발하려 했다.[145] 정형외과 의사들은 적극적으로 "정형내과" 또는 "비수술적 정형학"이라는 개념을 홍보했는데 이는 재활의학과와 다르지 않은 것이었다. 재활의학과를 모방하여, 열, 빛, 마사지, 수水치료, 전기 등의 물리적 요소들로 환자를 치료하려 하였다. 또한 특별한 운동과 일상생활에 대한 교육을 하고 "재활의학과 의사가 현재 사용하고 있는 모든 유형의 치료법 등 가정과 직장에서 최대의 기능과 효용을 환자가 되찾는 데 필요한 것이라면 무엇이든 사용하였다".[146]

1962년 미국정형외과학회 회장은 재활의학과 전문의들에게 정형외과 의사들이 재활에 관심을 갖도록 "북돋아" 주어서 고맙다고 하면서 "정형외과적 재활"을 "정형외과 의사들에게 세부전공으로 특히 비수술적 정형학을 포함하게 하는 적절한 동기와 능력이 있는 매력적인 기회"로 묘사하였다. 그런 정형외과 세부전공의들은 수술을 받지 않는 정형외과적 환자들을 돌보고, 복잡하고 오래 지속되는 재활기술이 필요한 수술 후 건강관리에 개입하였다. 정형재활에서 수련을 받은 전문의가 팀의 "선장"으로서 "재활센터를 탁월하게 관장할 것"이라고 주장하였다.[147] 정형재활을 세부전공과목으로 신설하라는 정형외과 의사들의 요구는 미국정형외과협회가 재활분과를 구성한 1968년까지 이어졌다.

---

145 A. R. Shands, Jr., "Responsibility and Research in Orthopedic Surgery", *Journal of Bone and Joint Surgery*, vol. 36A, 1954, p. 695.

146 A. R. Shands, Jr., "A Few Remarks on Physical Medicine", *Southern Medical Journal*, vol. 54, 1961, p. 421.

147 J. Vernon Luck, "Orthopedic Surgery — 'Shaping It for Permanence or for Ending'", *Journal of Bone and Joint Surgery*, vol. 44A, 1962, pp. 391~392.

재활의학과 전문의들의 우려는 정형외과 의사들이 물리치료사와 작업치료사에 대한 통제력을 가질 수도 있기 때문에 더욱 심해졌다. "그런 일이 벌어진다면 재활의학과 전문의는 감독관보다도 못한 점원이 될 것이기 때문이다."[148] 정형외과 의사들은 물리 및 작업치료사들과 재활의학과 전문의 간의 "관계가 경직되어 있다"는 점과 많은 치료사 학교들이 재활의학과 전문의의 지도에 반대한다는 사실에 주목했다. 정형외과 의사들은 이런 치료사들이 원래 정형외과 의사들에 의해 태어났고 이 치료사들이 정형외과 의사들 또한 사용하는 물리적 요소를 사용한 치료에 관련되어 있다는 점을 근거로 하여 재활의학과 전문의들이 치료사학교를 지도하는 것에 반대하였다.[149] 1950년대 일부 병원에서 정형외과 의사들이 물리치료와 작업치료 부서를 행정적으로 책임지게 되었다.

또한 1950년대 후반과 1960년대 초반에 일부 병원에서 재활의학과 수련프로그램의 책임자로 정형외과 의사가 임명되었다.[150] 실제로 이런 프로그램 중 일부는 교수진에 정형외과 의사밖에 없었고, 이에 재활의학과 전문의들은 "재활의학과 수련프로그램이 다른 전문과에게 빼앗기지 않도록 보장하기 위해" 자신들을 교수로 임용하라고 요구했다.[151] 샌프란시스코의 캘리포니아 주립대학의 의과대학과 같은 다른 의대들은 구조적으로 재활의학을 정형외과 아래 분과로 두어 재활의학과 의사가 직접적으로 정형외과 의사의 책임 아래에 있도록 했다.[152]

---

148 Licht, "Specialty Respectability", p. 204.
149 Shands, "A Few Remarks on Physical Medicine", p. 425.
150 Erikson, "Current Problems and Implications of the Future of Physical Medicine and Rehabilitation", p. 76.
151 Ibid.

정형외과 의사들은 재활의학과가 정당한 의학적 전문과목인지 의문을 제기하기 시작했다. 재활의학과가 전문과목이 되기 수년 전부터 자신들이 근골격계 환자들의 치료에 물리적 방법을 사용해 왔다고 주장했다. 정형외과 의사들은 재활의학과 전문의가 단지 제2차 세계대전 이후 일종의 "정략결혼"으로 탄생한 것이라고 주장했다. "자기의 업무를 재활로 한정하는 의사는 거의 없다. 그리고 현실적으로 재활은 의학에 충성하지 않는 의붓자식과 같다. 그렇기에 재활은 스스로 존립할 수 없고 독립할 준비가 되어 있지 않다. 그래서 물리의학의 '날개 아래로 숨어 버린' 것이다."[153] "재활의학과 전문의physiatrist[라틴어 어원에 따르면 물리(phys-)와 의사(-iatrist)의 합성어임—옮긴이]"라는 명칭도 부정확하다고 주장하였다. 왜냐하면 그 이름이 단지 "물리적 요소만 사용하는 의사"를 의미하고 "재활의 사회적, 교육적, 그리고 직업적인 측면을 포함하지 않을뿐더러 물리적 요소에 의해 제공되는 것을 제외한 의료행위를 포함하지 못하기" 때문이다.[154] 실제로 한 명 이상의 정형외과 의사들이 만약 재활의학과가 생기지 않았다면 제2차 세계대전 이후 재활의학이 더 빨리 발달했을 것이라는 주장을 폈다.[155]

정형외과 의사들은 1960년대 내내 재활의학과의 전문과 지위를 계속 공격했다. 그들은 여전히 재활의학과 전문의의 치료기술이 외과 및 내과, 보건학과 비교해 보았을 때 어떤 성장이나 진화를 이루지 못했고,

152 Verne T. Inman, "Specialization and the Physiatrist", *Archives of Physical Medicine and Rehabilitation*, vol. 47, p. 765.
153 A. R. Shands, Jr., "The Attitude of the Physician Toward Rehabilitation", *Journal of Bone and Joint Surgery*, vol. 37A, 1955, p. 371.
154 Shands, "A Few Remarks on Physical Medicine", p. 422.
155 Ibid.

재활의학과 전문의가 연구할 수 있는 대부분의 주제들을 이미 다른 전문의들이 이미 연구 중이기 때문에 연구 영역으로서 물리의학은 "멸균 상태"와 같다고 주장한다.[156] 일부는 재활의학의 정신에 있는 통합적이고 전체적인 의료서비스가 모든 책임감 있는 의사의 일이 되어야 하기 때문에 재활의학을 의료 전문과로 인증하는 것을 거부해야 한다고 주장했다.[157] 많은 의사들 눈에 재활은 "모두의 일"이고 기껏해야 내과의 세부전공으로 발달했어야 했다. 그러면 재활의학과 전문의의 역할과 필요성은 없었을 것이었다.[158] "재활의학과의 문제와 한계"에 대한 해결방안으로서 정형외과 의사들은 재활의학과 전문의들이 의료계 내에서 관리자의 역할을 맡아야 한다고 제안했다.[159] 이 역할에서 재활의학과 전문의들은 "자신만의 특별하고 유일무이한 재능 없이 서비스의 최고 조정자"가 되는 것이었다.[160] 하지만 이렇게 되려면 "반드시 전문의 게임에서 떠나야 하는데, 기존의 규칙이 그가 스타가 되는 것을 허락하지 않을 것이기 때문"이라고 한 정형외과 의사가 주장하였다.[161]

재활의학과 전문의들은 재활의학과가 의료 전문과로서 정당성이 없다는 주장에 대해 반박했다. 1960년대 중반 물리의학과재활의학 교육위원회Commission on Education in Physical Medicine and Rehabilitation(이후 재활의학 교육위원회Commission on Rehabilitation

---

156 Inman, "Specialization and the Physiatrist", p. 769.

157 Edward W. Lowman, "The Shadow of a Man", *Archives of Physical Medicine and Rehabilitation*, vol. 48, 1967, p. 502.

158 G. Keith Stillwell, "Meeting a Need", *Archives of Physical Medicine and Rehabilitation*, vol. 50, 1969, p. 489.

159 Inman, "Specialization and the Physiatrist", p. 770.

160 Lowman, "The Shadow of a Man", p. 502.

161 Inman, "Specialization and the Physiatrist", p.770.

Medicine로 개명)가 미국재활의학위원회American Board of Physical Medicine and Rehabilitation와 미국재활의학회American Academy of Physical Medicine and Rehabilitation의 협동을 통해 조직되었다. 9명으로 구성된 위원회는 이 전문과목을 다른 것들과 구분 짓는 기본 지식 체계뿐만 아니라 "재활의학만이 적절하게 만족시킬 수 있는 필요"를 정의하려 했다.[162]

전문과의 경계를 정의하려는 조직적인 시도에도 불구하고, 재활의학과 전문의들은 이 문제로 계속 괴롭힘을 당하였다. 예를 들어 1968년 그 위원회는 재활의학과 전문의가 자신의 전문과에 만족하지 못하는 이유로 전문과로서의 불확실한 위상을 제일 우선으로 꼽았다는 조사 결과를 보고하였다.[163] 한 재활의학과 전문의의 주장처럼 "다른 전문과와 달리 재활의학은 발 딛고 서 있을 연령대나 장기organ, 도구, 부속물이 없었다".[164] 1980년대가 시작할 때 재활의학과의 선두주자들조차 전문과 지위에 대한 질문에 여전히 곤란해했고, 다음과 같은 이유로 자신의 전문과가 "어렵다"고 했다.

요구되는 지식의 영역이 대부분 전문과 쪽으로 넘어가고 있고 자주 학제 간 담론을 요구한다. 이것을 인정하는 것이 유쾌하지 않을지도 모르

162 Commission on Education in Physical Medicine and Rehabilitation, *Rehabilitation Medicine in American Colleges: Recommendations for Teaching Programs*, Bulletin No. 8, Minneapolis, Minn.

163 Commission on Education in Physical Medicine and Rehabilitation, *The Vocational Interests, Values, and Career Developments of Specialists in Physical Medicine and Rehabilitation*, Bulletin No. 9, Minneapolis, Minn.

164 Douglas A. Fenderson, "The Basis of Physical Medicine and Rehabilitation as a Medical Specialty", *Archives of Physical Medicine and Rehabilitation*, 1969, p. 63.

지만 그들의 지식 풀과 우리의 것이 명백히 불균형한 상태에서 의사 동료들이 우리에게 전문가적 존중을 보일 거라 기대하는 것은 망상이다.[165]

재활의학과 전문의가 가진 재활 시장의 지배력이 경쟁자인 정형외과 의사에게 도전받을 때 작업치료사와 물리치료사는 자율권을 확대하고자 움직이기 시작하였다. 특히 물리치료사는 정형외과의 환심을 사고 재활의학과의 영향력을 줄이기 위해 이 전문의 간의 다툼을 이용했다.[166] 물리치료사는 또한 각 의사 집단으로부터 환자 의뢰를 받음으로써 전문과목 간의 영역싸움에서 경제적인 이익을 얻을 수 있었다. 1970년대 의료계 내 전문과목 간 경쟁에 따른 경제적 이윤이 발생하는 현재 상태를 견고히 유지하기 위해 물리치료사들은 특별한 처방 없이 모든 의사의 일반적인 감독 아래서 일할 수 있는 법적인 보호를 획득하려고 하였다.[167]

더욱 중요한 점은 재활의학과 전문의가 재활치료를 직접 시행하는 역할에서 물러나면서 의료기사 노동자들이 더 큰 책임을 떠맡았다는 것이다.[168] 1950년대와 1960년대 재활의학과 전문의의 제한된 공급은 그들의 임상적 책임을 자문가로서 진단과 치료의 감독으로 한정할 수밖에 없게 만들었다. 비록 물리치료사와 작업치료사가 재활의학과 전문의와 동일한 수련을 받지 못했다 하더라도 그들은 의사보다 더 싸고

165 Joseph Goodgold, "Rehabilitation Medicine: Affirmations and Actions", *Archives of Physical Medicine and Rehabilitation*, vol. 61, p. 8.

166 Friedman, "Medicine, Nursing, and Physical Therapy", p. 405.

167 Ibid.

168 George H. Koepke, "The American Board of Physical Medicine and Rehabilitation: Past, Present and Future", *Archive of Physical Medicine and Rehabilitation*, vol. 53, 1972, p. 11.

풍부했다. 치료사들은 이제 재활을 위해 만들어진 수요를 이용하여 노동분업 내에서 자신들의 자율권을 신장시킬 수 있는 전략적 위치를 점하게 되었다. 1970년대 재활의학과 전문의들은 자신들의 치료사 역할을 특히 물리치료사에게 뺏긴 것을 후회하기 시작했다. 왜냐하면 진단을 내리는 사람이자 자문가로서 그들의 시장이 줄어들고 있었기 때문이다. 의회의 한 전직 의장이 다음과 같이 인정했다.

> 많은 재활센터들이 경제적 어려움을 겪고 있고, 병원경영자들이 재활의학과의 어떤 면에 있어서 공간과 인력 요건에 대해 몇 해 전보다 덜 동조적인 것은 더 이상 비밀이 아니다. 확장 동력이 감소하고 있는 것이 명백하다.[169]

보훈청 병원 내에서 재활의학과 전문의가 가지고 있던 전통적인 지지기반조차 시스템이 긴축됨에 따라 약화되었다. 재활의학과 전문의들은 시장이 좁아지고 있음을 감지하고 1970년대에 의사조무사 프로그램 계획을 포기하였다.[170]

재활의학과 전문의들은 "재활의학의 탈을 쓴 종족들이 요양원이나 병원에서조차 번성하고 있다"는 사실을 한탄했다.[171] 그들은 이제 자신들이 물리치료사들에게 물려주었고 물리치료사가 기꺼이 받아들였던 상품을 되찾아 오길 원했다. "의료기사단체, 즉 물리치료사의 집행부

169 Donald L. Rose, "A Second Look: Eleventh John Stanley Coulter Memorial Lecture", *Archives of Physical Medicine and Rehabilitation*, vol. 43, 1962, pp. 211~212.
170 Lerner, *Manpower Issues and Voluntary Regulation in the Medical Specialty System*, p. 71.
171 Edward E. Gordon, "Of Species and Specialties", *Archives of Physical Medicine and Rehabilitation*, vol. 62, p. 9.

가 확장하려는 잘못된 움직임을 보일 때 재활의학과 전문의는 무엇을 해야 하는가?"라고 한 재활의학과 전문의가 질문을 던졌다. "대답은 간단하고 고통스럽다! 동원할 수 있는 법적인 방법이라면 무엇이든 사용해 단호하게 저항하는 것이 필요하다."[172] 정형외과 의사들뿐만 아니라 일부 재활의학과 전문의들도 1970년대에 그들의 의료서비스를 향상시키고 행위별수가제 시장에서 일하고 있는 치료사들과의 경쟁을 줄이는 방법으로서 물리치료사를 자기 밑으로 고용하기 시작했다. 비록 물리치료사들은 이와 같은 의사에 의한 고용을 비서나 사무실 간호사, "여고 중퇴자"를 고용하는 것보다는 선호할 만한 것으로 바라보았지만,[173] 그들은 물리치료사를 고용하겠다는 결정이 "그저 치료사를 고용하면 물리치료로 발생하는 이익을 얻을 수 있다는 것을 깨달았기 때문"이라고 비난했다. "그렇게 되면 작고 독립된 치료사들의 종말을 알리는 전조가 당연히 나타나기 시작할 것이다"라고 말했다.[174]

많은 재활의학과 전문의들이 치료사를 고용하거나 수련을 덜 받은 누군가에게 일을 위임하는 대신 자신들이 직접 물리치료를 하기로 시작했다. "유감스럽게도 결코 직접 물리치료를 하지 않고 투열요법을 제공하지 않으며 직접 보행훈련 또는 운동교육을 지도하지 않는 재활의학과 전문의들이 있다." 한 재활의학과 전문의가 말하길, "환자치료 현장에 대한 통제력 유지에 실패한 것이 일종의 진공 상태를 만들어 냈고 처

172 Goodgold, "Rehabilitation Medicine: Affirmations and Actions", p. 9.
173 May L. Watrons, Lorenzo Marcolin, Letters to the Editor, "Hiring Practices of Physicians", *Physical Therapy*, vol. 56, pp. 1286~1287.
174 Donald L. Hiltz, Letter to the Editor, "More on Hiring of Physical Therapists", *Physical Therapy*, vol. 56, pp. 1286~1287; Alan Leventhol, Letter to the Editor, "More About Physicians Hiring Physical Therapists", *Physical Therapy*, vol. 57, pp. 305~306.

음에는 치료사들이 본의 아니게 빨려들어갔지만 그 후에는 결국 그들이 이를 자신들에게 적합한 영역으로 바라보게 되었다".[175] 물리치료사들이 자격증 프로그램에서 이수하는 것과 동일한 프로그램을 재활의학과 전공의 수련 안에 물리치료 특별교육이라고 하여 4개월 내지 6개월 교육에 넣자는 몇몇 제안서가 만들어졌다. 이 특별 수련은 "일하기 위한 기본 도구에 있어 재활의학과 전문의의 기본바탕과 경쟁력을 적절히 구축하게 할 것이었다. 비교적 교육 목표가 달성된 것으로 보이기 때문에 물리치료의 경쟁력 인증을 부여하는 것이 너무 억지스럽지는 않은 듯 보였다".[176] 일부 재활의학과 의사들은 물리치료사 자격증을 따기 위해 물리치료학교에 입학까지 하고 있다.[177] 이런 움직임은 경쟁을 줄이고 물리치료사에게만 허용된 보험 청구를 할 수 있게 만들어 주었다.

재활의학과 전문의들은 또한 그들이 전통적으로 사용해 온 특정 진단기술에 대한 지배를 유지하려고 노력했지만 점점 더 다른 전문의와 물리치료사들이 사용하게 되었다. 진단기술들은 재활의학과 전문의가 그들의 상품을 구별하는 방법 그 이상이었다. 그것들은 또한 병원에서 그들의 존재를 정당화시켜 주고 정형외과나 신경과와 같은 주변 전문의에게 의뢰를 받을 수 있게 보장해 주며 수입을 늘릴 수 있는 방법이었다.[178] 한 의사는 "현명한 재활의학과 의사라면 자신이 직접 검사를 수행할 것이고", 가능한 한 언제든지 신경학적 검사를 하겠다고 제안할 것이

---

175   Goodgold, "Rehabilitation Medicine: Affirmations and Actions", p. 9.

176   Ibid.

177   George Coggeshall(Instructor, Department of Physical Therapy, Northeastern University), personal communication, May 18, 1983.

178   Harold Dinken, "The Physiatrist in a Private Hospital", *Archives of Physical Medicine and Rehabilitation*, vol. 43, p. 449; Editorial, "Fees in Physical Medicine", *Ibid.*, vol. 44, p. 663.

라고 이야기했다. "재활의학과의 미래는 치료능력만큼 진단능력에 달려 있다."[179] 따라서 병원 내 진단의뢰를 확보하기 위해, 특히 정형외과와 신경과로부터 받기 위해 "재활의학과 전문의들은 그의 예산이 허락하는 만큼 최대한 진단 장비를 구입해야 한다".[180]

진단과정에 대한 지배권 싸움은 소수의 물리치료사가 1970년대에 근전도검사를 하기 시작하면서 발생했다. 1973년에 재활의학 분과는 미국의사협회에 비-의료인에 의한 근전도검사를 금지하자는 결의안을 제출하였고 이 결의안은 미국의사협회에 의해 모든 보험회사뿐만 아니라 각 주의 의사 및 의료기사 분야 자격증 위원회에 배포되어야 한다고 밝혔다.[181] 이 결의안은 미국의사협회에 의해 수정되었고 근전도검사 권한에 대한 결정을 각 주의 의료인시험실시위원회가 내리도록 했다.[182] 따라서 미국의사협회는 근전도검사를 의사에 의해 혹은 의사의 감독 아래 수행되어야만 하는 진료의 임상적 확장 범위 내에 들어온다고 생각했다.

이때 미국재활의학과위원회는 근전도검사가 심화된 의료수련이 필요하다는 그들의 입장을 더욱 강화하기 위해 근전도와 전기 진단에 있어 그 수련요건을 상향조정하였다.[183] 하지만 근전도를 다른 전문과목들이 자신들의 전공의 수련과정의 일부로 받아들이지 못하게 막기 위한 학회의 노력은 없었다. 1975년 학회장 연설에 따르면, 근전도를 서로

179   Licht, "Specialty Respectability", pp. 204~205.
180   Ibid., p. 205.
181   AMA, *Clinical Electroneuromyographic Examinations—Resolution, 52*, House of Delegates, Chicago: AMA, 1973.
182   AMA, *Clinical Electroneuromyographic Examinations—Resolution, 52 as amended*, House of Delegates, Chicago: AMA, 1973.
183   Koepke, "The American Board of Physical Medicine and Rehabilitation", p. 11.

다른 전문의들에 의해 수행될 수 있는 척추후궁절제술laminectomy이나 위장관조영술GI examination과 같은 것으로 여겨졌기 때문이었다.[184]

재활의학과 전문의들은 분명 의사보다 물리치료사에게 더 큰 위협을 느꼈고, 근전도 검사에 있어 비-의료인의 능력 부족에 대해 집중 공격하였다. 한 의사는 근전도에 관해 "연구 분야 혹은 의학 분야에서 박사학위가 없는 사람은 근전도를 받을 환자들과 이 환자를 의뢰한 의사들을 제대로 상대할 수 없다"고 했다. 그녀는 "근전도는 고도로 주관적인 기술"로 물리치료사들은 그들의 수련과정 중에 이를 충분히 배우지 않는다고 이어 말하였다. "신호가 미묘하기에 그 해석이 많은 경험에 의존하고 삼차원적인 해부학과 신경근 생리학 및 병리학에 관한 지식의 도움을 받아야 한다." 그리고 근전도 검사를 수행하려는 물리치료사의 시도를 놓고 "의료의 질을 지키는 사람들의 강력한 보복"을 받을 것이라고 경고했다.[185]

"도대체 무슨 권한으로 그녀가 '의료의 수호자들에 의한 보복'을 하겠다고 협박하는가?"라고 한 물리치료사가 질문을 던졌다. 치료사들은 근전도 검사 및 측정, 평가가 의사들의 주장만큼 고도로 주관적인 기술이 아니지만 그들이 교육을 통해 배우는 기초적인 핵심지식을 필요로 할 정도로 고급 기술이라고 주장하였다. "과거 아시아를 꽉 채우고 유럽으로 우르르 몰려온 몽골 무리만큼 많은 치료사들이 의사의 신성한 영역으로" 들어오고 있다고 한 일부 재활의학과 전문의들의 비난에 대

---

184 Eugene Moskowitz, "The State of the Academy: A Progress Report", *Archives of Physical Medicine and Rehabilitation*, vol. 57, 1976, p. 48.

185 Jacquelin Perry, Editorial, "Should Physical Therapists Do Electromyography? Yes or No", *Physical Therapy*, vol. 55, p. 475.

해서도 논쟁을 펼쳤다.[186] 또 다른 물리치료사는 M.D 또는 Ph.D 학위는 "능숙한 근전도의 필수불가결한 요소"가 아니라고 언급하면서 공격을 계속하였다.[187]

1975년 미국물리치료사협회가 근전도 사용에 있어 물리치료사 수련 표준을 개발하는 쪽으로 움직이는 동안 모든 치료사들이 그들의 분야가 나아가는 방향에 대해 기분 좋아했던 건 아니었다. 예를 들어 한 물리치료사는 그녀의 동료들이 "좌절한 의사"가 되려고 하고 "의사의 역할을 뺏으려고 시도한다"고 비난하였다. 그녀는 이어 말하길 "우리는 진단이나 처방을 하는 자격증을 가진 게 아니다. 이런 자격을 갖길 바라는 치료사들은 의대에서 수련을 받아야 한다. 우리 직업군은 '평가'를 '진단'과 그만 혼동하고, 물리치료 학교들은 우리를 의사로 만들려는 노력을 중단해야 한다"고 하였다.[188]

이에 몇몇 물리치료사들의 분노에 찬 답변들이 곧 그들의 학회지에 실렸다. 한 명은 "우리는 언제야 아무 생각 없이 단지 처방을 따르는 기술자로 활동하는 것을 멈출 것인가?"라고 물었고,[189] 또 다른 한 명은 "많은 의사들이 모든 경추 또는 요천추의 문제에 동일한 치료를 처방한다"는 사실이 보여 주듯 재활의학과 전문의보다 물리치료사가 물리치료기술에 대해서는 더 많이 알고 있다는 점을 지적했다. 그리고 "이제는 뒤로 물러앉아 '요리책' 치료사가 되어 버리는 대신 공격적으로 나설 때

---

186 Stanley D. Siegelman, Letter to the Editor, "Should Physical Therapists Do Electromyography?", *Physical Therapy*, vol. 55, p. 898.

187 Nancy T. Farina and Robert H. Cress, Letter to the Editor, *Physical Therapy*, vol. 55, p. 900.

188 Harriet S. Rosen, Letter to the Editor, "Are PTs Assuming Role of Physicians?", *Physical Therapy*, vol. 58, pp. 69~70.

189 Mitchell Tannenbaum, Letter to the Editor, "Is Knowledge Dangerous?", *Physical Therapy*, vol. 58, p. 624.

다"라고 말하였다.[190]

1980년대가 시작되면서 물리치료사들은 자율권의 증진을 자신들의 영역을 1970년대 받아들여지던 것보다 더 광범위하게 정의함으로써 달성하려는 것 같았다. 단지 의사의 처방이나 의뢰 없이 환자를 치료하겠다는 것 이상으로 치료사들은 이제 진단을 내리는 역할도 가지려는 것으로 보였다. 미국물리치료사협회가 지지한 최근에 다시 내려진 '물리치료'의 정의는 '평가'와 '사정'이란 용어를 포함하였으며, 병리학적 발달 문제들을 평가하고 진단과 예후판단을 돕기 위한 검사와 측정의 수행과 해석에 관해 언급하였다. 많은 재활의학과 전문의들의 의견에 따르면, "저런 단어의 과잉은 종종 경계를 없애거나 잘못된 정의를 내리게 하여 진단 검사를 의미하거나 물리치료사의 직업교육과정에서 가르치는 내용을 훨씬 넘어서는 활동들을 추가하게 하였다".[191] 재활의학과 전문의는 물리치료사가 그런 역할을 맡을 수 있는 유일한 방법은 "전공의 수련의 프로그램에 비견할 수 있는 체계"를 포함할 정도로 그들의 수련을 확대하는 것뿐이라고 말했다.[192]

사실 이것은 물리치료사들이 하려고 하는 것이었다. 1979년 미국물리치료사협회는 지금 1990년처럼 최소 교육요건을 석사학위로 요구하기로 결정했다.[193] 더욱이 뉴욕 대학과 마켓Marquette 대학과 같은 일부 대학에서는 고등학교 졸업 후 6년이 소요되는 물리치료사 박사과정

---

190 Lester J. Goetz, Letter to the Editor, "Are PTs Assuming a Passive Role in the Care of Their Patients?", *Physical Therapy*, vol. 58, pp. 624~626.

191 Joseph Goodgold, Letter to the Editor, "The Author Replies", *Archives of Physical Medicine and Rehabilitation*, vol. 61, p. 333.

192 Ibid.

193 Tommye Pfefferkorn, *APTA 1981 Annual Report*, Washington, D.C.: APTA, 1981, p. 23.

을 구성하자는 제안서를 만들고 있다. 물리치료에 있어 그러한 석사 또는 박사 프로그램은 병원에서조차 치료사의 독립적인 시술을 정당화하는 데 사용될 뿐만 아니라 보험회사의 직접 청구 건수를 늘리는 데 활용될 것이다.[194]

1940년대 후반과 1950년대 초반에 재활의학과가 누린 유행은 순식간에 지나갔다. 그 후 그 전문과목은 대부분의 주류 의료계로부터 버림받았고 많은 의사와 비-의료인 집단, 특히 정형외과 의사와 물리치료사들에게 흡수되고 축소되었다. 실제로 신규 재활의학과 전문의의 수를 늘려야 한다는 의사들의 인력 예측에도 불구하고 물리치료사들은 이 이상 재활의학과 전문의를 수련시킬 필요가 있겠느냐는 질문을 던졌다. 위와 같은 인력 예측을 공격하면서 물리치료사들은 직접적으로 재활의학과 전문의의 임상적 존재 이유에 도전장을 던졌다. 그 예측이 물리치료사들이 재활의학과 전문의보다 "더 효율적으로" 재활 서비스를 제공할 수 있다는 사실을 심하게 무시하고 있다고 지적한 것이다.[195] 1980년대에 재활의학과에게 남은 것은 명목상으로 의료기사들에 대한 임상적 통제를 유지하고 의료기사 노동자들이 재활의학과 전문의로부터 의뢰를 받아야 하는 몇 안 되는 지역 또는 의료시설 근거지뿐이었다. 1980년 물리치료사가 받은 90퍼센트 이상의 의뢰가 재활의학과 전문의가 아닌 다른 의사들로부터 온 것이었다.[196] 안정적이고 믿을 만한 의료시설 기반이 없이는 전문과로서 재활의학과의 미래는 의심스럽다.

194   Sue O'Sullivan(Assistant Professor, Department of Physical Therapy, Sargent College of Allied Health Professions, Boston University), personal communication, June 27, 1983.
195   "Does the US Need More Physiatrists?", *Progress Report*, vol. 11, June 1982, p. 19.
196   Ibid.

에필로그

자연성장모델에 따르면 재활의학의 구조와 영역은 현재와 다른 모습을 가질 수 없다. 하지만 재활은 특정한 역사적 주요 시점에서 전혀 다른 방향으로 발전해 나아갈 수도 있었다. 예를 들어, 전쟁이 일어나지 않았다면 전기요법을 전문으로 하는 의료인들은 결코 의사로 인정받지 못했을 것이다. 그리고 결국 접골사나 척추지압사, 안경사처럼 의사들의 직접적인 경쟁상대가 되었을 수도 있었다.

또한 제1차 세계대전 동안 군軍과 민간 연방직업교육위원회 간의 분쟁은 의료 영역과 발달 중이던 직업교육 영역을 구분하는 데 매우 중요한 역할을 했다. 이 분쟁은, 의회에서 해결되었는데, 재활에 있어 의료의 잠재적 확장을 저지한 반면 의사 권한을 비전문가의 간섭으로부터 보호해 주었다. 의무감醫務監이 포괄적 재건 병원에 대해 그가 세운 계획을 성공시켰다면, 현 재활 서비스는 의사의 통제 아래 자족적인 '치료' 공동체라는 정신병원의 흐름을 따라 만들어졌을지도 모른다. 하지만 그 대신 직업재활 프로그램이 교육학자의 손에서 발달하게 되었고 나중에는 직업재활상담사가 그 역할을 맡게 되었다.

물리요법 의사의 생존 또한 전상자들을 치료하는 '정형외과병원' 시스템 구축이 실패한 덕에 가능했다. 정형외과 의사들이 성공하지 못한 이유는 다른 전문의들이 이 새로운 영역에 포함되길 원했기 때문이었다. 특히 일반외과 의사들이 정형외과 의사의 독립 욕구를 좌절시킨 사실이 중요한데, 그 덕에 물리요법 의사들이 제2차 세계대전 동안 전문의 자격을 요구하는 기회를 갖게 되었다.[1] 미국의사협회가 전쟁 이전에는 물리요법 의사들의 요구를 인정할 조짐이 전혀 보이지 않았지만, 그들은 1947년에 공식적인 전문의 자격을 얻게 되었다. 새로운 시술 영역을 흡수하고 중요한 정치적 동지들의 지지를 이끌어 낸 능력이 군과 보훈청에서 그들이 약진할 수 있는 힘이 되었다.

의료기사들 간의 분업 또한 자연성장모델을 따르지 않는다. 그들은 정당성을 확보하고 자신들의 노동시장을 구축할 수단을 얻기 위해 의사 아래 종속관계로 들어왔다.[2] 이런 관계를 만들지 않았다면 물리치료사들은 접골사나 척추지압사와 비슷한 형태로 일을 하면서 의사의 직접적인 경쟁자가 되었을 것이다. 물론 그렇게 되지 않았을 수도 있는데 사회가치관상 여자 치료사들이 남자 의사들과 직접적으로 경쟁하는 것은 어려웠을 것이기 때문이다. 하지만 적어도 의료기사의 개원이 지금보다는 더 일반적이었을 것이다.

의료기사들 간의 분업 또한 직업협회의 정치적 활동과 외부 권위의 개입을 통해 발달하고 바뀌었다. 예를 들면, 교정치료사의 시장을 제한한 물리치료사들의 노력이 성공한 결과 그들은 재활영역에서 가장 잘

1 이 책 3장 85~92쪽 참조.
2 4장 참조.

나가는 치료사로 자리매김하게 되었다.[3] 제2차 세계대전 동안 절단환자의 책임을 두고 물리치료사와 작업치료사가 다툰 결과로 그들 영역의 경계가 나누어졌다. 의무감은 물리치료사에게는 하지절단환자에 대한 권한을 주었고, 반면 작업치료사들에게는 오직 상지절단환자들만 치료하도록 하였다.[4] 요컨대 이런 중요한 사건들의 존재가 현 재활영역의 분업이 다른 방식으로 발달했을 수 있다는 것을 입증하고 있다.

경직성과 제국주의의 기반

분업은 비록 시장과 역사 간의 상호작용에 의해 결정되지만, 직업들이 종종 그들의 시장을 확대할 수 있는 기회들을 활용하는 데 실패하고 자주 경직된 모습을 보이는 것을 보면, 그들이 본질적으로 제국주의적이지 않다는 것은 분명하다. 만약 그들이 본질적으로 그러하다면 시장에 처음 진입하는 직업들은 새로운 노동영역을 주장하기 위해 조직화할 여지를 거의 갖지 못할 것이다. 그러나 재활에 있어 새로운 직업이 생겨나고, 이는 부분적으로는 기존 노동조직의 경직성에 기인한다. 직업적 제국주의가 그렇듯 경직성이 분업 형태를 만들어 내는 데 큰 영향을 미치기 때문에 왜 그런 경직성이 발생하는지 이해하는 것은 중요하다.

　직업적 경직성은 조직의 생존에 있어서 두 가지 서로 다른, 때로는 상충하는 요건 사이의 균형을 잡는 데 실패한 결과로 나타난다. 그 첫번째 요건은 확장을 위한 새로운 기회에 열려 있는 것이다. 직업이 발전

3　5장 참조.
4　5장 173~174쪽 참조.

하려면 기꺼이 인식 기반을 수정하고 유동적인 상태가 되기 위해 이익을 유보시켜야 하며 새로운 노동영역을 흡수하고 그 안으로 확장해 들어가야 한다. 두번째 요건은 이미 확보한 영역을 확고히 지키는 것이다. 직업이 발전하기 위해서는 반드시 그들 지식의 범위를 정의하고 사회적 지위를 향상시키기 위해 진입 기준을 높이며, 배타적인 시장 지배를 구축해 나가야 한다.

이 두 가지 요건은 딜레마를 일으킬 수 있다. 예를 들어, 인식의 폐쇄로 인해 확장을 위한 새로운 가능성을 놓칠 수 있다. 만약 노동자들이 특정 지식체계를 공유한다면, 그들은 외부 세상을 이해하기 위한 공통의 프레임을 발달시키게 된다. 이 프레임 내에서 그들은 잠재적인 기회를 인지하지 못할 수 있고 또는 그 기회들이 자신들의 일과는 별개라고 생각할 수 있다. 만약 한 조직이 새로운 활동영역을 인지하는 데 실패하면, 그 서비스와 시장으로 확장하지 못하게 되고, 결국 인식기반의 범위를 정하는 요건이 향후 발전 및 시장 지배를 저해하게 한다.

비슷하게, 사회적 지위의 추구는 보통 시장에서 이익을 얻는 데 도움이 된다. 하지만 이는 또한 시장 확장과 지배를 방해할 수 있다. 상품의 명확한 본질을 구축하는 것은 회원자격을 위한 기준을 발달시키고 강화하는 것을 포함한다. 지위이동은 기준을 지속적으로 높이고 더러운 일을 없애고 더욱 더 복잡해지는 지식을 위해 더 긴 수련기간을 요구하면서 이루어진다. 확장에 대한 장벽은 새로운 시장이 현재 사용되는 것보다 더 낮은 기술 수준을 요구함으로써 지위상의 이익 때문에 조직이 그 시장을 거부하게 될 때 세워진다. 그 결과 새롭고 잠재적으로 경쟁적인 직업이 탄생할 수 있다.

마지막으로, 배타적인 시장 지배는 또한 경직성이라는 결과를 낳을 수 있다. 그 과업은 오직 한 조직만 제공할 수 있는 서비스의 수요를 보장함으로써 노동시장을 만들어 내는 것이다. 직업 내 유입을 통제할 수 있는 능력은 분명하고 보장된 수요와 함께 시장 지배를 달성한다. 한 번 시장 폐쇄가 구축되면, 조직은 유입과 고용을 위한 최소 요건을 높임으로써 그 기준을 상승시키려 한다. 하지만 이는 새로운 기회에 대응하는 능력을 감소시킨다. 가장 중요한 점은 유입을 통제하는 기준이 수요의 증가, 특히 전쟁에 의한 급격한 증가에 맞추어 노동력 공급을 늘리는 것을 어렵게 하고, 그 결과 새로운 직업이 형성될 수 있는 길을 열어 주게 된다.

재활 영역에서 우리는 전쟁에 따른 수요의 갑작스런 증가와 기존 조직들이 이 수요를 맞추는 데 실패함으로써 새로운 직업이 탄생하는 것을 보았다. 예를 들면, 간호사들은 지위에 대한 걱정과 노동 개념에 대한 고집 때문에 제1차 세계대전 동안 재활에 관심을 두지 않았다. 이 새로운 노동영역은 그들의 전문화 활동과 '소중한 기준'에 대한 잠재적인 위협으로 비춰졌을 뿐이었고, 그들은 '간호사'와 '비-수련자'들 간에 만들어 놓은 어떤 선이 애매해지는 것에 우려를 표했다.[5] 직업 영역을 확실히 하고 지위를 상승시키기 위해 비-수련자를 배제하는 이런 목표가 간호사들이 [재활] 노동을 거부하게 만들었고 물리치료사가 전후에 발전할 수 있는 기회를 제공해 주었다.

1940년대 후반, 재활간호라는 전문과목의 신설은 그제야 간호사들이 재활 노동에 참여하길 원했다는 것을 보여 준다. 만약 간호사가 이 노동에 일찍이 뛰어들었다면 물리치료가 발생했을지는 아무도 모르는

5 3장 110~112쪽 참조.

일이다. 그리고 간호사들이 이 노동을 전쟁 동안 담당하고, 그 후에 전문화된 영역이 분리되어 나와 새 직업을 형성했을 가능성도 있다. 만약 이런 일이 벌어졌다면, 그들이 맡은 노동의 개념과 분업 내에서 그들의 위치는 지금 물리치료사가 점유하고 있는 것과는 다를 것이다.

제2차 세계대전 중 교정치료사의 탄생 또한 기존 집단이 전쟁 부상자들의 물리치료를 보조하는 데 있어 그 수요를 감당하지 못했기 때문으로 보인다. 이 경우 물리치료사의 상대적 지위와 노동 인식이 수요를 맞출 수 있는 충분한 노동력 공급을 하지 못하게 되는 사태보다는 덜 중요했던 것이다. 전쟁 중에 물리치료사들은 민간과 군 시장에서 그들의 기준과 위치에 대해 우려했다. 그들은 기준을 어느 정도 완화하기는 했지만 충분한 노동력을 훈련시키지 못했고 결국 수련기간을 단축했음에도 이에 실패했다. 그 결과, 물리치료사와 비슷한 과업을 수행하는 새로운 직업이 발달하게 되었다. 전쟁 후 이 사람들은 조직을 만들고 결국 교정치료사로 알려지게 되었다.

적정 수준의 노동력을 공급하는 데 실패하는 것은 전시뿐만 아니라 평상시에도 문제가 될 수 있다. 수요에 따라 공급을 유지해 줄 필요성은 의료기사직에게 지속적으로 제기되는 이슈이다. 기술자 직업과 마찬가지로 의료기사 그룹은 그들이 병원에게 인증이나 자격증을 가진 사람만 고용하라고 압력을 넣은 결과로 나타난 수요의 증가는 맞춰야만 했다. 하나의 그룹이 충분한 노동력을 생산해 내지 못한다면 보장된 수요를 만들어 내 얻은 이득은 수련이 부족하고 싼 노동력이 고용됨으로 인해 날아갈 것이다. 유입과 기준에 대한 배타적인 지배를 추구하는 것은 이렇게 시장폐쇄를 저해할 수 있다. 조직에 속함으로써 얻게 되는 물질적 보상이 높은 유입 비용에 비해 상대적으로 낮을 때 노동력을 모으는 것은 어려워진다. 이런 것이 새로운 직업이 발달할 수 있는 기회를 제공해 주기 때문에 추가적인 전문화로 향해 가는 상시적인 동력이 되어 준다.

회원을 모으는 것은 재활의학 의사에게 특별히 문제시되어 왔다. 의사전문직집단의 주변조직으로서 그들은 다른 의사들에게 자신들의 방식이 유용하다는 것을 납득시키려 노력했다. 하지만 이런 전략은 그들이 전문가라고 주장하는 특정 영역 주위로 장벽을 쌓을 수 없게 만들었고 결국 다른 의사들에게 전문과목으로서의 가치를 납득시키기 어렵게 만들었다.

조직이 직업적 생존을 위한 두 가지 상반되는 요건을 이데올로기적 수단을 이용해 균형을 맞추려는 시도를 할 수 있다. 제1차 세계대전 이전 대부분의 전기요법 의사들은 유일무이한 전문성을 주장하려고 하지 않았다. 하지만 대신 그들이 가진 기술의 일반적인 활용을 강조했다. 그렇게 다른 의사들에게 인정받고 환자를 의뢰받을 수 있는 네트워크에 포함되려는 노력은 인식의 폐쇄를 저해했다. 전쟁이 끝난 뒤 이런 의사들의 주변적 지위와 전문화에 대한 미국의사협회의 반감은 그들이 전문의 지위를 얻는 데 계속 방해가 되었다. 1930년대 초반까지 그들은 자신들의 방법을 약물 및 수술과 함께 의학의 제3의 도구로 개념화하였다. 인정을 받으려는 노력과 잠재적인 신규 회원 모집의 필요성은 조직의 경계를 분명히 제한하는 것을 계속 방해하였다.

미국의사협회가 결국 그들을 전문의로 인정하였을 때, 물리치료 의사는 그들의 개념과 전략을 변경하였다. 그들은 '가교' 이데올로기를 발달시켰다. 모든 의사들은 간단한 시술은 할 수 있지만 어려운 케이스는 특별한 전문가의 소견을 필요로 한다고 주장하였다. 1940년대 그들은 점점 물리학에 근거해 전문적인 능력을 강조해 나갔고 이는 유일하게 자신들만이 예방과 치료, 그 다음에 오는 재활이라는 질병의 '제3시기'를 진단하고 치료할 수 있게 만들어 주었다. 그들의 향상된 전후 위상은 그들 작업의 새로운 개념과 전문 과목으로서의 존재를 정당화할 수 있는 새로운 이데올로기를 발달시킬 수 있는 기회를 만들어 주었다.

두 요건 사이의 갈등은 조직을 통해 해결될 수도 있다. 물리요법 의사는 오늘날 미국재활의학회로 알려진 독립된 조직을 구성하였고, 여기에는 물리치료를 적어도 5년 동안 전문적으로 시행하고 교수 및 리더의 위치에 있는 의사들만 가입할 수 있게 하였다. 이 연합은 배타적인 영역을 제공했고, 그 후에 전문의 회원을 정의하는 메커니즘이 되었다. 기존에 있었던 미국재활의학협의회라고 현재 불리고 있는 조직은 수용과 개종이라는 십자군 역할을 지속하였다. 이 협의회는 정부 보조금이 늘어나면서 부쩍 많아진 청중 때문에 최근 몇 년 동안 재활영역에서 일하는 '전문가'들 중 관심을 보이는 사람에게 그 문을 활짝 열어 놓았다.[6]

우리의 연구는 또한 직업들이 특정 상황에서 제국주의적이 된다는 것을 보여 준다. 19세기 '과학적' 의료의 부상과 과학적으로 고안된 기술들의 이용 가능성은 의료분야가 현대 과학과 연결 지을 수 있는 진료와 기술의 영역을 수용하도록 만들었다. 예를 들어, 우리는 어떤 식으로 미국전기요법협회와 동종요법사 주도의 전국전기요법연합회가 전기 도구들을 주장하고 그 기술의 효과를 확립하기 위해 노력했는지를

---

6 June S. Rothberg, "···And It Came to Pass", *Archives of Physical Medicine and Rehabilitation*, vol. 60, 1979, p. 93; Thomas P. Anderson, "ACRM at the Crossroads: Time for Reexamination and Reflection", *Archives of Physical Medicine and Rehabilitation*, vol. 6, 1980, p. 58.

살펴보았다. 유사하게 그들은 1890년대에 새로 발견된 엑스레이를 자신들의 것이라 주장하였고, 이는 그 도구 주위로 조직된 다른 그룹들도 마찬가지였다. 하지만 이렇게 고도로 제국주의적인 기간에도 전기요법 의사들의 배타적인 패러다임(전기 도구에 대한 강조)에 대한 선호는 엑스레이가 그들에게 제일 중요한 것이 아닌 두번째에 해당할 뿐이라고 주장하게 만들었고, 그 결과 원래 엑스레이 주위로 조직을 만들었던 의사들의 독점적인 권한으로 뺏기게 되었다. 직업적 제국주의는 그 후에도 경쟁적인 경제 상황과 새로운 치료영역이 그 지식과 물질적 이익을 증진시켜 줄 수 있는지 여부에 대한 조직의 인식에 연관성을 갖고 있다.

20세기 의료시장의 경직성은 의료 제국주의에 유리하지 않았다. 그럼에도 불구하고, 두 가지 요소가 직업들의 확장을 부추겼다. 첫번째로, 주변부적 지위가 대면한 새로운 기회들에 대해 유연한 자세를 취하는 데 유리하게 작용하였다. 예를 들어, 주변 조직은 자신들의 회원 수를 늘리고자 하였기 때문에 전시 수요를 맞출 수 있었다. 그럼으로써 물리치료 의사와 작업치료사 모두 전쟁 동안 그들의 목표를 수정할 수 있었다. 두번째로, 직업들은 기존 경쟁자가 어떤 영역에 대해 배타적 지배를 확립하려는 시도를 할 때 이전에 무시했던 영역이더라도 그 노동을 자기들의 것이라고 주장하였다. 이는 물리치료사가 교정치료사들이 운동치료를 그들의 유일한 전문영역으로 만들려고 했을 때 대응한 방식에서 볼 수 있다.

하지만 대체로 20세기의 사회와 시장 상황은 제국주의를 억제해 왔다. 그 상황은 최근에 바뀌게 되었는데 일정 부분은 직업들이 과거에 새로운 작업영역을 받아들이지 못해 경쟁 그룹이 발달하게 되었다는 것을 인지했기 때문이지만, 가장 중요한 요인은 1960년대와 1970년대 연방정부에 의해 경제시장 내 경쟁이 더 치열해졌기 때문이다. 의료기사직의 제국주의적 자세들은 이 강화된 연방정부의 역할에 대한 확실한 대응이었다. 개업 시장에서 기존에 무시되었던 서비스들, 특히 장애인과 만성질환자를 위한 것들에 대한 수요를 보장함으로써 연방 프로그램들은 의사들의 지배 밖에 새로운 시장을 열어 주었다. 이런 새로운 기회들은 의료기사의 정치의식을 한껏 높여 주었고 이는 다시금 주면허증에 대한 관심, 교육기관 인증을 향한 노력, 의료기관들에 영향을 주는 공적 그리고 사적인 기관들의 연합 형성, 그리고 특히 연방 법률과 프로그램에 있어 호의적인 의견을 얻어 내기 위해 로비를 시도하는 것으로 나타났다.

새로운 시장과 재활 서비스의 수요를 창출함으로써, 연방정부는 재활 영역에서 경쟁자들의 숫자 증가를 자극하였고, 저임금 노동력을 창출하라는 압력을 가했다. 이에 대한 반응으로, 물리치료사와 작업치료사는 조무사 단계를 공식적으로 인정하였다.[7] 비숙련 노동력에 대한 수요를 맞추기 위해 그들이 직접 하기 싫은 업무를 그들 통제 하에 있는 내부자에게 돌리는 방식을 사용함으로써 의료기사 조직들은 전문화의 원인 중 하나를 없앴다. 그들은 교육 수료 기준을 더 높게 올릴 수 있었고 낮은 수준의 업무들을 조무사에게 위임함으로써 새로운 직업이 발달할 기회를 주지 않았다. 비슷한 방식으로 사회적 위상이 낮은 노동의 소유를 주장하였는데, 이 일들을 조무사에게 위임할 수 있기 때문이었다.

7 Viola Robins, "The Challenge to the Profession", *Journal of the American Physical Therapy Association*, vol. 45, 1965, p. 118; Helen J. Hislop, "The Not-So-Impossible Dream", *Physical Therapy*, vol. 55, 1975, p. 1078; Margaret J. Adamson and May Alyce Anderson, "A Study of the Utilization of Occupational Therapy Assistants and Aides", *American Journal of Occupational Therapy*, vol. 20, 1966, pp. 75~79.

내부 전문화라는 이런 현상은 의료기사 조직이 내부 동질성을 통해 직업적 연합과 폐쇄를 달성하기보다는 잠재적인 경쟁자의 증식을 더 우려했다는 것을 보여 준다. 만약 내부 분과들이 독립해 나가는 것을 막을 수 있다면 새로운 직업의 증식은 저지할 수 있다. 이런 내부 분과는 '소小영역'을 만들게 될 것이고, 그들은 그 안에 속하는 작업의 내용을 통제하게 된다. 하지만 내부 단합을 유지할 필요와 직업 내의 특별한 관심들을 인정할 필요 사이에 매우 섬세한 균형을 유지해야 한다. 만약 이 관심 집단들이 공식적인 명칭 또는 구조적인 분리를 통해 인정받지 못한다면, 그들은 모母집단에서 분리해 나와 그들 자신의 독립적인 정체성을 발달시키려 할 것이다. 즉, 높은 수준의 내부 전문화는 조직 단결에 위협을 가할 수 있고 추후에 분절화가 될 소지를 제공한다. 이상적인 모집단은 특수한 관심들을 인정해 주면서도, 이런 관심을 바탕으로 만들어진 하위조직들의 역할과 힘을 최소화하는 것이다.

직업이 시장에서 자리를 잡고 나면 지위이동에 초점을 맞춘다는 생각과 달리[8] 재활관련 집단들은 확장과 시장 지배에 여느 때보다 더 신경을 썼다. 연방정부가 이런 활동의 원인이 되어 왔음에도 최근 강조되는 규제완화 이전부터 이런 새로운 시장들의 발달을 통제하는 일에는 실패해 왔다. 한 가지 주목할 만한 예는 1967년에 발족한 미국의료기사연합회American Society of Allied Health Professions이다. 1966년 의료기사법에 따른 자금을 바탕으로 미국의료기사연합회는 의료시스템의 분절화에 대한 교육기관들과 연방정부의 불만을 해결하기 위해 만들어

8 Magali Sarfatti Larson, *The Rise of Professionalism: A Sociological Analysis*, Berkeley, Los Angeles, London: University of California Press, 1977.

졌다. 이 연합회는 승인과 자격에 대한 논란이 많은 영역에 관여하게 되었고, 그 기반을 관련 직업들과 교육기관의 대표까지 넓혀 나갔다. 이는 교육 및 치료에 더욱 일반적인 접근을 하기 위하여 의료기사들에게 통일된 목소리를 낼 수 있도록 하고 직업 간 전문화를 극복하기 위한 메커니즘을 제공하려 노력하였다.

비록 미국작업치료사협회와 미국물리치료사협회가 미국의료기사연합회가 의료기사직들의 정체성과 독립성, 연합을 강화함으로써 의사와의 균형추 역할을 할 것이라 기대했음에도 불구하고, 두 집단 모두 1970년대 초반에 탈퇴했다. 물리치료사와 작업치료사는 미국의료기사연합회를 대변하고 그 정책을 결정하는 구성원들이 대부분 의사들이라는 사실에 분개했다.[9] 특히 치료사들은 의사들이 미국의료기사연합회를 이용해 의료기사직을 일원화하려고 하는 시도에 저항했다. 한 물리치료사는 미국의료기사연합회를 '딘스 클럽'Dean's Club[학장 자문단—옮긴이]이라 칭했는데, 이 모임이 의료기사직들을 "프라이팬 밖 불속으로" 내던지려고 한다고 했다.[10] 비록 물리치료사들이 결국 협회에 재가입했지만, 현재 미국물리치료사협회 직원들은 협회가 특수한 직업별 이해관계를 극복해 낼 수 없기 때문에 거의 영향력이 없는 상태라고 단언한다.[11]

정부는 1970년대 초 과분절화에 대해 우려를 표명했지만, 이를 막는 데 있어 미국의료기사연합회보다 나은 것은 없었다. 이런 우려는

9   "From the National Office", *American Journal of Occupational Therapy*, vol. 28, 1974, p. 238.

10   Betty Fellows(Former Chair, Department of Physical Therapy, Northeastern University), personal communication, June 7, 1983.

11   Eugene Michael(Executive Director, APTA), personal communication, July 5, 1983.

1971년에 연방정부와 전미의사협회, 전미병원협회가 모여 의료기사직의 자격인정을 2년간 자발적으로 중단할 것을 요청하는 것으로 나타났다.[12] 비록 이 중단이 의료 인력에 대한 기존 시스템의 추가 분절화를 막기 위해 제시되었지만, 분절화의 근본 원인에 대한 진지한 고민의 결과는 아니었다. 분절화의 원인은 의료기사직의 지속적인 전문화에 있다기보다는 의사 내부의 전문화에 뿌리를 내리고 있기 때문이다. 이 모라토리엄은 주요 기관들이 의료계에 대한 통제를 유지하고자 하는 열망을 보여 준다. 이는 조각난 환자 치료 시스템을 극복하려는 시도라기보다는 의료서비스의 생산에 관련된 노동자와 노동 과정에 대한 지배를 재확립하고자 하는 노력으로 볼 수 있다.

의료기사들에 대한 지배를 다시 확고히 하려는 의지는 1973년에 발간된 보고서에 반영되어 있는데, 이는 2년간의 기존 모라토리엄의 연장을 주장하고 있다. 여기에 쓰인 모라토리엄의 목적은, 이 보고서에 따르면, 자격증 발급에 대한 연구와 어느 직업이 자격증을 받아야 하는지에 대해 결정할 기준을 만들어 낼 시간이 더 필요하다는 것이었다. 하지만 자격증을 인정받지 못한 의료기사직은 이 모라토리엄을 그들의 자치권을 제한하기 위한 시도라고 보았고 이에 정부를 비판하였다. 1973년 보고서의 저자는 이 계획이 정부가 아닌 미국의사협회와 미국병원협회로부터 나왔다고 말함으로써 스스로를 방어했다. 그리고 이것이 미봉책 또는 유보적 행동에 불과하다는 비난에 대해서는 "이는 자격증이 있는 의료직업 대 무자격 의료직업 간 대결에 무대책 또는 간단히 현

12 Harris S. Cohen and Lawrence H. Miike, *Developments in Health Manpower Licensure: A Follow-up to the 1971 Report on Licensure and Related Health Personnel Credentialing*, Washington, D.C: U.S. Department of Health, Education, and Welfare, 1973.

상유지를 목적으로 하는 것은 아니다"라며 반대하였다.[13]

미국의사협회의 분절화에 대한 염려는 경제적 경쟁자의 위협의 심화와 의료기사직에 대한 통제의 상실에 대한 반응으로 이해되어야만 한다. 이는 모라토리엄을 이용해 추가적인 자격증 발급을 막는 연방정부와 미국병원협회 간의 협력이라는 결과를 낳았고, 그럼으로써 오랫동안 이어져 온 의료기사직의 면허발급에 대한 반대 기조를 유지했다.[14] 의료 전문직의 진짜 이슈는 의료기사직에 의한 반란에 맞서 독점적인 특권을 유지하는 것이다.

연방정부는 물론이고 다른 조직들, 병원 관리자들과 공중보건기관들도 의료기사직을 통제하는 데 관심이 있다. 전문화의 진행을 막는 일보다 실제로는 제기된 면허발급 모라토리엄을 지지함으로써 보다 "합리적인" 의료서비스 시스템을 구축하려는 것이다.[15] 그러나 그들의 관심은 직업적 노동 지배의 궁극적인 배경, 즉 헬스케어 서비스 시장의 독점권을 보장하는 의사의 법적 권한에 대한 직접적인 공격을 이끌어 내지는 않았다. 그렇게 조직화된 의사 권력과의 대결을 피하면서 지배적인 이익집단은 그들 간의 공생관계에 의해 유지되는 시스템 내에서 각자 자신의 목표를 계속 추구해 나갈 수 있다.[16]

13 *Ibid.*, pp. 2~3.
14 Malcolm C. Todd, "Future Directions for Licensure, Certification and Reviewing Performance", *The Changing Role of the Public and Private Sectors in Health Care* (Report of the 1973 National Health Forum), New York: National Health Council, 1973, pp. 117~119.
15 Maryland Y. Pennell et al., *Accreditation and Certification in Relation to Allied Health Manpower*, Washington, D.C: U.S. Department of Health, Education, and Welfare, 1971, p. 11.
16 Robert Alford, *Health Care Politics: Ideological and Interest Group Reform*, Chicago: University of Chicago Press, 1975.

정부가 특별한 기구를 통해 이미 존재하는 것을 돌려놓기는커녕 추가적인 분절화라도 막을 수 있을 것 같진 않다. 직군을 통합하려 했던 보훈청의 시도는 교훈적이다. 보훈청에 속해 있었음에도, 직군들은 행정 권한에 성공적으로 저항했다. 이 조직들은 한 번 뭉친 후에는 대단한 생존능력을 보여 주었다. (전쟁 이래로 재활에 있어 어떤 직업도 그 독립성을 포기하지 않았다.) 만약 보훈청조차 그 안에서 발달한 조직들을 통제하지 못한다면, 다른 연방 기구들은 연방 관료체계 밖에 뿌리내리고 있는 직군들에 있어 그들의 권한이 어떠한 실제적 영향력도 갖지 못할 것이다. 이처럼 노동의 조직 과정을 통제하는 데 있어 정부가 실패해 온 것을 보면, 재활영역에 있어 향후의 노동분업 또한 그들의 시장 내 지위를 향상시키려는 직업들 간의 투쟁에 의해서 대부분 결정될 것이다.

붙임 A. 직업명의 변화

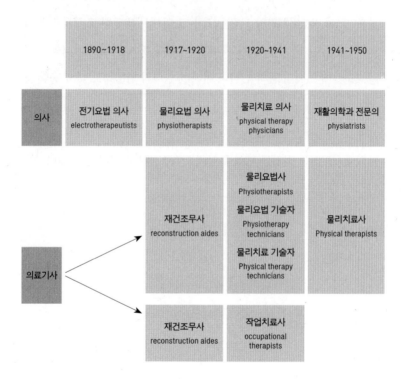

	1890~1918	1917~1920	1920~1941	1941~1950
의사	전기요법 의사 electrotherapeutists	물리요법 의사 physiotherapists	물리치료 의사 physical therapy physicians	재활의학과 전문의 physiatrists
의료기사		재건조무사 reconstruction aides	물리요법사 Physiotherapists 물리요법 기술자 Physiotherapy technicians 물리치료 기술자 Physical therapy technicians	물리치료사 Physical therapists
		재건조무사 reconstruction aides	작업치료사 occupational therapists	

붙임 B. 직업단체와 협회지: 의사

전국전기요법연합회(1892)
National Society of Electro-Therapeutics

전기요법저널
Journal of Electro-Therapeutics

미국전기요법협회(1891)
American Electro-Therapeutic Association

선진치료법저널
Journal of Advanced Therapeutics

북미방사선학연합회(1918)
Radiological Society of North America

방사선학저널
Journal of Radiology

개명: 미국전기요법과방사선학협회(1917)
American Association of Electro-Therapy and Radiology

미국전기요법과방사선학저널
American Journal of Electro-therapeutics and Radiology

미국방사선학과물리요법학회(1923)
American College of Radiology and Physiotherapy

물리치료와엑스레이, 라듐연보
Archives of Physical Therapy, X-ray, and Radium

개명: 미국물리치료협회(1929)
American Physical Therapy Association

개명: 미국물리치료학회(1925)
American College of Physical Therapy

개명: 미국물리치료협의회(1929)
American Congress of Physical Therapy

붙임 C. 직업단체와 협회지: 의료기사

전국작업치료홍보연합회(1917)
National Society for the Promotion of Occupational Therapy

계간 메릴랜드 정신의학
Maryland Psychiatric Quarterly

미국여성물리치료협회(1921)
American Women's Therapeutical Association

개명: 미국작업치료사협회(1923)
American Occupational Therapy Association

작업치료와 재활
Occupational Therapy and Rehabilitation;

미국작업치료저널
American Journal of Occupational Therapy

개명: 미국물리요법협회(1922)
American Physiotherapy Association

물리요법리뷰
Physiotherapy Review

물리치료리뷰
Physical Therapy Review

개명: 미국물리치료사협회(1946)
American Physical Therapy Association

미국물리치료사협회지
Journal of the American Physical Therapy Association

물리치료
Physical Therapy

옮긴이 후기

'몸이 아프다. 그래서 의사를 찾아왔는데, 그 의사는 또 다른 의사를 만나 보라 하고 이 과 저 과 정신 없이 돌아다니고 있다. 내 몸은 하나인데 이 많은 의사 중에 통합적으로 내 병을 이해하고 치료해 주는 의사는 있는 걸까?'

급격한 의학의 발전과 함께 하나의 몸이 수많은 세부 전문과목의 대상으로 조각나던 당시, 저자는 도발적인 질문을 던졌다. 지식이 늘어나는 만큼 여러 명의 의사가 분업을 하는 것이 해가 동쪽에서 뜨는 것처럼 자연스럽고 우리가 받아들일 수밖에 없는 현실인 것일까?

분업이 자연적인 현상이 아니라 정치경제활동의 결과라는 가설을 증명하기 위해, 저자는 짧은 역사를 가진 전문과목이자, 의사뿐만 아니라 간호사나 치료사처럼 다양한 직종이 함께 분업을 하고 있는 재활의학과의 발생과정을 해부하기 시작했다.

덕분에 우리는 의학의 과도한 세분화에 대한 깊은 이해와 함께, 재활의학과의 탄생 과정을 알 수 있게 되었다. 서양에서 전해졌기에 알 수 없었던 역사를 이 책을 통해 만날 수 있게 된 것이다.

의학사(史)가 아닌 장애학 컬렉션 안에서 이 책은 조금 다른 질문을 독자에게 던지고 있다. 장애가 의학적 모델로 설명되는 것이 정말로 자연스러운 일이고 받아들일 수밖에 없는 일인가?

　재활의학과 전문의로서 옮긴이는 이 말이 당연히 거짓이라고 생각한다. 1985년 이 책이 처음 쓰여진 16년 뒤인 2001년 세계보건기구에서 International Classification of Functioning, Disability and Health (ICF)를 공식화하였고, 그로부터 18년이 지난 지금 우리는 장애와 장해를 구분해서 배우고 있다. 의사로서 장해를 최소화하기 위한 전문성을 쌓고 있고 장애를 최소화하기 위해 보탬이 되고자 노력하고 있다.

　따라서 2020년을 한 해 앞두고 있는 지금, 새로운 질문을 던지고자 한다. 왜 장애인에 대한 의료서비스 수요와 자원이 급속히 늘어났고 그 결과 재활의학과 전문과목이 탄생할 수 있었는가? 현재에도 장애인들은 충분한 의료서비스를 받지 못하고 있다. 그 의료서비스의 제공자인 의사로서 현실적인 어려움을 누구보다 느끼고 있기에, 이 책을 통해 더 많은 자원을 장애인을 위해 모을 수 있는 방법이 발견되기를 바라 본다.

　또 다른 질문 하나는, 재활의료서비스가 만들어지는 과정에 환자 또는 장애인은 그 대상으로밖에 존재할 수 없느냐는 것이다. 이 책에 나온 재활의학과 발달 과정에서 의사와 간호사, 치료사들의 정치경제적인 활동은 있었지만 장애인의 주도적인 활동은 찾아보기 어렵다. 재활의학이 현재 모습을 갖게 된 것이 학문의 발전에 따른 자연발생모델에 따른 현상이라면 그 대상인 장애인이 영향을 미칠 여지는 없지만 만약 시장모델에 따른 것이라면 이야기는 달라질 수 있다. 점점 환자중심의 료가 대두되고 있는 만큼 재활의료에 장애인이 당사자로서 중심에 서게 될 날을 기대해 본다.

　이 책을 번역할 때는 재활의학과 전문의가 되겠다는 새내기 의사였고, 출간을 앞둔 지금은 전문의가 되었다. 당시 내가 쓴 옮긴이 후기에는 이 책 때문에 의학의 학문적인 성격이 평가절하될까 걱정하고 변호하던 모습이 보인다. 하지만 의학교과서와 의료현실 사이에 의사 개인으로서는 메우기 힘든 간극을 매일 경험하는 지금 그런 걱정은 쓸모 없어 보인다. 오히려 재활의학과 의사와 장애인이 함께 현실에서 교과서적인 진료가 가능해지도록 정치경제적 노력을 해나가는 것이 시급하다는 생각이 든다.

역사는 하나지만 다양한 시간에서 바라볼 수 있고 그만큼 다양한 교훈들을 얻을 수 있다고 생각한다. 그 총합이 모여 새로운 미래로 나아갈 수 있다고 생각하기에 이 책이 많은 사람들에게 읽히길 바란다.

2019년 5월
옮긴이 전인표

찾아보기